“十二五”职业教育国家规划教材
经全国职业教育教材审定委员会审定

21 世纪高职高专精品教材 ◆ 经贸类通用系列

经济学基础

（第四版）

JINGJIXUE JICHU

主　编　陈玉清
副主编　胡晓平　陈爱萍
　　　　徐　雯　金　辰

中国人民大学出版社
·北京·

第四版前言

本教材第三版出版后得到了多家高等职业院校、高等专科院校、成人高等院校经济类各专业师生的广泛好评和社会有关人士的肯定。

在本次修订中，我们在保留第三版的主体框架和基本特色的前提下，遵循“理论必需、够用、适用，突出方法能力与素质培养”的原则，吸收经济理论及实践领域的最新成果，对全书的部分内容进行了修订，主要更新了教材的部分案例，对部分章节的内容进行了增删，增加了一些网络时代的新思想、新内容。与其他版本的经济学教材相比，本书具有体系新颖、能力导向、强调实用、便于自主学习、结构模块化等特点。

本书从适应高职高专教材改革需要出发，以全面反映当代经济理论最新内容、用实际案例解决抽象的理论问题为主要特色，努力从方法和形式上有所突破和创新。在内容上，本书较多地介绍了当前经济活动的一些新理论、新发展和新变化，关注那些对未来经济活动具有开拓性、指导性、实用性的思想观念和方法的阐述，以使学生形成正确的思维模式，从而提高认识问题、理解问题、分析问题和解决问题的能力。

高职高专教学具有很强的实践性，与当前经济形势的联系具有紧密性，学生毕业后要进入社会经济的各个领域，解决经济活动中的基本经济问题。本书针对经济学课程理论性强、教学要求高、教学中学生理解困难等问题，重点加强理论与实际的联系，用实际案例解决理论性强、难以理解这一难题。

本书打破了传统教材的从理论到理论的做法，将理论与实际有机地加以结合，既体现了经济学的理论性、思想性和体系的完整性，同时又丰富了经济学的内容，改善了解决经济学问题的方法。在编写形式上，除在正文叙述过程中增加一些实际应用的内容外，还设置了“学习目标”“案例导入”“练习与思考”“实践与操作”“拓展阅读”等，并附有“练习与思考”的参考答案等内容，力求探索一种“讲、读、研、用、练”一体化的教材模式，以尽可能适应精讲多练、能力本位的创新性、能动性的新型教学方式的需要。此外，本书还提供与教材配套的 PPT，方便教师授课。

本书力求在内容上体现职业教育的思想性、科学性、先进性与教学的规定性，突出职业引导功能；在体系结构上符合教学的客观规律，兼顾学生的认知顺序和技能养成规律，并遵循劳动过程的系统化，符合工作过程的逻辑性；在文字表达上简练、流畅，图文并茂，具有良好的可读性。

本书由金华职业技术学院陈爱萍执笔完成第 1、2 章，由金华职业技术学院金辰执笔完成第 3、4 章，由金华职业技术学院胡晓平执笔完成第 5、11、12 章，由浙江同济科技职业学院徐雯执笔完成第 6、7 章，由金华职业技术学院陈玉清执笔完成第 8、9、10、13 章，案例由金华大世界商贸有限公司徐绍洪提供，最后由陈玉清教授统稿。本教材的 PPT 由金华职业技术学院张媛卿制作。

本书在编写过程中得到了金华职业技术学院和浙江同济科技职业学院各级领导的支持，得到了中国人民大学出版社的支持，还参阅了国内外众多学者的有关著作、教材和文献资料，在此一并表示感谢。由于编者水平有限、时间仓促，教材中难免存在一些缺点和不足，敬请广大读者指正。

编者

目　录

模块一　经济学概述与市场机制应用

第 1 章　导论 \ 003

1.1　经济学的含义 \ 004

1.2　经济学的主要内容 \ 007

1.3　实证经济学和规范经济学 \ 009

1.4　经济学的形成发展与经济学十大原理 \ 009

第 2 章　需求、供给与均衡价格 \ 018

2.1　需求 \ 019

2.2　供给 \ 023

2.3　均衡价格 \ 027

2.4　弹性理论 \ 032

模块二　经济主体 1——个体决策

第 3 章　消费者行为理论 \ 047

3.1　欲望与效用 \ 047

3.2　边际效用分析与消费者均衡 \ 049

3.3　无差异曲线分析与消费者均衡 \ 054

3.4　替代效应、收入效应与价格效应 \ 058

模块三　经济主体 2——组织决策

第 4 章　生产者行为理论 \ 067

4.1　生产与生产函数 \ 068

4.2　边际报酬递减规律与一种生产要素的合理投入 \ 070
4.3　生产要素最适组合 \ 072
4.4　规模报酬 \ 078

第 5 章　成本理论 \ 083
5.1　成本的含义 \ 083
5.2　短期成本分析 \ 085
5.3　长期成本分析 \ 088
5.4　收益与利润最大化 \ 091

第 6 章　厂商均衡理论 \ 096
6.1　市场与市场结构 \ 097
6.2　完全竞争市场上的厂商均衡 \ 098
6.3　完全垄断市场上的厂商均衡 \ 104
6.4　垄断竞争市场上的厂商均衡 \ 112
6.5　寡头垄断市场上的厂商均衡 \ 116

第 7 章　分配理论 \ 122
7.1　生产要素价格的决定 \ 122
7.2　工资、利息、地租、利润 \ 128
7.3　平等与效率 \ 139

模块四　经济主体 3——政府决策

第 8 章　市场失灵与政府干预 \ 151
8.1　市场失灵 \ 152
8.2　市场失灵与政府干预 \ 154
8.3　风险、信息不对称与市场行为 \ 154

第 9 章　国民收入核算 \ 159
9.1　国内生产总值及其核算方法 \ 160
9.2　国民收入核算中的其他总量 \ 163

第 10 章　国民收入决定理论 \ 168
10.1　国民收入的相关概念及决定 \ 169
10.2　简单的国民收入模型 \ 170
10.3　IS－LM 模型 \ 181
10.4　总需求-总供给模型 \ 182

第 11 章　失业和通货膨胀理论 \ 186
11.1　失业理论 \ 187
11.2　通货膨胀理论 \ 190
11.3　失业与通胀的关系 \ 196

第 12 章　经济周期与经济增长理论 \ 201
12.1　经济周期理论 \ 205
12.2　经济增长理论概述 \ 210
12.3　经济增长模型 \ 214

第 13 章　宏观经济政策 \ 219
13.1　宏观经济政策概述 \ 222
13.2　财政政策——需求管理（一） \ 224
13.3　货币政策——需求管理（二） \ 226
13.4　供给管理政策 \ 230
13.5　相机抉择 \ 232

附录　“练习与思考”参考答案 \ 241
参考文献 \ 246

模块一

经济学概述与市场机制应用

第 1 章 导论

【学习目标】

1. 知识学习目标

(1) 经济学的含义

(2) 经济学的研究对象

(3) 生产可能性曲线

(4) 实证经济学与规范经济学

2. 能力实训目标

(1) 对资源稀缺性的理解

(2) 经济学十大原理的应用

(3) 对经济学总体框架的认识

【案例导入】

资 源

在氏族形成之前，人类社会还处于混沌状态。那时人们赖以生存的资源基本是各种自然资源：阳光，空气，水，绿树，鲜花，各种飞禽走兽等。人类与之发生了紧密的联系，包括吃、穿、住、行等。步入氏族社会，尤其是伴随着国家的出现，伴随着人类社会形态的成熟和发展，“资源”的内涵和外延得到了全面的扩充。除了各种各样的自然资源，还形成了各种各样的社会关系、社会权利和社会地位等社会资源。后者无论是形式还是内容或层次都比之前要深刻和复杂得多，而自然资源也因人类的设计和加工，带有不同程度的人文色彩。

人类在这个地球上不是孤独的，其一举一动、一言一行都必定要与特定的资源发生直接或间接的联系。离开了资源，人类的生存和发展无从谈起。小至个人，大到民族、国家，都是如此。人类从太阳和地球那里可以得到满足个体生存以及种族维持的足够的，甚至可以说过剩的能量。但是，人类的需求是无限的，相对于人类的需求来说，任何资源都可能是稀缺的。资源的稀缺性是被人类“制造”出来的。人类不断追求更高的生活质量，而这种追求本身会受到时间、空间和各种资源的限制，因而人类就不断地为自己制造出了更多的难题和更大的麻烦，于是又要花力气发展自己以解决这些问题，克服这些难题。从这个意义上讲，稀缺性在人类生存的意义上可能不称其为问题，但相对人类的“过度需求”时，稀缺性的假定无疑是成立的。

问题：

1. 什么是资源的稀缺性？

2. 资源与人类的关系如何？

1.1　经济学的含义

“经济”这个词来源于希腊语，意为“管理一个家庭的人”。乍一看，经济学的这个起源似乎有点奇特。但事实上，家庭和经济有着许多共同之处。

一个家庭面临着许多决策。它必须决定哪些家庭成员去做什么，以及作为回报，每个家庭成员能得到什么：谁做晚饭？谁洗衣服？谁在晚餐时能多得到一块甜点？谁有权选择看什么电视节目？简言之，家庭必须考虑到每个成员的能力、努力和愿望，以及稀缺资源在各个成员中的配置。

和家庭一样，一个社会也面临着许多决策。一个社会必须决定需要做哪些工作和由谁做这些工作。社会需要一些人种粮食，另一些人做衣服，还有一些人设计电脑软件。一旦社会分配人们去做各种工作，它还应该分配人们生产的物品与劳务量。社会必须决定谁将吃鱼子酱而谁将吃土豆，还必须决定谁将开保时捷跑车而谁将坐公共汽车。

1.1.1　资源的稀缺性

地球上的物品分为两大类：一类称为资源，指的是经济资源或者经济物品，就是人类必须付出代价方可得到的物品，即必须借助生产资源通过人类加工出来的物品；另一类称为自由资源或者自由物品，指像空气、阳光之类的人类无须通过努力就能自由取用的物品，它们的数量是无限的。经济学只讨论资源。资源的稀缺性指的是资源相对于欲望或需要的不充分性。经济学中经常用“大炮与黄油的矛盾”来阐述资源稀缺性的问题。“大炮与黄油的矛盾”指的是，任何一个社会都拥有一定量的资源，并用于生产各种物品。资源的量是一定的，所能生产的各种物品的量也是有限的。多生产某种物品就要少生产其他物品。为了简单起见，假设社会中只生产大炮与黄油这两种物品，那么，多生产大炮就要少生产黄油，多生产黄油就要少生产大炮，这种大炮与黄油不可兼得的情况就是“大炮与黄油的矛盾”。“大炮与黄油的矛盾”根源于资源的有限性，生产大炮与黄油需要各种资源（资本、劳动、土地、企业家才能），如果这些资源是无限的，能生产出来的大炮与黄油也是无限的，那么，就不会存在大炮与黄油的矛盾了。但事实是，人类社会的资源是有限的，在经济学中，资源的有限性被称为稀缺性。

与此同时，人类的欲望却是无限的。按照美国学者马斯洛的需要层次理论，人的需要（欲望）可以分为以下五个层次：（1）基本生理需要；（2）安全需要；（3）社交需要；（4）尊重需要；（5）自我实现需要。

马斯洛的需要层次理论告诉我们，人的需要是多种多样、多层次的，它由低到高，永无止境，当前一种需要得到满足或部分满足以后，又会产生后一种需要。

经济学要解决的主要矛盾是人们欲望的无限性与资源的稀缺性或有限性之间的矛盾。“经济学的精髓之一在于承认稀缺性是现实存在的，并探究一个社会如何进行组织才能最有效地利用其资源。这一点，可以说是经济学伟大而独特的贡献。”

值得注意的是，经济学所讲的资源稀缺是相对的。稀缺不是指能用于生产大炮与黄油的资源的绝对数量有多少，而是指相对于人类的欲望而言，再多的资源也是不足的。资源再多也是一个既定的量，任何一个既定的量与无限性相比，总是不足的，即具有稀缺性。

但是，这种稀缺性的存在又是绝对的，因为它存在于人类社会的各个历史时期，存在于世界各地。所以，稀缺性是人类社会永恒的问题，只要有人类社会，就会有稀缺性。“大炮与黄油的矛盾”正是稀缺性存在的表现形式。

1.1.2 经济学需要回答的两大基本问题

同一物品或资源有多种用途，人类的欲望也是多种多样的，这就导致了经济活动中的选择问题。所谓“选择”，就是指如何利用现有资源去生产经济物品，以更好地满足人类的欲望。人类进行选择的过程也就是资源配置的过程。社会面临的选择问题，是经济学需要回答的第一个基本问题。大体上可以归纳为：

（1）生产什么（what）。生产什么就是决定稀缺的资源如何配置。由于资源有限，社会不可能同时生产出满足人们全部需要的商品和劳务。用于生产某种产品的资源多一些，用于生产另一种产品的资源就会少一些。人们必须做出抉择：用多少资源生产某一种产品，用多少资源生产其他的产品。

（2）如何生产（how）。资源稀缺性的存在，使社会始终面临如何组织生产的问题，也就是决定资本和劳动的合理构成，从而使资源配置最有效率。不同的生产方法和资源组合是可以相互替代的，同样的产品可以用不同的资源组合。人们必须决定多种资源如何进行有效组合，才能提高经济效益，所以，人们还必须决定，资源配置到哪里最有效。

（3）为谁生产（who）。为谁生产就是决定生产成果的分配，产品如何在社会成员中进行分配，根据什么原则、采用什么机制进行分配，分配的数量界限如何把握等。

以上三个方面的问题是经济学两大组成部分之一——微观经济学研究的问题。

一个社会既定的生产资源总量是否被充分利用以及如何得到充分利用，是经济学需要回答的第二个基本问题。它包括以下三个方面：

（1）为什么资源得不到充分利用？其主要原因是什么？是经济萧条、体制低效，还是社会动荡？通过什么手段可以消除失业以及资本与土地的闲置？

（2）经济水平为什么会波动？如何实现经济持续稳定的增长？

（3）现代经济社会中，在解决失业、通货膨胀问题等方面有什么办法？

在现代社会经济中，上述资源配置与利用问题是一切经济制度所共有的问题。经济学是为解决资源稀缺性问题而产生的，因此经济学研究的对象就是由稀缺引起的选择问题，即资源配置问题和资源利用问题。经济学研究的是一个社会如何利用稀缺的资源来生产有价值的物品和劳务，并将它们在不同的人中间进行分配，使整个社会得到最大满足。

1.1.3 机会成本与生产可能性曲线

相对于需求来讲，物品总量是稀缺的，面对这一无可否认的事实，一个经济体系必须决定如何利用其有限的资源。它必须在物品的各种不同的潜在组合之间进行选择（生产什么），在不同的生产技术之间进行选择（如何生产），最后还必须决定谁消费这些物品（为谁生产）。而选择必然涉及选择的成本和可能性。所以，我们需要掌握经济学中两个重要的概念：机会成本和生产可能性曲线。它们不仅是解决上述问题的有效工具，而且能说明许多常见而又基本的经济过程。

1. 机会成本

“有得必有失”，通常而言，在稀缺性的世界中选择一种东西意味着要放弃其他东西。这被放弃的东西（物品或劳务）的价值，经济学家称为机会成本。它是直接由选择问题引申出来的一个经济学概念，所以有的经济学家把机会成本称为“选择成本”。经济资源的稀缺性决定了整个社会的经济物品是个定量，这意味着，为了进行这种产品的生产必须放弃别种产品的生产。

2. 生产可能性曲线

社会普遍面临的稀缺性和人们的选择行为，可用生产可能性曲线表示。生产可能性曲线是指一个社会用其全部资源和技术所能生产的各种产品和劳务的最大产量组合点的曲线，它是与机会成本概念密切相关的一个概念。

我们假设一个社会用其全部的经济资源和生产技术只生产产品 1 和产品 2 两种产品。那么，多生产产品 1 就得少生产产品 2，反之亦然。如表 1 - 1 所示。

表 1 - 1　　社会生产的组合方式

可能性	产品 1	产品 2
A	0	15
B	1	14
C	2	12
D	3	9
E	4	5
F	5	0

表 1 - 1 给出了一系列的可能性。组合 F 表示只生产产品 1 而不生产产品 2 的一个极端；组合 A 表示全部资源都用于生产产品 2 的另一个极端。在它们之间的组合 E、D、C 和 B，所放弃的产品 1 数量不断增加，以便换取更多的产品 2。当然，从产品 1 到产品 2 的转换并不是实物上的转换，而是通过把经济资源从一种用途转换成另一种用途的办法实现的。

把上述六种可能的组合点用坐标图表示，用 X 轴表示产品 1，Y 轴表示产品 2，把 6 个组合点连接起来，就形成了一条曲线（见图 1 - 1）。这一曲线就是生产可能性曲线。

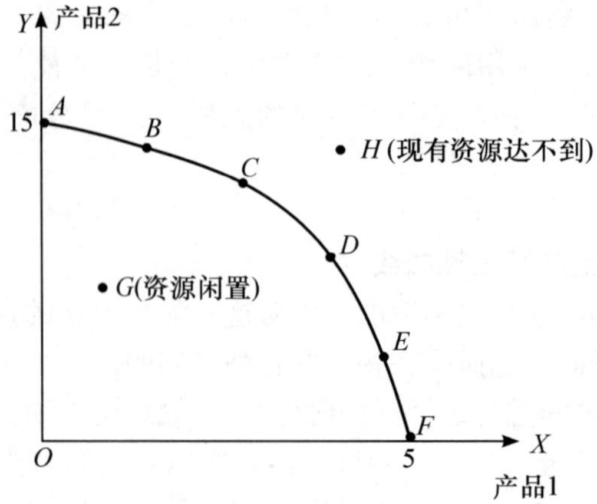

图 1 - 1　生产可能性曲线

生产可能性曲线可以说明以下四个方面：

（1）机会成本。边界曲线向下倾斜意味着机会成本，要想获得多一些的产品 1，必须以放弃或牺牲一定的产品 2 为代价。

（2）处于生产可能性曲线上的任何一个组合点都是现有资源可以支持的产量组合。A、B、C、D、E、F 都是既定资源可以支持的产量组合，而且达到了既定资源的充分利用。

（3）资源的有限性。边界以外无法达到的组合意味着资源的有限性。如 H 点。

（4）处于生产可能性曲线内的任何一点都表示出现了资源闲置。如 G 点。

1.2 经济学的主要内容

现代西方经济学把经济学原理或理论，即有关经济问题的知识体系的全部内容，划分为两大组成部分，其一叫做“微观经济学”，其二叫做“宏观经济学”。

1.2.1 微观经济学

“微观”的英文为“micro”，来源于希腊语，原意是“小”。微观经济学研究的是资源的配置。一般把研究家庭和企业如何进行经济决策，如何在市场上进行交易的经济学称为微观经济学（microeconomics）。

1. 微观经济学的基本假设前提

（1）理性人假定。理性人就是亚当·斯密在《国富论》中所说的“经济人”，指参与经济活动的每一个人都是利己的，其经济行为都是完全合乎理性的。

（2）完全信息假设。完全信息指参与经济活动的每一个人对自己所必需的信息都能够完全并且及时地掌握。

这些假设虽然并不完全符合现实，但经济分析必须以此为前提，否则就无法获得结论。

2. 微观经济学研究的主要问题

（1）单个消费者如何运用自己有限的收入通过消费决策以获得最大的效用；

（2）单个生产者如何运用自己有限的资本通过生产决策以获得最大的利润；

（3）单个市场的均衡价格如何通过消费者和生产者的共同作用而决定；

（4）全部市场的均衡价格如何通过各个市场的相互作用而同时决定。

3. 微观经济学理论体系的框架

（1）价格理论。研究商品的价格如何决定，以及价格如何调节整个经济的运行，这一部分是微观经济学的中心，其他内容都围绕这一中心展开。

（2）消费者行为理论。研究消费者如何把有限的收入分配到各种物品的消费上而实现效用最大化，这部分是对决定价格的重要因素——需求的进一步解释。

（3）生产者行为理论。研究生产者如何把有限的资源用于各种物品的生产而实现利润最大化，这部分是对决定价格的另一个重要因素——供给的进一步解释。

（4）分配理论（即生产要素的价格理论）。研究产品按照什么原则分配给社会各利益集团，即工资、利息、地租与利润如何决定，这部分主要说明为谁生产的问题。

1.2.2 宏观经济学

"宏观"的英文为"macro"，来源于希腊语，原意是"大"。宏观经济学研究的是资源的利用。一般把研究经济总量变化和政府经济行为的经济学称为宏观经济学（macroeconomics）。

1. 宏观经济学的基本假设前提

（1）市场机制是不完善的。20 世纪 30 年代空前严重的经济大危机使经济学家意识到，如果只靠市场经济的自发调节，经济就无法解决失业等问题，无法自行渡过危机，就会在资源稀缺的同时产生资源的浪费。稀缺性不仅要求使资源得到恰当的配置，而且还要使资源得到充分利用，要做到这一点，仅仅靠市场机制的作用是不够的。

（2）政府有能力调节经济，弥补市场机制的不足。人类不仅能利用市场机制，而且还能在遵从基本经济规律的前提下，对经济进行调节，这就是政府的作用。政府可以观察和研究经济运行的规律，并采取适当的手段进行调节。整个宏观经济学就是建立在对政府调节经济能力信任的基础之上的。

总之，宏观经济学的前提是：政府应该调节经济，政府可以调节经济。

2. 宏观经济学研究的主要问题

（1）国民收入理论。国民收入是衡量一国经济资源利用情况和整个国民经济状况的基本指标，国民收入决定理论就是要从总需求和总供给的角度出发，分析国民收入决定及其变动的规律。这是宏观经济学的核心内容。

（2）失业与通货膨胀理论。研究失业的种类和统计，阐述通货膨胀的形成原因、对社会的影响，以及如何治理通货膨胀，等等。

（3）经济周期理论。研究经济周期的不同特征，并对周期波动的原因进行解释。

（4）经济增长理论。研究经济增长的源泉、劳动人口的增长和人均劳动生产率的增长。

（5）开放经济理论。研究通货膨胀在国与国之间的传导，外贸盈余或赤字对一国就业与财政的影响等。

（6）宏观经济政策。宏观经济政策主要包括财政政策和货币政策。财政政策由政府的税收政策和支出政策组成。货币政策是指在中央银行的控制下决定和调整一个国家的货币供给增长速度。

1.2.3 微观经济学与宏观经济学的区别和联系

微观经济学和宏观经济学既相互区别又相互联系。它们的区别表现在：微观经济学以单个经济单位作为考察对象，它分析的是个别市场的经济活动和个别企业、个别消费者、个别资源所有者的经济行为，因而也称为个量分析或个体分析；宏观经济学以整个国民经济作为考察对象，它分析的是整个经济社会中有关经济总量及其变化，因而也称为总量分析或总体分析。

它们的联系表现在：首先，宏观经济学研究的经济总量是由微观经济学研究的经济个量综合而成的。例如，社会总就业量由各个劳动市场的就业量组成，社会总产量由各个企业的产量组成。所以，微观经济分析是宏观经济分析的基础。其次，微观经济学和宏观经济学的研究是互为条件的。例如，宏观经济学在研究总产量时，主要研究社会的储蓄、投资等经济总量对总产量的影响，至于各个企业的产量怎样受企业的成本、利润和消费者偏好的影响等微观经济学研究的问题，在分析中被当做已知的前提。

微观经济学与宏观经济学的比较见表 1-2。

表 1-2　　微观经济学与宏观经济学的比较

	微观经济学	宏观经济学
别名	小经济学，个体经济学，价格理论	大经济学，总体经济学，收入理论
研究方法	个量分析法	总量分析法
研究对象	从个体入手研究一国经济运行	从总体入手研究一国经济运行
研究中心	市场价格	国民收入
主要目标	个体利益最大化	社会福利最大化

1.3　实证经济学和规范经济学

按照分析的性质，现代西方经济学可以分为实证经济学和规范经济学。

实证经济学是进行实证论述的经济学。实证论述主要回答“是什么”这类问题，它说明某一事物过去怎样、现在怎样、将来会怎样。实证论述是以事实为依据的，它的正确与否可以通过对事实的检验来判定。例如，如果有一种经济学说认为扩大政府支出可以增加总就业量，这种学说就是实证的经济学说，它的正确与否可以通过扩大政府支出，然后观察总就业量的变化进行检验。

规范经济学是进行规范论述的经济学。规范论述主要回答“应该是什么”这类问题，它是在一定的哲学、文化、宗教、道德前提下，对什么是好的、什么是坏的作出价值判断。由于各个人或各个流派的哲学、文化、宗教、道德观念不同，对同一个事物会存在不同的规范论述，它们之间的分歧是不能通过事实的检验来判断的。例如，如果有一种经济学说认为不应该实现充分就业，这种学说就是规范的经济学说，它的正确与否不能通过考察充分就业的影响来确定。

实证经济学和规范经济学是相互区别的。从逻辑上说，可以从一种实证的学说推导出另一种实证的学说，但不能从一种实证的学说推导出一种规范的学说。同样，可以从一种规范的学说推导出另一种规范的学说，但不能从一种规范的学说推导出一种实证的学说。现代西方经济学主要是实证经济学。

1.4　经济学的形成发展与经济学十大原理

1.4.1　经济学的形成发展

1. 重商主义

重商主义是最早的资产阶级经济学说，产生于封建社会晚期，一般以 16 世纪下半叶为界，大体可分为两个阶段：早期重商主义和晚期重商主义。

重商主义的基本观点是：(1) 把货币（金、银）看做是财富的唯一形式，把贵重金属（金、银）的积累视为增加财富的唯一方法。把货币（金、银）与财富混为一谈，要求一切经济活动都要为取得金银财富服务。(2) 认为利润在流通中产生，是商业中“贱买贵卖”的结果。(3) 认为只有对外贸易才能增加一国的财富。(4) 认为国家应该采取干预经济生活的政策，以利于在对外贸易中保持顺差，使金银流入国内。

早、晚期重商主义的观点大体一致，但因历史条件不同而略有差异。早期重商主义者主张采取行政手段禁止金银出口，并坚持绝对的“少买多卖”的原则，以达到把货币（金、银）留在国内的目的。因此，早期重商主义也被称为货币差额论或货币主义。晚期重商主义者虽然坚持“少买多卖”的原则，但不反对输出货币，认为输出货币可以扩大购买，只要在对外贸易中保持顺差，就能使更多的货币（金、银）流入国内，增加国家财富。所以晚期重商主义被称为贸易差额论。

2. 古典经济学

古典经济学的全部历史可以划分为3个阶段，即产生时期、发展时期和完成时期。它以促进资本主义生产、增加资本主义的国民财富为目的，以资本主义生存为中心，全面地研究了资本主义生产、交换和分配，取得了一系列成果。在方法论方面，古典经济学提出了劳动价值论，并就剩余价值的某种特殊方式（利润或地租）考察剩余价值，不仅把价值归为劳动，而且把剩余价值归结为剩余劳动。古典经济学分析了工资与利润的对立，揭示了资本主义社会中阶级利益的对立。此外，古典经济学还就资本积累、再生产理论、经济危机、国际贸易等提出了一系列有价值的见解。在经济政策方面，古典经济学强调“看不见的手”即市场机制的自发调节作用，主张全面的自由竞争和自由放任，反对国家对经济活动的干预，认为国家的职能应该局限在抵抗外国侵略、维护社会秩序和举办某些公共工程，即充当资本主义社会的“守夜人”。

3. 新古典经济学

19世纪70年代后，资本主义生产方式从自由竞争开始向垄断过渡，科技革命和生产力的发展推进了企业的生产经营管理。企业注意改进生产技术，降低成本，运用价格体系，扩大销路。这一时期的经济理论从古典学派较重视供给方面转向了需求方面，注重研究市场供求关系。

这一时期，奥地利学派的门格尔提出了“边际效用”价值论，认为“效用”是价值的源泉，而“边际效用”则是衡量价值的尺度。这一理论成为微观经济中需求理论的支柱。

新古典经济学派的主要代表人物是阿尔弗里德·马歇尔。他是19世纪末20世纪初最著名的资产阶级经济学家，新古典经济学派的创始人。他在1890年出版了《经济学原理》一书，他集效用价值论和早期的生产费用价值论之大成，建立了均衡价格理论，成为现代微观经济学的奠基者。

4. 凯恩斯经济学

英国经济学家凯恩斯于1936年，即20世纪30年代大危机过后的第三年出版了他的重要著作《就业、利息和货币通论》，否定了传统经济学的两个基本原理，即供给自行创造需求的萨伊定律和储蓄必然转化为投资的传统论断，导致了所谓的“凯恩斯革命”。它标志着现代西方宏观经济学的产生。

凯恩斯认为在“边际消费倾向递减规律”“资本边际效率递减规律”“灵活偏好规律”的作用下，社会对消费品和投资品的需求是不足的，所以总需求往往不是等于总供给而是小于总供给。总需求的不足是资本主义经济危机爆发的主要原因。他还认为，储蓄主要不是取决于利息率而是总收入。当储蓄和投资不等时，总收入将发生扩张或收缩，从而引起储蓄相应的变化，最后导致储蓄和投资相等。

凯恩斯以有效需求不足为理论依据，提出了必须依靠政府采取调节经济的措施，才能消除失业和生产过剩的政策主张。其具体办法是：在有效需求不足时，运用财政政策和货币政策来刺激消费，增加投资，弥补消费需求和投资需求的不足。

到了20世纪60年代末70年代初，西方国家普遍出现了“停滞膨胀”的现象，凯恩斯学派无法给出正确的解释，又找不到合适的应付办法，从而陷入了困境。货币学派、供给学派等自由主义流派迅速崛起并向凯恩斯学派提出了强有力的挑战。但是，直到目前为止，还没有一种西方经济学说能取代凯恩斯学说的位置。

5. 现代主流经济学

20世纪80年代是各个西方经济学流派的调整时期。货币学派强调货币供给量对经济的重要影响已为西方经济学界广泛接受，它所提出的稳定货币供给量的增长率以稳定经济的建议已得到西方国家政府的高度重视。但是，货币学派没有对失业和经济衰退现象提出令人信服的分析。另外，供给学派强调增加供给对于摆脱停滞膨胀的重要作用得到了西方经济学界的认可，它所提出的降低税率以刺激供给也受到西方国家政府的重视。但是，供给学派还缺乏系统完整的经济理论体系。在新的经济形势下，凯恩斯学派注意吸取其他经济学派的见解，不断地修改和完善自己的理论，从而演变为新凯恩斯主义学派。新凯恩斯主义学派的代表人物有曼丘、罗默、斯蒂格利茨等。

1.4.2 经济学十大原理

原理一：人们面临权衡取舍

我们每个人经常会面临权衡取舍问题。例如周末，我们是选择加班以赚取加班费，或者与家人出去旅游，还是选择去学校进修以提高自己呢？尽管这些事情都是我们愿意做的事，但你在同一时间内只能做一件事而放弃其他事，这是因为我们所面对的资源——时间是稀缺的。

当人们组成一个社会时，同样面临着各种不同的权衡取舍。典型的是在“大炮与黄油”之间的选择。在现代社会里，同样重要的是清洁的环境和高收入水平之间的权衡取舍。要求企业减少污染的法律增加了生产物品与提供劳务的成本。由于成本高，结果这些企业赚的利润减少了，支付的工资低了，收取的价格高了，或者是这三种结果的某种结合。因此，尽管排污管制给我们带来的好处是更清洁的环境，以及由此带来的健康水平的提高，但其代价是企业所有者、工人和消费者的收入减少。

认识到人们面临权衡取舍本身并没有告诉我们，人们将会或应该做出什么决策。然而，认识到生活中的权衡取舍是重要的，因为人们只有了解了面临的选择，才能做出正确的决策。

原理二：某种东西的成本是为了得到它所放弃的东西

由于人们面临着权衡取舍，因此，做出决策就要比较可供选择的行动方案的成本与收益。但是，在许多情况下，某种行动的成本并不像乍看时那么明显。

例如，考虑是否上大学的决策。收益是使知识丰富和拥有更好的工作机会。但成本是什么呢？要回答这个问题，你会想到把你用于支付学费、购书、住宿和吃饭的钱加总起来。但这种总和并不真正代表你上大学所放弃的东西。

这个计算方法的第一个错误是，它包括的某些东西并不是上大学的真正成本。即使你不上大学，你也需要有睡觉的地方，要吃东西。只有在大学的住宿和伙食比其他地方贵时，贵的这一部分才是上大学的成本。实际上，大学的住宿与伙食费可能还低于你自己生活时所支付的房租与食物费用。在这种情况下，住宿与伙食费的节省是上大学的收益。

这种计算方法的第二个错误是，它忽略了上大学最大的成本——时间。当你把一定的时间用于听课、读书和写论文时，你就不能把这段时间用于工作。对大多数学生而言，为上学而放弃的工资是他们受教育的最大单项成本。

一种东西的机会成本（opportunity cost）是为了得到这种东西所放弃的另外的东西。当做出任何一项决策（例如，是否上大学）时，决策者应该认识到伴随着每一种可能的行动的机会成本。实际上，决策者通常是知道这一点的。有些到了上大学的年龄的美国运动员如果放弃上大学，转而从事职业运动，能赚到几百万美元，他们深深认识到，上大学的机会成本极高。于是，他们通常得出结论：不值得花费这种成本来获得上大学的利益。这一点儿也不奇怪。

原理三：理性人考虑边际量

生活中的许多决策很少是黑与白的对比，而往往涉及灰色阴影。如吃午饭时，你面临的决策不是在快餐或牛排之间的选择，而是是否再多吃一勺土豆泥。当考试临近时，你的决策不是在参加考试或休息 24 小时之间的选择，而是是否多花一个小时复习功课而不看电视。经济学家用“边际变动”（marginal change）这个术语来描述对现有行动计划的微小增量调整，边际变动是围绕你所做的事的边缘的调整。

在很多情况下，人们都是通过考虑边际量来做出最优决策的。例如，假设一架飞机有 200 个座位，飞行一次的总成本是 10 万元，那么平均每个座位的成本是 500 元。从一般意义上理解，航空公司的票价不能低于 500 元，否则就会亏损。但是，如果飞机临飞前，飞机的座位没有全部售完（例如还有 10 个空座位），这时有一位乘客愿意花 300 元购买一张机票，航空公司应该卖给他吗？当然应该。这时候，边际分析就大有用武之地了。如果飞机有空座位，多增加一位乘客的成本（边际成本）是微乎其微的，最多就是免费消费一顿饭和一些饮料、点心的成本而已。虽然一位乘客飞行的平均成本是 500 元，但只要乘客支付的钱大于边际成本，卖给他票就有利可图。

个人和企业通过考虑边际量，将会做出更好的决策。而且，只有一种行动的边际利益大于边际成本，一个理性决策者才会采取这项行动。

原理四：人们会对激励做出反应

由于人们通过比较成本与利益做出决策，所以，当成本或利益变动时，人们的行为也会改变。这就是说，人们会对激励做出反应。在市场经济中，有许多因素都可能影响激励，但最重要的因素通常是价格。例如，当汽油价格居高不下时，人们会考虑买节油型汽车。又比如，当某种商品的价格上涨时，厂商会受到激励，从而多生产这种产品以增加利润。如果生产过程中使用的某一种资源（如劳动力或某种原材料）的价格上涨了，厂商就会受到激励去寻找各种可以节约资源的新的生产方式，技术进步和组织创新在很大程度上就是在这种激励下形成的。

原理五：贸易能使每个人的状况更好

也就是说，贸易能够使双方实现双赢。早在工业革命之前，交易的好处就得到了很好的理解。那些拥有渔业资源的沿海地区的人们用他们的鱼与内地的人们交换他们所需要的肉和毛皮。由于资源稀缺程度上的差异，对沿海地区的人们来说，用鱼换来的肉和毛皮的价值大于他们所放弃的鱼的价值；而对内地的人们来说，用肉和毛皮换来的鱼也大于他们所放弃的肉和毛皮的价值。这样，两地的人们都从交易中获得了好处。

现代社会更是如此，每天的交易数以亿计。没有人能生产他们要消费的全部商品和服务，所有人都用自己挣得的收入去交换由别人生产而他们需要消费的东西。正因为如此，经济学认为，自愿交换对交易双方都有利，不管是在个人之间、个人与厂商之间，还是在两个不同国家之间，贸易都可以改善双方的福利。

原理六：市场通常是组织经济活动的一种好机制

经济学家将发生交易的场所称为市场。数千年来，社会建立了各种有形的市场，人们在这些市场中能够对一种商品的价格讨价还价，从中获得交易的收益。现代社会也建立了各种无形市场，人们可以通过网络、电话等现代通信方式完成交易。不管是何种方式的交易，也不管交易对象是谁，所有的交易都包括在市场和市场经济这两个概念中。交易双方最终达成平衡的核心概念是价格。市场通过价格的波动来达到供需的平衡，正是这种价格引导了消费者和厂商对稀缺性作出选择，从而实现资源的有效配置。

由此可见，市场经济是依靠市场交换才形成的。

原理七：政府有时可以改善市场结果

虽然市场通常是组织经济活动的一种好方法，但这个规律也有一些例外。自 20 世纪 20 年代末 30 年代初世界性经济大危机以来，经济学家已经明显意识到了这个问题。在某些领域，市场可能会导致一些不良后果。例如企业一味追求利润而导致严重的污染，由于垄断力量的形成而导致利益向少数人集中；市场一味追求利润而导致对教育、健康、安全的关心减少，分配不公而导致收入差异过大，经济波动过大而导致资源严重浪费，公共物品的提供不具备竞争性，等等。我们把市场经济中出现的这种情况称为市场失灵。当出现市场失灵的时候，政府的作用就体现出来了。

原理八：一国的生活水平取决于其生产物品与劳务的能力

众所周知，世界各国的生活水平是有差别的，而且这种差别是惊人的。例如，2017 年，森堡的人均收入高达 10.67 万美元，美国的人均收入为 5.78 万美元，墨西哥的人均收入为 8 915 美元，而尼泊尔的人均收入为 834 美元。这种平均收入的巨大差别反映在生活质量的各种衡量指标上，高收入国家的公民比低收入国家的公民拥有更多的电视机、更多的汽车、更好的营养、更高的医疗保健水平以及更长的预期寿命。那么现实生活中用什么来解释各国和不同时期中人们生活水平的巨大差别呢？答案是几乎所有生活水平的变动都可以归因于各国生产率（productivity）的差别。这就是一个工人一小时所生产的物品与劳务量的差别。在那些生产率高的国家，大多数人享有高水平的生活，而在那些低生产率的国家，大多数人过着贫困的生活。

原理九：当政府发行了过多纸币时，通货膨胀就会出现

通货膨胀是经济中物价水平的上升。一个惊人的例子是：1921 年，德国一份日报的价格为 0.3 马克，而 1922 年 11 月，一份同样的报纸价格为 7 000 万马克。

是什么引起了通货膨胀？在大多数严重或持续的通货膨胀情况下，罪魁祸首总是相同的——货币量的增长。当一个政府发行了太多的本国纸币时，货币的价值下降了，其表现形式就是物价上涨。

原理十：社会面临通货膨胀与失业之间的短期权衡取舍

当政府增加经济中的货币量时，常常会同时导致两个结果，一个是通货膨胀，另一个是至少在短期内降低失业水平。这表明通货膨胀与失业之间存在一种负相关关系，它们之间的关系被称为菲利普斯曲线（Phillips curve）。菲利普斯曲线的存在说明通货膨胀与失业之间也存在权衡取舍，这种权衡取舍往往会使政府的宏观经济调控政策陷入两难境地。

尽管经济学家仍对菲利普斯曲线有所争议，但大多数经济学家现在已经接受了这样一种思想：通货膨胀与失业之间存在短期权衡取舍。这就意味着，在一两年的时间内，许多经济政策常常在控制通货膨胀率与降低失业率之间发挥作用。无论通货膨胀和失业是从高水平开始（正如20世纪80年代初的情况），或者是从低水平开始（正如20世纪90年代后期的情况），或者是从这两者之间的某个地方开始，决策者都面临这种权衡取舍。

尽管菲利普斯曲线只能提供通货膨胀和失业之间的短期交替关系，但它却是理解经济周期短期性波动的一个重要工具。这是因为经济周期中的高涨和衰退的典型表现形式就是通货膨胀和失业，各国政府的经济决策者可以通过改变政府支出力量、税收量和所发行的货币量来影响经济中通货膨胀和失业的组合。

【本章小结】

1. 经济学研究的基本前提是人类欲望的无限性和资源的有限性，经济学就是要找到最大限度缓解两者矛盾的方法。

2. 经济学分为微观经济学和宏观经济学。微观经济学研究的主要问题是：（1）生产什么和生产多少？（2）如何生产？（3）为谁生产，即如何分配？宏观经济学研究的主要问题是：（1）为什么资源得不到充分利用？（2）解决失业、通货膨胀有什么办法？（3）如何实现经济持续稳定的增长？

3. 任何一种资源都有可供选择的用途。资源的有限性决定了我们必须在几种不同的产品中做出选择，而选择就会有机会成本。在资源稀缺的世界中选择一种东西意味着要放弃其他东西，这被放弃的东西的价值就是机会成本。

4. 如果把机会成本的概念运用于整个社会生产的分析，就会得到经济学中另一个重要的概念——生产可能性曲线。它是指一个社会用其全部资源和技术所能生产的各种产品和劳务的最大产量组合点的曲线。生产可能性曲线可以说明：（1）边界曲线向下倾斜意味着机会成本。（2）处于生产可能性曲线上的任何一个组合点都是现有资源可以支持的产量组合。（3）边界以外无法达到的组合意味着资源的有限性。（4）处于生产可能性曲线内的任何一点都表示出现了资源闲置。

5. 微观经济学以单个经济主体的经济行为作为考察对象。

6. 宏观经济学把全社会整体的经济活动作为考察对象。

7. 经济学按照分析的性质可以分为实证经济学和规范经济学。实证经济学主要回答“是什么”这类问题，实证论述是以事实为依据的，它的正确与否可以通过对事实的检验来判定。规范经济学主要回答“应该是什么”这类问题，具有强烈的主观色彩，对同一个事物存在不同的规范论述，它的正确与否不能通过事实的检验来判断。

8. 经济学十大原理包括：（1）人们面临权衡取舍；（2）某种东西的成本是为了得到

它所放弃的东西；(3) 理性人考虑边际量；(4) 人们会对激励做出反应；(5) 贸易能使每个人的状况更好；(6) 市场通常是组织经济活动的一种好机制；(7) 政府有时可以改善市场结果；(8) 一国的生活水平取决于它生产物品与劳务的能力；(9) 当政府发行了过多纸币时，通货膨胀就会出现；(10) 社会面临通货膨胀与失业之间的短期权衡取舍。

【练习与思考】

一、单项选择题

1. 经济学可定义为（　　）。

A. 政府对市场制度的干预

B. 企业取得利润的活动

C. 研究如何最合理地将稀缺资源配置于诸多用途

D. 人们靠收入生活

2. 资源稀缺是指（　　）。

A. 世界上大多数人生活在贫困中

B. 相对于需求而言，资源总是不足的

C. 资源必须留给下一代

D. 世界上的资源最终将因为生产更多的物品和劳务而消耗光

3. 经济学研究的基本问题是（　　）。

A. 怎样生产　　B. 生产什么，生产多少

C. 为谁生产　　D. 以上都包括

4. 以下问题中（　　）不是微观经济学考察的问题。

A. 一个厂商的产出水平

B. 失业率的上升或下降

C. 联邦货物税的高税率对货物销售的影响

D. 某一行业中雇用工人的数量

5. 生产可能性曲线说明的基本原理是（　　）。

A. 一国资源总能被充分利用

B. 假定所有经济资源能得到充分的利用，则只有减少 Y 物品的生产才能增加 X 物品的生产

C. 改进技术引起生产可能性曲线向内移动

D. 经济能力增长唯一决定于劳动力数量

6. 下列各项中（　　）会导致一国生产可能性曲线向外移动。

A. 失业

B. 通货膨胀

C. 有用性资源增加或技术进步

D. 消费品生产增加，资本物品生产下降

7. 下列命题中（　　）不是实证经济学命题。

A. 1982 年 8 月美联储把贴现率降到 10%

B. 1981 年失业率超过 9%

C. 联邦所得税对中等收入家庭是不公平的

D. 社会保险税的课税依据现已超过 30 000 美元

二、分析论述题

1. 什么是经济学？为什么要研究经济学？

2. 经济学研究哪些问题？你是如何理解的？

3. 当代经济学研究的对象和方法是什么？如何理解资源的有限性和人类欲望的无限性？

4. 什么是微观经济学？什么是宏观经济学？两者各有哪些基本内容？

5. 微观经济学和宏观经济学的联系和区别是什么？

6. 谈谈你对经济学十大原理的理解。

三、案例分析题

转行的机会成本有多大?

张依依今年 28 岁，从事人事行政工作 5 年多了。最近，张依依越来越觉得人事行政工作没有太好的发展前景，加上年龄逐渐增长，她对自己的职业发展方向产生了迷惑。她一直想转行，但是一想到自己大学里学的是英语专业，也没什么特长，若要转行还真需要下一番苦功。

张依依先去做了市场调查，根据市场需求和实际情况，决定转行做律师：一来自己这么多年一直对法律感兴趣；二来考个法律职业资格证相对而言比较节省时间与金钱。当然还有最重要的一点，就是律师越老越值钱，再也不会为年龄发愁。

然而真正面对转行时，张依依又犹豫了："28 岁才谋划转行晚不晚呢?"

我们先来帮张依依算一笔经济账。考个法律职业资格证的金钱代价：辅导班 6 000 元＋教材 300 元＋考试费 220 元＝6 520 元。

若是刚刚转行成为律师，薪水肯定没有现在高，但从长远利益来看，超过现在的水平只是一个时间和转行成功与否的问题。

据调查，大多数白领的职业生涯都呈现出这样的轨迹：工作 1～4 年担任基层职务，5～6 年任经理，7～9 年任高级经理/总监，10～12 年任副总经理，13～20 年任总经理，即 30 岁以上的白领普遍担任一定的管理职务。但是能够最终升至企业总监以上高级职务的概率只有 10%，所以这时许多人感觉在企业内发展空间有限，缺乏工作动力。因此，28～33 岁这个年龄阶段的、有一定事业基础的白领是对职业最敏感的人群，他们渴求在事业上有大的突破。这时候就面临着是换行业还是换岗位的艰难抉择。

对于张小姐而言，转行是可行的，因为她的个性是敢于接受挑战和压力的，又准备从事自己所感兴趣的工作，况且已经厌倦了现在工作的烦琐。当然，转行前要先接触与专业相关的行业，有这样一个过渡，可以使她更快地进入新的角色。其实，认清自己的弱点同样是优势，这样可以一切从零开始。

对大多数人而言，对未来的困惑和对今日的不满，都源于无法用科学的工具对自身择业的问题进行明智而理性的判断，所以，他们无法以就业市场的形势和相关行业的用人要求为准绳，来客观衡量和把握未来的契机，并从行业发展的趋势中预测自身的未来方向的可行性，往往导致令自己永远在饭碗不如意和好饭碗难找的两点间恶性循环，难以自拔。

实际上，任何人的职业命运都不会完全由另一个人来左右，主宰我们职业命运的其实是市场。

问题：

请谈谈你的感想。

【实践与操作】

走访一家企业，了解这个企业面临哪些经济问题，涉及哪些经济概念。

【拓展阅读】

中国石墨资源稀缺性凸显　引爆石墨烯概念

2014 年 6 月 17 日，石墨烯概念早盘一枝独秀，截至午间收盘，板块整体涨幅超过 3%，其中方大炭素涨停，烯碳新材涨逾 8%，金路集团涨逾 5%。

消息面上，许多科学家认为石墨烯是革命性的新材料，将推动电子产业步入新的发展阶段，撬动至少千亿级的产业链。

而作为石墨烯的原材料石墨，目前探明的全球储量约为 7 100 万吨，其中中国的石墨储量约为 5 500 万吨，占全球储量的 77%，居世界首位。但我国石墨产业并不理想，长期处于产业链条中的原料供应者。

业内人士称，石墨资源滥采乱掘、采富弃贫、粗放经营、管理水平低的现象比较普遍，按照目前的开采方式和速度，最多 20 年，国内已探明的石墨资源将消耗殆尽，届时中国只能从国外高价进口石墨，由石墨大国变成石墨贫国。

为此，有专家建议，要确保石墨行业健康持续发展，还需要国家借鉴稀土资源管控模式，在全国范围内调控石墨产能，鼓励科技研发，统筹规划石墨产业发展。

资料来源：http://business.sohu.com/20140617/n400977900.shtml，2014-06-17.

第 2 章

需求、供给与均衡价格

【学习目标】

1. 知识目标

(1) 需求的概念、影响需求的因素

(2) 需求量或供给量的变动和需求或供给的变动

(3) 均衡价格

(4) 弹性理论

2. 能力目标

(1) 对影响需求的各种因素的认识

(2) 需求规律和供给规律

(3) 均衡价格的形成

(4) 弹性理论的应用

【案例导入】

弹性原理的应用

在西方国家，弹性分析在厂商的价格决策中受到广泛重视。

因为各种商品的需求量对价格变化的反应程度是不一样的，提高价格不一定能增加总收益，降低价格也不一定会减少总收益。所以，厂商要正确地制定商品的价格以增加总收益，必须对商品的弹性作出正确的估算。

在西方国家，厂商在估算价格弹性的时候，有的利用过去的统计数据进行计算，有的凭借简单的经验进行估计。例如美国贝尔电话系统曾经对通话的价格弹性进行过研究，结果表明：本地电话和长途电话以及这两种电话在一天的不同时刻里其价格弹性是不同的。本地电话的价格弹性为 0.1，芝加哥到纽约的长途电话的价格弹性白天是 0.23，晚上是 0.57。

在厂商对个别商品的价格弹性进行估算的同时，一批经济学家也对各种商品的弹性值进行系统的分析。美国经济学家舒尔茨（H. Schultz）和英国经济学家斯通（R. Stone）曾在这方面作出了突出贡献。表 2-1 摘录了美国经济学家的研究成果，它表明了美国部分商品的价格弹性。

厂商以弹性分析为依据，常常能作出比较正确的价格决策。例如，在 20 世纪 60 年代，美国州际贸易委员会曾要求东部铁路降低客运票价，而美国东部铁路认为降低票价会

表 2-1　　美国部分商品价格弹性示意表

缺乏弹性（$\|E_d\|<1$）				富有弹性（$\|E_d\|>1$）	
水、电、煤气	0.92	住房	0.55	金属	1.52
化学制品	0.89	服装	0.49	家具	1.25
饮料	0.78	书、杂志、报纸	0.34	汽车	1.14
烟草	0.61	肉	0.2	运输	1.03
食物	0.58				

资料来源：[美] 斯蒂格利茨. 经济学. 北京：中国人民大学出版社，1997：95.

蒙受损失，拒绝接受贸易委员会的建议。在当时的条件下，客运的需求量实际上是富有价格弹性的，弹性值接近于2。果然，在东部铁路终于勉强同意降价以后，铁路的总收益不是下降了而是提高了。又如，美国田纳西流域电力管理局认为电力的需求是富有弹性的，准备着手降低电力的价格。邻近的私营电力公司原先不同意降低价格，后来发现在降低价格后需求量和收益确实在增长，从而证实了田纳西流域电力管理局的决定是对的。

厂商利用弹性分析定价也可能发生错误，一则是对需求的价格弹性估算的偏差；二则是影响需求量的因素不仅仅是价格，即便对需求的价格弹性作出正确的估算，也有可能出现没有预料到的结果。例如在1960年，美国弗吉尼亚州的政府机构决定提高酒精饮料的价格。在当年，酒精饮料生产的总收益减少了，酒精饮料的需求量显然是富有弹性的。而在1961年，总收益却增加了，其原因是随着人口和收入的增长，对酒精饮料的需求增加了。

2.1　需求

2.1.1　需求、需求表、需求曲线

1. 需求的概念

需求是指消费者在一定时期内，在各个可能价格下，愿意并且能够购买的商品或服务的数量，称作消费者对该商品或服务的需求。即不同的价格与相应的需求量之间的关系就是需求。这里要指出两个关键点：一是消费者必须有购买商品或服务的意愿；二是消费者必须有购买商品或者服务的能力。显然这两者缺一不可。如果没有购买意愿，换句话说，就是消费者对商品或服务没有内在需要，也就谈不上所谓的“需求”；如果仅有购买意愿而没有购买能力，消费者仅仅停留在“需要”的层面上，这种“需要”在经济学上也不具备研究价值。所以，需求必须是消费者既有购买意愿又有购买能力的一种有效“需要”。

我们可以将需求分为个人需求和市场需求。个人需求是指单个消费者在各个可能价格下愿意购买并且能够购买的商品或服务的数量；市场需求指的是市场上所有的消费者在各种可能的价格下愿意购买并且能够购买的商品或服务的数量总和。

关于需求，必须注意一点：需求与需求量是两个相互联系而又不同的概念。需求不同于需求量，需求是价格与需求量之间的关系，而需求量则是指按照某种给定的价格，人们愿意并能够购买的数量。需求量随着价格的变化而变化（当需求函数既定时）。这里所说的需求量，必须是有支付能力的需求量。

2. 需求表与需求曲线

人们购买一种商品的数量取决于它的价格。在条件相同时，一种商品的市场价格与该商品的需求数量之间存在一定的关系。这种价格与需求之间的关系叫需求表或需求曲线。例如，当某一种商品的价格为 1 元时，需求量为 100 个单位；价格为 2 元时，需求量为 90 个单位。价格依次为 3 元、4 元、5 元、6 元、7 元、8 元时，需求量顺次为 80 个、70 个、60 个、50 个、40 个、30 个单位。这些价格与数量的组合，可以用表 2-2 所示的需求表来表示。

表 2-2　　某一商品的需求表

价格-数量组合	价格 P（元）	需求量 Q（个）
A	1	100
B	2	90
C	3	80
D	4	70
E	5	60
F	6	50
G	7	40
H	8	30

表 2-2 是某一种商品的需求表。它用数字表示商品的价格和需求之间的函数关系，说明了在各种价格下可能有的需求量。用图形表示的需求表就是需求曲线。通过需求表，可以很容易地找出对应于每一价格的每一需求量；通过需求曲线，不仅容易找出对应于每一价格的每一需求量，而且可以明显地看出价格变化时需求量变化的趋势。

根据表 2-2 中的价格-数量组合绘出图 2-1。在图中价格-数量坐标平面上，找出表中价格-数量组合 A、B、C、D、E、F、G、H 各点，然后将各点连接起来，便得到需求曲线。

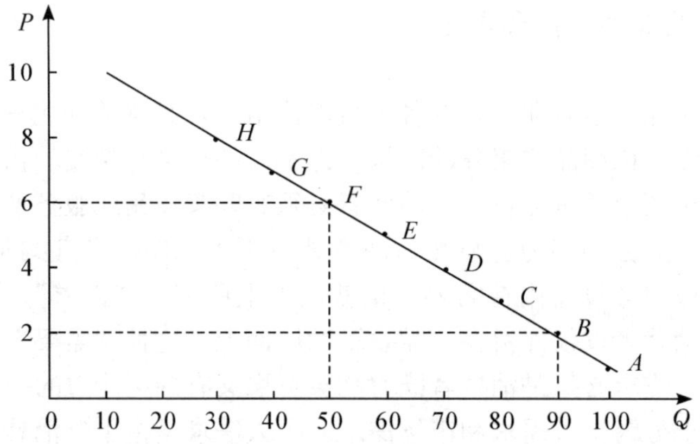

图 2-1　某商品的需求曲线

从图 2-1 可以看出，需求曲线向右下方倾斜，斜率为负。价格和需求量之间的关系可以是线性关系，也可以是非线性关系。当两者之间存在线性关系时，需求曲线是一条向下方倾斜的直线，直线上任意一点的斜率都相等。图 2-1 中的需求曲线便是如此。与此不同，当两者之间存在非线性关系时，需求曲线是一条向下方倾斜的曲线，曲线上不同的点的斜率是不同的，见图 2-2。

图 2-2 的纵轴表示每单位商品的价格，横轴表示市场对该商品的需求量。D 代表需求曲线，线上的任意一点都有相对应的价格和在该价格水平上的商品需求量（A 或 B）。

从图 2-2 可以看出，商品价格越低，市场对该商品的需求量越大，需求曲线向右下方倾斜以及需求曲线的负斜率反映了这种价格和数量的反比关系。

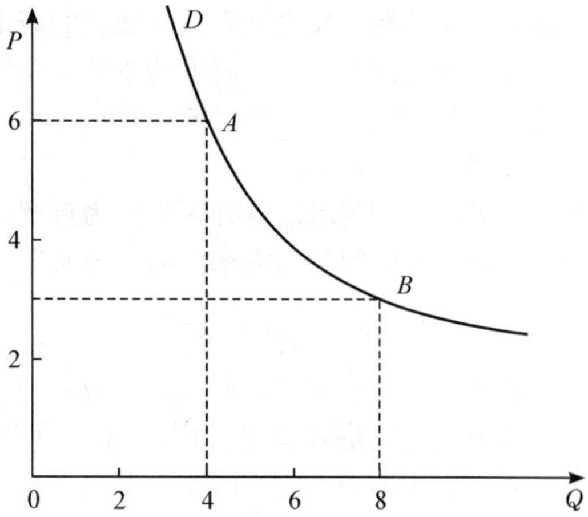

图 2-2　非线性需求曲线

2.1.2　影响需求的因素与需求函数

1. 影响需求的因素

影响需求的因素多种多样，概括起来主要有以下几种：

（1）该商品或服务本身的价格。一般来说，一种商品的当前价格越高，该商品或服务的需求数量就越小；反过来，该商品的当前价格越低，其需求数量就越大。

（2）相关商品和服务的价格。某种商品的需求量不仅取决于自身的价格，而且还取决于其他商品的价格。这种影响可以分为两种情形进行分析：一是其他商品是互补品；二是其他商品是替代品。商品甲的互补品乙是指这样一种商品：在使用商品甲时也必须使用它。如钢笔与墨水、录音机与磁带、香烟与打火机。对于互补关系的商品，当一种商品价格上升时，对另一种商品的需求就下降，反之亦然。商品甲的替代品乙是指这样一种商品：它与商品甲都可以用于满足相同的或相似的需要。如羊肉与牛肉、面粉与大米、公路与铁路。这种替代关系的商品，当一种商品价格上升时，对另一种商品的需求就上升，反之亦然。

结论：互补商品之间价格与需求呈反方向变动，因为它们共同满足一种欲望，它们之间是互补的。替代商品之间价格与需求呈同方向变动，因为它们可以互相替代来满足同一种需求。

（3）消费者的收入。需求量是有效的需求。因此，收入是需求的重要决定因素。当人们的收入上升时，即使价格不变，个人也会倾向于购买更多数量的商品，并且还将改变所购商品的结构。生活必需品对收入变化的反应不大，而奢侈品、高档消费品对收入变化的反应则较大。这样，一些商品的需求量会增加得快些，一些商品的需求量会增加得慢些。

（4）消费偏好。偏好代表众多的社会和历史因素。它们可以反映出真正的心理或生理需要，也可以包括人为造成的需要，还可以具有很大一部分传统或宗教的因素。

（5）人口数量与结构。人口数量的增减直接影响需求的变化。人口结构的变动主要影响需求的结构，进而影响某些商品的需求。例如，人口的老龄化会减少对碳酸饮料、时髦服装、口香糖等的需求，但会增加对保健品、药品的需求。

（6）政府的经济政策。例如，偏紧的财政政策和货币政策会抑制消费需求，而鼓励消费的消费信贷制度则会增加需求。

（7）消费者对未来的预期。消费者对自己的收入水平、对商品价格水平的预期直接影响其消费欲望。如果预期未来收入水平上升，商品价格水平也会上升，则消费者会增加目前的需求与消费；反之则会减少现在的需求与消费。例如在我国，随着社会保障制度、医疗制度、教育制度、住房制度的改革，今后这方面的支出将占到收入的一定比例，这一预期实际上会影响我国居民目前的需求与消费。

2. 需求函数

如果把影响需求的各种因素作为自变量，把需求作为因变量，则可以用函数关系来表示“影响需求的因素与需求之间的关系”，这种函数称为“需求函数”，用公式表示就是：

$$D=f(a,b,c,d,\cdots,n)$$

式中，D 表示需求；a，b，c，d，…，n 代表影响需求的因素。

该公式的经济意义是：影响需求的因素是多种多样的，包括价格、收入、偏好、政策、人口、预期等，它们的变动都会引起需求不同程度的变动。

如果假定其他因素不变，只考虑商品本身的价格与该商品的需求量的关系，并以 P 代表价格，则需求函数为：

$$D=f(P)$$

2.1.3 需求规律

我们发现，在其他条件不变的情况下，对大多数的商品或服务而言，存在着这样的规律：当商品或服务的价格上升时，消费者对该商品或服务的需求数量就会减少；反之，当商品或服务的价格下降时，消费者对该商品或服务的需求数量就会增加。其他条件不变时，商品或服务的需求数量与价格成反向的变动规律，我们称为需求规律。

2.1.4 需求量的变动与需求的变动

需求量的变动与需求的变动是两个既相互联系又相互区别的概念。需求量的变动和需求的变动都是需求数量的变动，它们的区别在于引起这两种变动的因素是不相同的，而且，这两种变动在几何图形中的表示也是不相同的。

1. 需求量的变动

需求量的变动，即其他因素不变，仅仅由于价格变化引起的商品或服务需求数量的变化，其考察范围限于 $D=f(P)$。从需求表上看，需求量的变动表现为同一需求表中价格-数量组合的移动。从需求曲线图上看，需求量的变动即商品价格变动（自变量）所引起的需求量的变动（因变量），表现为同一条需求曲线上的点的移动（点移动）。在图 2-3 中，价格为 P_1 时，需求量为 Q_1；当价格下降到 P_2 时，需求量增加到 Q_2；价格与需求量的变化在需求曲线上则是从 a 到 b 点的移动。

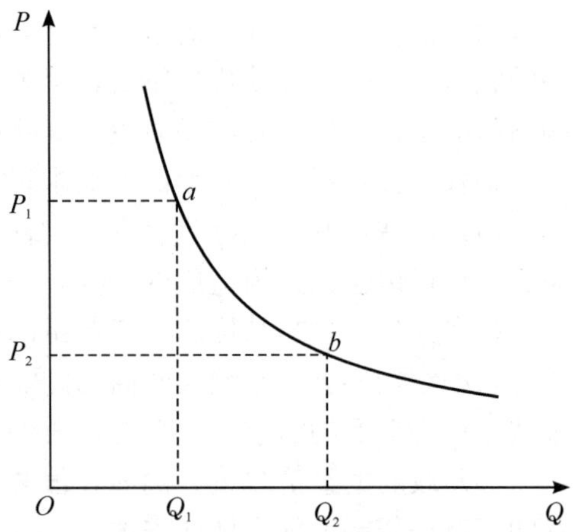

图 2-3 需求量的变动

2. 需求的变动

需求的变动是指在商品本身价格不变的情况下，由于其他非价格因素的变化所引起的商品或服务需求数量的变动。需求的变动涉及的需求函数的公式为 $D=f(a, b, c, d, \cdots, n)$，公式中自变量排除价格因素。

从需求表来看，需求的变动不是同一需求表中价格-数量组合的移动，而是整个需求表的变化。从几何图来看，需求的变动表现为整个需求曲线的移动（线移动）。图 2-4 中，P_1 价格未发生变化，只是由于收入、相关商品价格、人口、预期、偏好、国家政策的变化，引起需求曲线向左或向右移动。

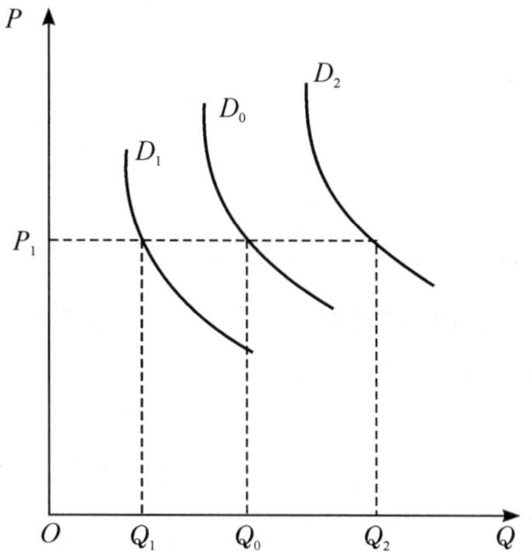

图 2-4　需求的变动

可见，在所有需求的影响因素中，如果是产品自身价格发生变化，则需求曲线不变，表现为曲线上点的移动；而排除了自身价格以外的因素（包括预期价格、替代品价格、互补价格等）发生变化，则需求曲线一定会平行移动，若影响因素使得需求量增加，则需求曲线平行右移，反之则相反。

2.2　供给

2.2.1　供给、供给表、供给曲线

1. 供给

供给是指生产者在一定时期内各个价格下愿意出售，并且能够卖出的商品或服务的数量。供给应具备两个必要条件：一是生产者对于商品或服务必须有出售意愿；二是生产者对于商品或服务必须有供应能力。

供给也分为个人供给和市场供给。个人供给是指单个生产者在各个价格下愿意出售并且能够卖出的商品或服务的数量。市场供给是指市场中所有的生产者在各个价格下愿意出售并且能够卖出的商品或服务的数量总和。

2. 供给表、供给曲线

市场实践证明，不同的价格对应着不同的供给量，即厂商在特定时期内，愿意并且能够提供的商品数量与该商品的价格之间也存在一一对应的关系。供给表是指一定时期，每一价格下生产者愿意向市场上提供的某种商品的数量表格。表 2-3 提供了某一商品价格-数量的各种组合，说明了在各种价格上可能有的供给量。

表 2-3　　某一商品的供给表

价格-数量组合	价格/美元	供给量/单位数
A	0	0
B	1	10
C	2	20
D	3	30
E	4	40
F	5	50
G	6	60
H	7	70
I	8	80
J	9	90
K	10	100
L	11	110

把表 2-3 中的价格-数量组合关系绘成图 2-5 就是供给曲线，通过供给曲线，不仅可以很容易地找出与价格对应的供给量，而且可以明显地看出价格变化时供给量变化的趋势。

图 2-5 表明价格与供给量同方向变动，即价格上升，供给量增加，反之下降。图 2-5 是一条直线，即线性曲线。价格与供给量之间的关系也可以是非线性关系。非线性供给曲线上的斜率在每一点上是不同的，而线性关系则是相同的，但它们的区别不影响供给曲线的性质。

图 2-6 的纵轴表示每单位商品的价格，横轴表示市场供给量。*S* 代表供给曲线，线上的任意一点都有相对应的价格和在该价格水平上的商品供给量。

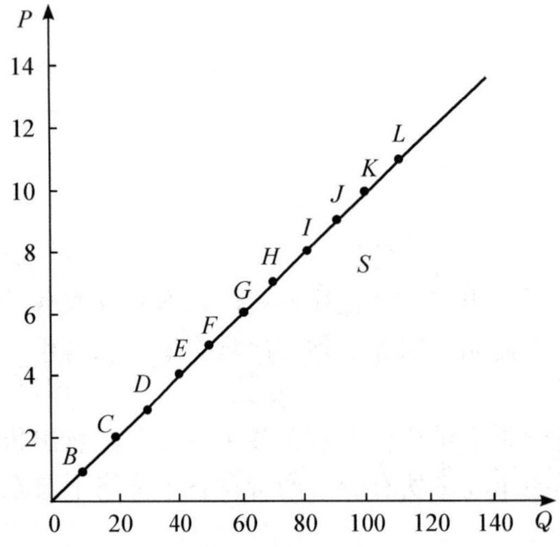

图 2-5　供给曲线

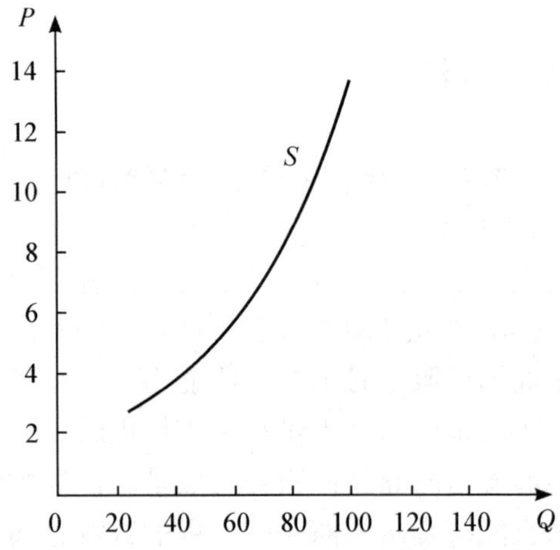

图 2-6　非线性供给曲线

2.2.2　影响供给的因素与供给函数

1. 影响供给的因素

影响供给的因素概括起来主要有：

（1）该商品或服务的当前价格。一般来说，一种商品的当前价格越高，该商品的供给数量就越大；反过来，该商品的当前价格越低，其供给数量就越小。

（2）相关商品的价格。两种互补商品之间，甲商品价格下跌会减少乙商品的供给，使乙商品供给曲线左移。两种替代商品之间，甲商品价格下跌会使乙商品的供给增加，反之减少。例如，一块地可以种小麦也可以种玉米，玉米价格下跌，农民会不种玉米而种小麦，使小麦的供给曲线右移。

（3）生产要素的价格。生产要素价格下降，会降低商品的生产成本，企业就愿意增加供给，甚至愿意以比以前更低的价格提供同一数量的商品。所以，生产要素的价格下降会使供给曲线右移；相反，则供给曲线左移。

（4）厂商目标。经济学一般假定厂商以利润最大化为目标，即利润大小决定厂商供给多少。但厂商有时也为市场占有率、销售最大化及政治、名誉等目标而决定其供给。

（5）技术进步。技术进步可大大提高生产效率，使企业有可能在给定资源条件下更便宜地生产商品，或者说同样的资源生产出更多的商品。所以，技术进步会使供给曲线右移。新材料、新能源的发明和利用，可将供给带到一个新的水平。

（6）政府的政策。政府的财政政策、价格政策、产业政策、分配政策、货币政策等会刺激或抑制供给。

（7）厂商预期。乐观的预期会增加供给；反之，则会减少供给。

2. 供给函数

如果把影响供给的各种因素作为自变量，把供给作为因变量，则可以用函数关系来表示“影响供给的因素与供给之间的关系”，它表示供给是各种影响供给的因素的函数，供给函数的公式为：

$$S=f(a,b,c,d,\cdots,n)$$

式中，S 代表供给；a，b，c，d，…，n 代表影响供给的因素（如厂商目标、预期、技术、成本等）。

假如其他因素不变，只考虑商品本身的价格与该商品的供给量的关系，则供给函数为：

$$S=f(P)$$

2.2.3 供给规律

当商品或服务的价格上升时，生产者对该商品或服务的供给数量就会增加；反过来，当商品或服务的价格下降时，生产者对该商品或服务的供给数量就会减少。其他条件不变时，商品或服务的供给数量与价格呈同方向变动的规律，我们称为供给规律。

2.2.4 供给量的变动和供给的变动

类似于以上关于需求量的变动和需求的变动区分，我们也将区分供给量的变动和供给的变动这两个概念。供给量的变动和供给的变动是两个相互联系、相互区别的概念。供给量的变动和供给的变动都是供给数量的变动，它们的区别在于引起这两种变动的因素是不相同的，而且这两种变动在几何图形中的表示也是不相同的。

1. 供给量的变动

供给量的变动是指在其他因素不变的情况下，商品本身价格变动所引起的供给量的变动，即沿着供给曲线的变动。它涉及的函数公式是 $S=f(P)$。从供给表上看，供给量的变动表现为同一供给表中价格-数量组合的移动；从供给几何曲线图上看，供给量的变动表现为同一条供给曲线上的点的移动（点移动）。

图 2-7 中，当价格为 P_1 时，供给量为 Q_1；当价格上升为 P_2 时，供给量增加为 Q_2，价格与供给量的变化在供给曲线上则是从 a 点移动到 b 点。

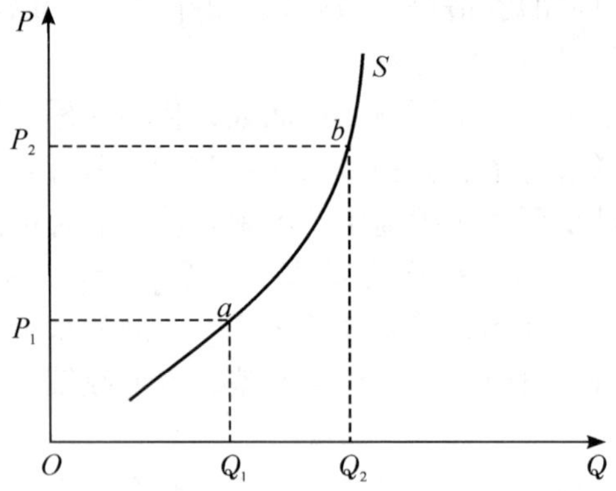

图 2-7　供给量的变动

2. 供给的变动

供给的变动是指在商品本身价格不变的情况下，其他因素变动所引起的供给的变动，即沿着供给曲线的移动。它涉及的函数公式是：$S=f(a, b, c, d, \cdots, n)$。从供给表的角度看，供给的变动不是同一供给表中价格-数量组合的移动，而是整个供给表的变化。从供给几何曲线图看，供给的变动表现为整个供给曲线的移动（线移动）。图 2-8 中，价格 P_1 未发生变化，只是由于厂商目标、技术、成本、预期、相关商品价格、政策等因素的变化，引起供给曲线向左或向右移动。

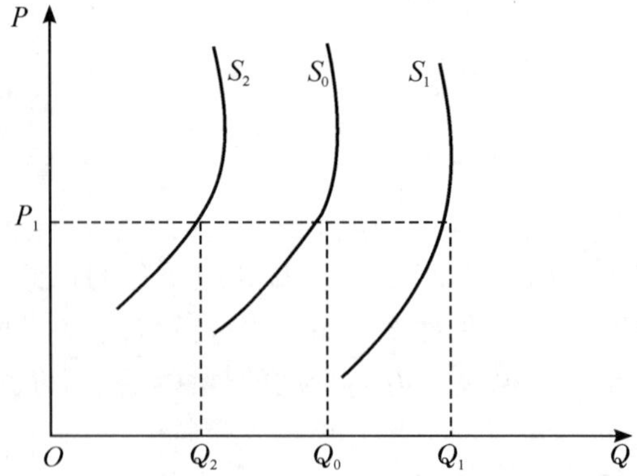

图 2-8　供给的变动

可见，在所有商品供给的影响因素中，如果是产品自身价格发生变化，则供给曲线不变，表现为曲线上点的移动；而除了自身价格以外的因素（包括生产技术、生产成本等）发生变化，则供给曲线一定会平行移动，若影响因素使得供给产量增加，则供给曲线平行右移，反之则相反。

2.3 均衡价格

2.3.1 均衡价格和均衡产量

一般意义上讲的均衡（equilibrium）指的是，经济中的相关变量相互作用、相互制约，最终达到相对静止的一种状态。在均衡的状态下，不存在改变当前状态的内部因素。

就某个商品市场而言，均衡就是市场价格使得该商品的供给量和需求量恰好相等的状态，即消费者正好买到该价格下愿意购买的商品数量，生产者也正好卖出该价格下自己愿意售出的商品数量。在这样的均衡状态下，消费者和生产者都不愿意改变价格、消费量或产量。这种均衡状态又被称为市场出清。

当商品市场供给和需求双方力量相互作用达到均衡状态时，即市场上供给量恰好等于需求量时，此时的市场价格就被称为均衡价格，又称市场出清价格。在均衡价格水平下，市场供给量与市场需求量相等，这时的供给量称作均衡产量。均衡价格和均衡产量反映在几何图形上，被称为均衡点，一般用 E 表示。实际上，均衡点就是需求曲线和供给曲线的交点（如图 2-9 所示）。

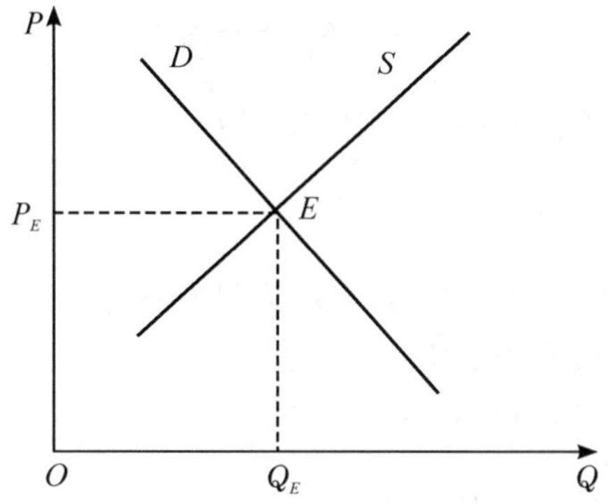

图 2-9 均衡价格和均衡产量

关于均衡价格的理解，必须注意：当我们单独考虑需求与价格，或者供给与价格时，价格决定需求，或者价格决定供给，这时，价格是自变量，需求或供给是因变量。当我们考察价格是由什么因素决定时，我们会发现，供给和需求相互作用决定价格，即价格由供求决定。供求决定价格有三种情况：其一，供给量大于需求量，供求不均衡导致价格下降，价格下降引起供给量减少、需求量增加，缓和供过于求状态，直至消除过剩；其二，供给量小于需求量，供求不均衡导致价格上升，价格上升引起供给量增加、需求量减少，缓解供不应求状态，直至消除短缺；其三，供给量等于需求量，价格处于相对静止状态，这时的价格即为均衡价格。

所以，市场上的价格最终是由需求和供给两种情况相反的力量共同作用的结果，只有将需求和供给两者结合起来，才能说明一种商品价格的决定。经济学讲的“价格决定”，一般是指由于供给量和需求量的相互作用最终使供求不均衡得以消除，使价格不再波动而处于一种相对静止、不再变动的状态，这时的价格和产量是暂时确定的，即均衡价格和均衡产量。

2.3.2 均衡价格的形成与竞争

均衡价格的形成过程即是价格决定的过程，它是通过市场上供求双方的竞争过程自发形成的，如图 2-10 所示。

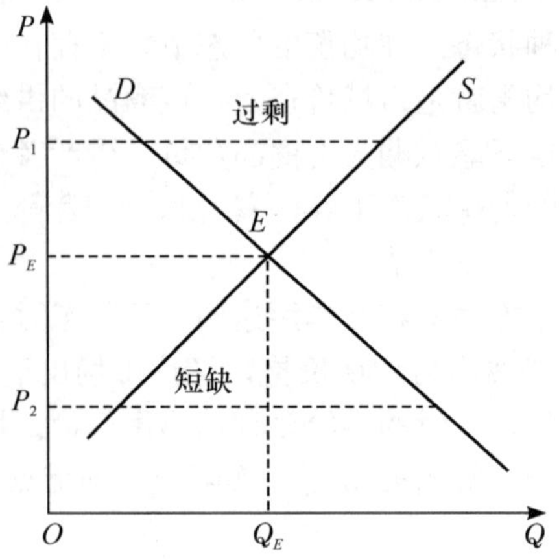

图 2-10 均衡价格的形成

用经济模型来说明均衡价格的决定，其条件为：

$$D=f(P); \quad S=f(P); \quad D=S$$

式中，$D=f(P)$ 为需求函数；$S=f(P)$ 为供给函数；$D=S$ 代表供求相等，即均衡价格决定的公式，可以据此得出 P 的值。

[例] 已知需求函数、供给函数和均衡条件为：

$$D=26-4P; \quad S=-4+6P; \quad D=S$$

求均衡价格和产量。

解：根据均衡条件 $D=S$ 求出均衡价格：$26-4P=-4+6P$

得均衡价格：$P_E=3$

将 $P_E=3$ 代入需求函数和供给函数得：

$$D=26-4P=26-4\times3=14$$
$$S=-4+6P=-4+6\times3=14$$

即均衡产量为 14。

均衡价格的形成与竞争是分不开的，它是在市场供求力量的自发调节下形成的。当某种商品供不应求时，会出现买者的竞争，买者竞相抬价使卖者处于有利的地位，结果商品价格上升；当某种商品供过于求时，会出现卖者的竞争，卖者竞相削价，使买者处于优势，结果商品市场价格下降；当某种商品的供求均衡时，买卖双方势均力敌，价格趋近不变，从而决定了均衡价格和均衡产量。

2.3.3 均衡的变动与供给规律

均衡价格和均衡产量是由供求均衡决定的，即供求均衡点决定了均衡价格和均衡产量。那么，需求和供给的变动必然会引起均衡点的移动，从而导致均衡价格和均衡产量的移动。

在图 2-11 中，需求量或供给量的变动（从 a 到 E、从 E 到 d，或者从 b 到 E、从 E 到 c），都不会引起均衡点或曲线交叉点的移动。但是一旦供给曲线或需求曲线发生移动，均衡价格和均衡产量就会发生改变。

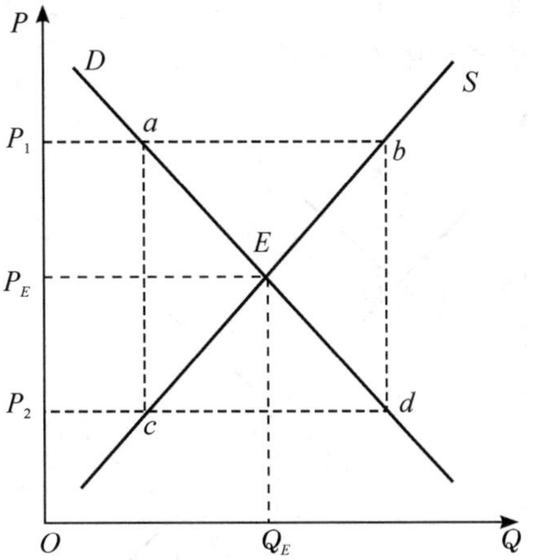

图 2-11 价格的决定

1. 需求曲线的移动对均衡价格和均衡产量的影响

当供给不变时，由于外部因素（非价格因素）使得需求曲线发生移动，均衡价格和均衡产量都会发生变化。如果需求增加，需求曲线就会向右平移，会使均衡价格和均衡产量增加；如果需求减少，需求曲线会向左平移，会使均衡价格和均衡产量减少。

以图 2-12 为例，图中原有的需求曲线为 D_0，供给曲线为 S，原均衡点为 E_0，均衡价格为 P_0，均衡产量为 Q_0。在商品价格不变的情况下，如果其他因素（如消费者偏好）改变，使得需求增加，需求曲线就会向右平移，即从图中的 D_0 位置平移到 D_1 位置。如果供给曲线不变，则新的需求曲线 D_1 与供给曲线 S 相交于 E_1，显然新的均衡点上对应的均衡价格由 P_0 提高到了 P_1，均衡产量由 Q_0 提高到了 Q_1。

反过来，在商品价格不变的情况下，如果其他因素（如消费者偏好）改变使得需求减少，需求曲线就会向左平移，即从图中的 D_0 位置平移到 D_2 位置。如果供给曲线不变，则新的需求曲线 D_2 与供给曲线 S 相交于 E_2，显然新的均衡点上对应的均衡价格由 P_0 下降为 P_2，均衡产量由 Q_0 下降为 Q_2。

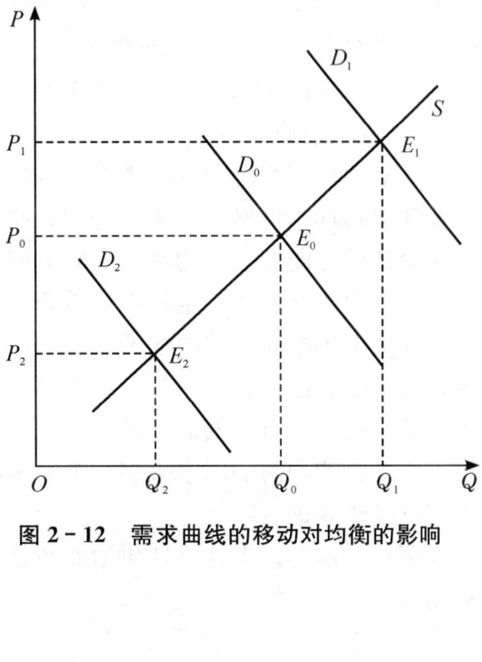

图 2-12 需求曲线的移动对均衡的影响

2. 供给曲线的移动对均衡价格和均衡产量的影响

当需求不变时，由于外部因素（非价格因素）使得供给曲线发生移动，均衡价格和均衡产量都会发生变化。如果供给增加，供给曲线就会向右平移，会使均衡价格减少，均衡产量增加；如果供给减少，需求曲线会向左平移，会使均衡价格增大，均衡产量减少。

以图 2-13 为例，图中原有的供给曲线为 S_0，需求曲线为 D，原均衡点为 E_0，均衡价格为 P_0，均衡产量为 Q_0。在商品价格不变的情况下，如果其他因素（如生产成本降低）改变，使得供给增加，供给曲线就会向右平移，即从图中的 S_0 位置平移到 S_1 位置。如果需求曲线不变，则新的供给曲线 S_1 与需求曲线 D 相交于 E_1，显然新的均衡点上对应的均衡价格由 P_0 下降为 P_1，均衡产量由 Q_0 提高到了 Q_1。

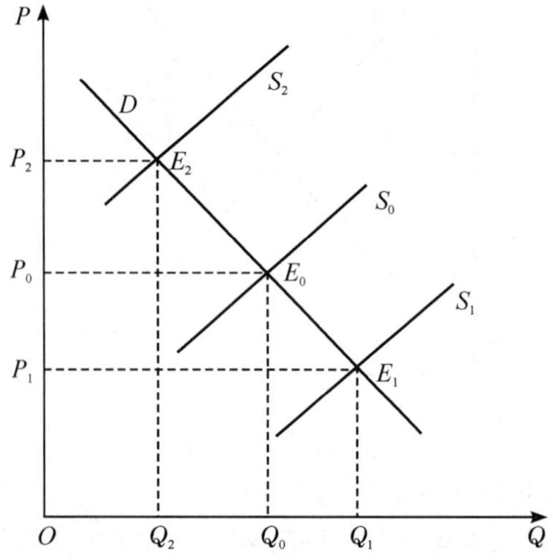

图 2-13　供给曲线的移动对均衡的影响

反过来，在商品价格不变的情况下，如果其他因素（如生产成本增加）改变使得供给减少，供给曲线就会向左平移，即从图中的 S_0 位置平移到 S_2 位置。如果需求曲线不变，则新的供给曲线 S_2 与需求曲线 D 相交于 E_2，显然新的均衡点上对应的均衡价格由 P_0 增加到了 P_2，均衡产量由 Q_0 下降为 Q_2。

3. 供求规律

从上述均衡变动的分析中，可以得出这样一条规律：在其他条件不变的情况下，需求的变动引起均衡价格和均衡产量同方向变动；在其他条件不变的情况下，供给的变动引起均衡价格反方向变动、均衡产量同方向变动。

供求规律是经济学定理中最重要的定理之一，它具有广泛的实用价值。因为，价格和产量取决于供给和需求曲线的位置，而当某些事件发生时，就会使供给曲线和需求曲线发生移动，随着曲线移动，市场上的均衡就改变了。关于这种变动的分析被称为比较静态分析，即原均衡与新均衡的比较。

由于影响均衡的因素太多、太复杂，因此，在分析某个事件如何影响市场均衡时，我们按三个步骤进行：

第一，确定该事件是使供给曲线移动，还是使需求曲线移动，或者是使两种曲线共同移动。

第二，确定曲线是向右移动，还是向左移动。

第三，用供求图来考察这种移动对均衡价格和均衡产量的影响。

分析中要注意，“需求”“供给”是指曲线的位置，而“需求量”“供给量”是指买者和卖者希望获得或出售的数量。因此，说明需求或供给移动中涉及的是“点移动”还是“线移动”是理解供求原理的关键。

我们将需求曲线和供给曲线的变动对均衡价格与均衡产量的影响归纳为表 2-4。

表 2-4　均衡价格、均衡产量随需求曲线、供给曲线变动的一般规律

需求曲线	供给曲线		
	不变	左移	右移
不变	均衡价格不变 均衡产量不变	均衡价格上升 均衡产量下降	均衡价格下降 均衡产量上升
左移	均衡价格下降 均衡产量下降	均衡价格不定 均衡产量下降	均衡价格下降 均衡产量不定
右移	均衡价格上升 均衡产量上升	均衡价格上升 均衡产量不定	均衡价格不定 均衡产量上升

2.3.4　均衡理论的应用

在大多数国家里，市场几乎很少能免受政府的干预，政府从经济发展和社会政治等方面的需要出发，常借助于价格政策干预市场、调整供求关系。下面，我们将运用均衡理论来分析政府干预的一种常见形式：管制价格。

1. 支持价格（价格保护）

政府为了支持某一行业生产而制定的该行业产品最低必须达到的价格，被称为支持价格。如在经济发展过程中，由于农产品需求的增长落后于其他商品，农产品均衡价格的上升速度将慢于其他商品，如果任其自然发展，农民的收入将下降，农业的发展可能受到损害。为了扶持农业的发展，政府常对农产品实行支持价格。支持价格是试图提高价格，来达到政府调节市场的目的。支持价格政策所产生的后果可用图 2-14 来说明。

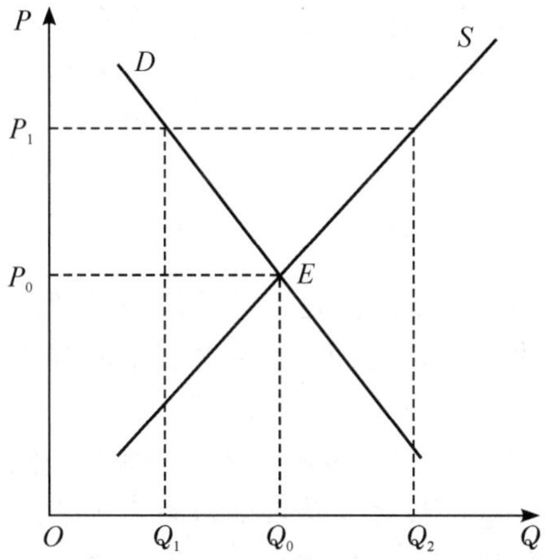

图 2-14　支持价格

从图 2-14 可以看出，该产品的均衡价格是 P_0，均衡产量为 Q_0，实行支持价格 P_1 后，市场价格上升，此时，与这一价格相对应的需求量是 Q_1，供给量是 Q_2。由于供给量大于需求量，该农产品市场将出现过剩，过剩量为 Q_2-Q_1。为了维持支持价格，政府常常收购过剩农产品用于储备、救济、出口或外援。

2. 限制价格（最高限价）

政府为了限制某些生活必需品的价格上涨而规定的这些产品的最高限价，被称为限制价格。如果说支持价格是保障生产者利益，那么限制价格则是保护消费者利益，这样做是为了稳定经济，如稳定生活必需品的价格和供给。限制价格政策所产生的后果可以用图 2-15 来表示。

从图 2-15 可以看出，该商品市场的均衡价格为 P_0，均衡产量为 Q_0，实行限制价格 P_1 后，市场价格下跌，此时，与这一价格相对应的需求量为 Q_2，供给量为 Q_1，由于需求量大于供给量，该商品市场将出现短缺，短缺量为 Q_2-Q_1。

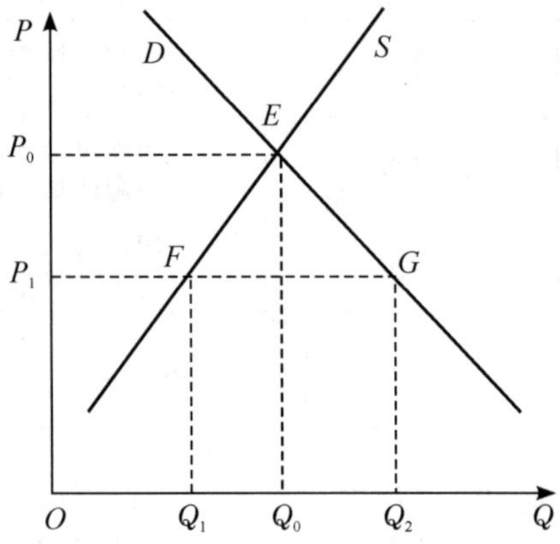

图 2-15 限制价格

实行限制价格，可能会产生如下一系列后果：(1) 商品短缺。既然最高限价低于当时的均衡价格，消费者的需求量必然超过生产者愿意供给的数量，因而发生商品短缺现象。(2) 被迫实行定量供应。由于商品短缺，必然造成消费者抢购，为了解决这个问题政府不得不按照人头发票，实行定量供应。(3) 出现黑市。某种商品实行定量供应后，每个消费者按期买到相等的份额，但每人实际的需求量是多寡不等的，于是有的人想卖出一些，有的人想买进一些，这样便出现了黑市。根据供求规律，黑市价格不仅高于最高限价，还会高于当时的均衡价格。

实行最高限价，价格机制会受到妨碍，不能发挥其应有的调节生产和消费的作用，致使商品短缺问题长期得不到解决，而且往往愈演愈烈。所以，作为一种应急措施，最高限价对于控制物价会有一定效果，但如长期使用，则弊多利少，因而有必要选择适当时机予以解冻。

2.4 弹性理论

前面所介绍的需求规律和供给规律只是定性地说明了当价格发生变化时需求和供给的变化方向，而没有说明其变化数量。它们只是定性地说明需求和供给对价格变动的反应，而没有定量说明。比如，西红柿和小轿车的价格都上涨了 20%，消费者对两种商品需求量的变化幅度肯定是不同的。前者的需求量不会有太大的变化，而后者的需求量会变化很大。如果小轿车的价格上涨，也许很多消费者就暂时不买了。弹性理论对此要做出定量的说明。弹性的种类有很多，包括需求的价格弹性、供给弹性、收入弹性、交叉弹性等，其中最重要的是需求的价格弹性。本节将对以上提到的弹性逐一展开分析。

2.4.1 需求价格弹性

1. 需求价格弹性的概念和计算公式

需求价格弹性又称需求弹性，它是指一种商品价格变动的比率所引起的需求量变动的比率，以此衡量商品需求量变动对价格变动的反应强度。通常用需求量变动的百分率除以价格变动的百分率来表示。这两个变动的百分率比值，称为需求的弹性系数。需求弹性系数计算的基本公式为：

$$E_d=\frac{\text{需求量的变动率}}{\text{价格的变动率}}=\frac{\Delta Q/Q}{\Delta P/P}=\frac{\Delta Q}{\Delta P}\cdot\frac{P}{Q}$$

式中：E_d——需求弹性系数；

P——价格；

ΔP——价格变动量；

Q——需求量；

ΔQ——需求的变动量。

需求弹性的计算可分为弧弹性和点弹性。

（1）弧弹性及其计算。所谓弧弹性就是需求曲线上两点之间的需求量的相对变动对于价格的相对变动的反应程度，它表示的是需求曲线上两点之间的弹性。其计算公式是基于上面介绍的基本公式。注意这里：$\Delta Q=Q_2-Q_1$，$\Delta P=P_2-P_1$，$Q=(Q_2+Q_1)/2$，$P=(P_2+P_1)/2$。

［例］某商场销售的八宝粥在价格为 5 元/听时，每天销售 200 听，后价格调整为 4.5 元/听，每天销售 240 听。计算这两个调整点之间的弧弹性。

解：把 $Q_1=200$，$Q_2=240$，$P_1=5$，$P_2=4.5$ 代入下式

$$E_d=\frac{\Delta Q}{\Delta P}\times\frac{P}{Q}=\frac{240-200}{4.5-5}\times\frac{(5+4.5)\div 2}{(240+200)\div 2}=-1.7$$

由于需求量与价格呈反方向变化，在通常情况下，需求曲线从左上方向右下方倾斜，斜率为负，ΔQ 与 ΔP 必有一个为负数，因此，弹性系数 E_d 为负值。由于对弹性的考察只注重质量的变化，所以，一般都取 E_d 的绝对值。

（2）点弹性及其计算。当需求曲线上的两点之间的变动量趋于零时，需求弹性要用点弹性来表示。需求点弹性衡量的是在需求曲线某一点上的需求量的无穷小的变动率对于价格的无穷小的变动率的反应程度。根据基本公式 $E_d=(\Delta Q/\Delta P)\cdot(P/Q)$ 可以得出点弹性系数的计算公式为：

$$E_d=\lim_{\Delta p\to 0}\frac{\Delta Q}{\Delta P}\cdot\frac{P}{Q}=\frac{\mathrm{d}Q}{\mathrm{d}P}\cdot\frac{P}{Q}$$

式中：$\mathrm{d}Q/\mathrm{d}P$——需求曲线的斜率；

P——给定点的价格；

Q——给定点的需求数量。

［例］已知一需求函数的代数式为 $Q=12-2P$，求价格为 3 时的需求价格弹性系数。

解：将 $P=3$ 代入需求函数式，得出 $Q=6$，又知 $\mathrm{d}Q/\mathrm{d}P$ 为-2，把以上三个数字代入

点弹性公式：$E_d=(dQ/dP)\cdot(P/Q)=(-2)\times(3/6)=-1$，取绝对值后 $E_d=1$。

2. 需求价格弹性的类别

根据弹性系数值的大小，可以将商品的需求弹性分为五类：

(1) 需求完全弹性。当 $E_d=\infty$ 时，需求对价格具有完全弹性，其需求曲线是一条平行于横轴的直线，表明在既定价格下，需求量可以任意变化，见图 2-16 (a)。这种需求变化是价格以外的因素引发的，比如战争年代政府在给定的价格下对军火的需求是无限的。

(2) 需求无弹性。当 $E_d=0$ 时，需求对价格是完全无弹性的，表明需求量对价格没有任何反应，价格下降，需求量一点也不增加；价格上升，需求量一点也不减少。其需求曲线为一条垂直于横轴的直线，见图 2-16 (b)。此类商品在现实生活中比较少见，较为接近的例子是丧葬用品。一般来说，这类用品不会因降价而增加需求，也不会因提价而减少需求。

(3) 单位需求弹性。当 $E_d=1$ 时，需求对价格为单位弹性，即价格的变动率与需求量的变动率相等，其需求曲线见图 2-16 (c)。单位需求弹性是一种理论状态，在现实生活中很难找到弹性系数恰好等于 1 的商品。

(4) 需求缺乏弹性。当 $0<E_d<1$ 时，需求对价格缺乏弹性，也就是需求对价格的变动反应较为迟钝，价格有一个较大的变动，需求量有一个较小的变动。其需求曲线见图 2-16 (d)。一般来说，生活必需品具有较低的需求弹性。

(5) 富有弹性。当 $1<E_d<\infty$ 时，需求对价格富有弹性，也就是需求量对价格的变动反应是灵敏的，价格有一个较小的变动，需求量有一个较大的变动。其需求曲线见图 2-16 (e)。在各种商品中，奢侈品具有较高的需求价格弹性。

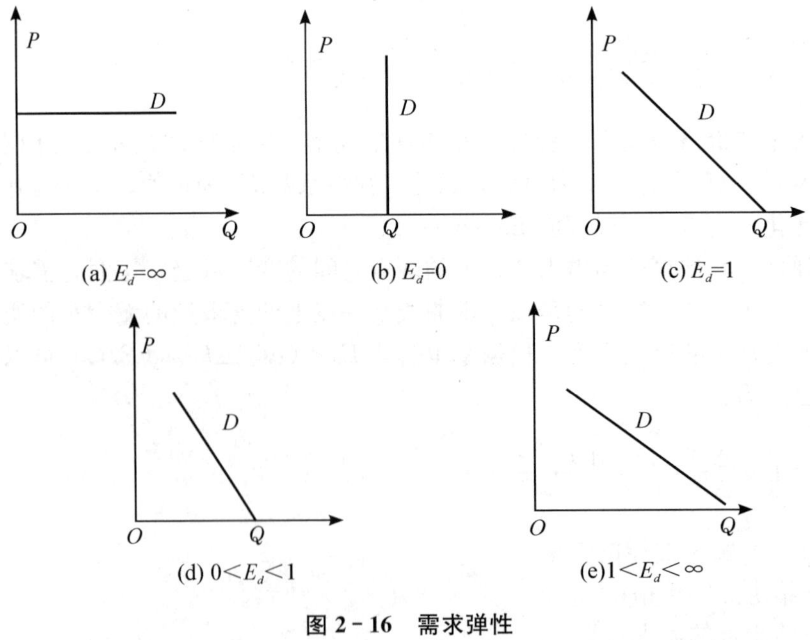

图 2-16 需求弹性

需求的价格弹性和需求曲线的斜率是不同的两个概念。除了在完全弹性和无弹性两种场合以外，需求的价格弹性在斜率不变的需求曲线上是变化的。需求价格弹性与需求曲线的斜率之所以不等，是因为 $E_d=(\Delta Q/\Delta P)\cdot(P/Q)$，即需求的价格弹性等于 P/Q 与需求曲线的斜率的倒数的乘积。但在经济分析中，如果各个坐标系中价格和需求量的单位分别相同，一般可以认为相对陡峭的需求曲线较为缺乏弹性，相对平坦的需求曲线较为有弹性。

3. 影响需求价格弹性的因素

影响商品需求价格弹性的因素很多，其中主要有以下几个：

(1) 消费者对商品的需求强度。一般来说，消费者对生活必需品的需求强度大且比较稳定，因此，生活必需品的需求弹性小；对高档消费品、奢侈品的需求强度小且不稳定，因此，这些商品的需求弹性大。

(2) 商品的替代数目和可替代程度。一种商品如果有许多替代品，该产品的需求弹性就大；反之，需求弹性就小。一种商品被另一种商品替代的程度越高，需求弹性越大；反之，需求弹性越小。

(3) 商品的消费支出在整个家庭支出中所占的比例。如果所占的比例小，价格变动对需求的影响就小，其需求弹性也小，例如，食盐、肥皂等商品。如果所占的比例大，价格变动对需求的影响就大，其需求弹性也大，例如电视机、电冰箱等商品。

(4) 商品的用途。一种商品的用途越多，其需求弹性就越大；反之，需求弹性就越小。

(5) 时间因素。人们对价格变动做出反应的时间长短也是影响价格弹性的一个因素。

2.4.2 供给价格弹性

1. 供给价格弹性及其计算

供给价格弹性简称为供给弹性，是指一种商品的供给量对价格变动反应的灵敏程度，其弹性系数等于供给量变动率与价格变动率之比。其计算公式为：

$$\begin{aligned}E_s&=\text{供给量变动率}/\text{价格变动率}\\&=(\Delta Q/Q)/(\Delta P/P)=(\Delta Q/\Delta P)\cdot(P/Q)\end{aligned}$$

式中：E_s——供给弹性系数；

ΔQ——供给量的变化量；

ΔP——价格的变化量。

$\Delta Q=Q_2-Q_1$，$\Delta P=P_2-P_1$，$Q=(Q_2+Q_1)/2$，$P=(P_2+P_1)/2$。

供给点弹性表示某商品供给曲线上某一点的弹性。供给点弹性的公式为：

$$E_s=\lim_{\Delta P\to 0}\frac{\Delta Q}{\Delta P}\cdot\frac{P}{Q}=\frac{\mathrm{d}Q}{\mathrm{d}P}\cdot\frac{P}{Q}$$

由于商品的供给量与其价格为同方向变化，所以，供给弹性系数 E_s 一般为正值。

2. 供给弹性的分类

同需求弹性系数一样，供给弹性系数也可分为五类：

(1) $E_s=\infty$，称为供给有无限弹性，也就是说只要价格有微小的上涨，供给量将从零变为无穷大；反过来，如果价格有微小的下调，那么供给量也会降为零。此时供给曲线往往是水平直线。

(2) $E_s>1$，称为供给富有弹性，这说明供给量变动比例超过了价格变动比例，即价格每升高（或降低）1%，将会导致供给量升高（或降低）超过 1%。

(3) $E_s=1$，称为供给单位弹性，即供给量与价格变动成同比例，换句话说，价格每升高（或降低）1%，将会导致供给量升高（或降低）1%。

(4) $E_s<1$，称为供给缺乏弹性，即供给量变动比例小于价格变动比例，或者说，价格每升高（或降低）1%，将会导致供给量升高（或降低）小于1%。

(5) $E_s=0$，称为供给完全缺乏弹性或零弹性，即无论价格升高或是降低，都不会改变供给量。此时供给曲线往往是一条垂直线。

3. 影响供给弹性大小的因素

供给弹性的大小主要受以下几个方面的影响：

(1) 生产的难易程度。在一定时期内，容易生产的产品，当价格变动时其产量的变动速度快，供给弹性大；反之，供给弹性小。

(2) 生产规模及其变化的难易程度。生产规模大的资本密集型企业，因受设计能力和专业设备的制约，其生产规模较难变动，调整的周期较长，因而其产品的供给弹性小；反之，其产品的供给弹性大。

(3) 生产成本的变化。如果一种产品产量的增加只引起单位成本的稍稍提高，那么供给弹性就较大；反之，如果产品的增加促使成本大幅度增加，则供给弹性就较小。

(4) 时间的长短。商品价格变化后，要改变供给量需要有一段调整生产的时间，即价格变动后供给量的反应有一个"时滞"。时间越短，供给弹性越小；时间越长，供给弹性越大。

(5) 对价格的预期。当产品价格上涨时，厂商是否立即增加生产以及增加幅度的大小，取决于厂商预期这种上涨的价格能否持久；同样，当产品价格下跌时，厂商对这种下跌的价格的预期，也会影响厂商是否减产及减产多少。

2.4.3 需求的收入弹性

需求的收入弹性是建立在消费者的收入量和商品的需求量之间关系上的一个弹性概念，指一种商品的需求量对消费者收入的反应程度。收入弹性系数是需求量变动率与收入变动率之比，用公式表示为：

$$E_m=\frac{\Delta Q/Q}{\Delta M/M}=\frac{\Delta Q}{\Delta M}\cdot\frac{M}{Q}$$

$$\Delta Q=Q_2-Q_1, M=M_2-M_1, Q=(Q_2+Q_1)/2, M=(M_2+M_1)/2$$

或者 $$E_m=\lim_{\Delta m\to 0}\frac{\Delta Q}{\Delta M}\cdot\frac{M}{Q}=\frac{dQ}{dM}\cdot\frac{M}{Q}$$

[例] 当某人的月薪由1 000元增加到1 500元时，他对肉的需求量从每月6千克增加到8千克。求需求的收入弹性。

此例中 $Q_1=6$，$Q_2=8$，$M_1=1\,000$，$M_2=1\,500$，将这些数字代入下式：

$$E_m=(\Delta Q/\Delta M)\cdot(M/Q)$$

得出 $$E_m=\frac{8-6}{1\,500-1\,000}\times\frac{(1\,000+1\,500)\div 2}{(6+8)\div 2}=0.7$$

在影响需求的其他因素不变的条件下，随着收入的增加，人们对不同商品的需求量的增加是各不相同的。如果需求的收入弹性系数为负数，则表明随着人们生活水平的提高，对其需求量反而减少，这类商品一定是低档品。对大多数商品来说，随着人们收入的增加，对其需求量也会增加。这些商品都属于正常商品，其需求的收入弹性为正值。

2.4.4 需求的交叉弹性

在市场上，商品与商品之间或多或少具有一定的联系，一种商品的需求不仅受它本身价格的影响，往往还受相关商品价格变动的影响。这样，一商品价格的变动会与另一种商品需求量的变动产生交叉影响。需求的交叉弹性是指一种商品的需求量对另一种商品价格变动的反应程度，其弹性系数等于一种商品需求量变动的百分率与另一种商品价格变动的百分率之比。用公式表示为：

$$E_{XY}=\frac{\text{X 商品需求量变动率}}{\text{Y 商品的价格变动率}}=\frac{\Delta Q_X/Q_X}{\Delta P_Y/P_Y}=\frac{\Delta Q_X}{\Delta P_Y}\cdot\frac{P_Y}{Q_X}$$

式中：$\Delta Q_X=Q_{X_2}-Q_{X_1}$；

$\Delta P_Y=P_{Y_2}-P_{Y_1}$；

$Q_X=(Q_{X_1}+Q_{X_2})/2$；

$P_Y=(P_{Y_1}+P_{Y_2})/2$。

或者 $$E_{XY}=\lim_{\Delta P_Y\to 0}\frac{\Delta Q_X}{\Delta P_Y}\cdot\frac{P_Y}{Q_X}=\frac{dQ_X}{dP_Y}\cdot\frac{P_Y}{Q_X}$$

需求交叉弹性系数可以是正，也可以是负，它取决于两种商品的相关性质。一般来说，替代品交叉弹性系数是正值，即 $E_{XY}>0$，因为，在这个场合，一种商品的需求量与另一种商品的价格是同方向变动的。而互补品交叉弹性系数则是负值，即 $E_{XY}<0$，因为，在这个场合，一种商品的需求量与另一种商品的价格是呈反方向变动的。$E_{XY}=0$ 则表示 X 商品与 Y 商品既不是替代品也不是互补品，而是不存在交叉关系的独立品。

2.4.5 弹性理论的应用

1. 富有弹性和缺乏弹性

不同物品的价格弹性，或对价格的敏感程度差别很大，当一种物品价格弹性很高时，我们称这种物品是“富有弹性”的，这意味着该物品的需求量对价格变动反应很强烈。当一种物品的价格弹性很低时，我们称这种物品是“缺乏弹性的”，也就是说该物品的需求量对价格变动反应微弱。

食品、燃料、鞋及药品等必需品一般缺乏弹性。这些物品是生活所必需的，即使价格上升也很难舍弃。相反，如果意大利时装等奢侈品的价格上升时，你就可以用其他物品来代替它们。

此外，拥有替代品的物品比没有替代品的物品弹性更大。如果疯牛病使英国牛排的价格上涨的话，则人们可以转而食用其他国家的牛排，或用羊肉或家禽来满足其肉类需要。因此，英国牛排的价格弹性较高。

人们对价格变动作出反应的时间的长短也是影响价格弹性的一个因素。对于许多物品来说，调整消费模式的可能性意味着在长期内需求弹性比短期内高。

2. 弹性与收益

弹性的一个重要应用是它有助于弄清价格上涨对于收益的影响。对许多企业来说，这是个关键问题。无论是航空公司，还是餐厅或杂志社，都需要决定是否值得提高价格，以及较高价格的收益是否能够弥补较低需求的损失。让我们看一看需求的价格弹性与总收益之间的关系。

我们知道，总收益等于价格乘以数量（即 $P \times Q$）。如果消费者以每单位 3 元的价格购买 5 个单位，那么总收益为 15 元。如果你知道需求的价格弹性，你就能弄清楚价格变动对总收益会产生什么影响。

（1）当需求缺乏弹性时，降低价格会减少总收益。

（2）当需求富有弹性时，降低价格会增加总收益。

（3）当需求具有单位弹性时，价格下降不会引起总收益的任何变动。

商业往来人员对于机票的价格需求缺乏弹性，因此提高这些人的票价有助于增加总收益。相反，赋闲游客对于机票的需求弹性高得多，因为他们对于旅行的时间和地点有很大的选择余地。因此，提高他们的票价会降低总收益。

【本章小结】

1. 需求理论说明价格、收入、分配、偏好、人口、政策、预期如何影响需求的。

2. 价格是影响需求因素中最重要的因素。经济学用需求表、需求曲线、需求定理、需求价格弹性等概念工具说明需求与价格的关系。需求是价格的反函数，即价格变化引起需求量反方向变化（需求定理），价格变化引起的需求量变化的程度大小用需求价格弹性表示。

3. 影响需求的因素除了价格之外，主要包括收入、分配公平程度、消费者偏好、人口及结构、政府的政策、消费者的预期等，这些因素变动引起需求在不同方向和不同程度上变动。经济学把价格变化引起的商品或服务需求数量的变化，称为“需求量的变动”或“沿曲线上的点移动”（点移动），把非价格因素变动引起的需求变动称为“需求的变动”或“需求曲线的线变动”（线移动）。线移动的前提是假定价格水平不变。

4. 供给理论说明了价格因素和非价格因素是如何影响供给的。

5. 价格与供给。经济学用供给表、供给曲线、供给定理、供给价格弹性等概念工具说明供给与价格的关系。供给是价格的函数，即价格变化引起供给量同方向变动（供给定理），价格变化引起的供给量变化的程度大小用供给价格弹性来表示。

6. 影响供给的因素包括商品本身的价格、相关商品的价格、生产要素的价格、厂商目标、技术进步、政府的政策、厂商预期、自然社会政治条件等。经济学把价格变化引起的供给量变动称为“供给量的变动”或“沿曲线上的点移动”（点移动），把非价格因素变动引起的供给变动称为“供给的变动”或“供给曲线的线变动”（线移动）。线移动的前提是假定价格水平不变。

7. 需求曲线与供给曲线相交决定了均衡（市场均衡）。当供不应求或供过于求时，价格都会波动，直至供求两种力量达到均衡状态。均衡时价格和产量被称为“均衡价格”和“均衡产量”。

8. 供求定理是指在其他条件不变的情况下，需求的变动引起均衡价格和均衡产量同方向变动；在其他条件不变的情况下，供给的变动引起均衡价格反方向变动、均衡产量同方向变动。

9. 供求分析的基本步骤是：(1) 确定该事件是使供给曲线移动，还是使需求曲线移动，或者是使两种曲线共同移动。(2) 确定曲线是向右移动，还是向左移动。(3) 用供求图来考察这种移动对均衡价格和均衡产量的影响。

10. 弹性被用来表示作为因变量的经济变量的相对变化对于作为自变量的经济变量的相对变化的反应程度。

【练习与思考】

一、单项选择题

1. 在得出某种商品的个人需求曲线时，下列因素除哪一种之外均保持为常数？(　　)

A. 个人收入　　B. 其余商品的价格

C. 个人偏好　　D. 所考虑商品的价格

2. 保持所有其他因素不变，某种商品的价格下降，将导致(　　)。

A. 需求增加　　B. 需求减少

C. 需求量增加　　D. 需求量减少

3. 消费者预期某物品未来价格要上升，则对该物品当前需求会(　　)。

A. 减少　　B. 增加

C. 不变　　D. 上述三种情况都可能

4. 下列因素中除哪一种以外都会使需求曲线移动？(　　)

A. 消费者收入变化　　B. 商品价格下降

C. 其他有关商品价格下降　　D. 消费者偏好变化

5. 如果商品 A 和商品 B 是互补的，则 A 的价格下降将造成(　　)。

A. A 的需求曲线向右移动　　B. A 的需求曲线向左移动

C. B 的需求曲线向右移动　　D. B 的需求曲线向左移动

6. 一种商品价格下降对其互补品最直接的影响是(　　)。

A. 互补品的需求曲线向右移动　　B. 互补品的需求曲线向左移动

C. 互补品的供给曲线向右移动　　D. 互补品的价格上升

7. 生产者预期某物品未来价格要下降，则对该物品当前的供给会(　　)。

A. 增加　　B. 减少

C. 不变　　D. 上述三种情况都可能

8. 假如生产某种物品所需原料价格上升了，则这种商品的(　　)。

A. 需求曲线向左方移动　　B. 供给曲线向左方移动

C. 需求曲线向右方移动　　D. 供给曲线向右方移动

9. 如果价格下降 10%能使买者总支出减少 1%，则这种商品的需求量对价格(　　)。

A. 富有弹性　　B. 具有单元弹性

C. 缺乏弹性　　D. 其弹性不能确定

10. 如果某商品富有需求的价格弹性，则该商品价格上升(　　)。

A. 会使该商品销售收益增加　　B. 该商品销售收益不变

C. 会使该商品销售收益下降　　D. 销售收益可能增加也可能下降

11. 如果人们收入水平提高，则食物支出在总支出中的比重将（　　）。

A. 大大增加　　B. 稍有增加

C. 下降　　D. 不变

12. “薄利多销”的销售策略适用于需求价格弹性范围是（　　）。

A. $E_d>1$　　B. $E_d<1$

C. $E_d=1$　　D. $E_d=0$

13. 某商品缺乏弹性，若价格上升5%，则供给量可能（　　）。

A. 增加50%　　B. 增加25%

C. 增加5%　　D. 增加1%

二、分析论述题

1. 请区分需求量的变动与需求的变动。

2. 请问下列事件对产品B的需求会产生什么样的影响？并用图形说明。

（1）产品B变得更为时兴；

（2）预计居民收入将下降；

（3）预计人口将有一个较大的增长。

3. 什么是供给表和供给曲线？它们分别揭示了什么样的规律？

4. 画图说明供给变动和供给量的变动。

5. 画图说明政府规定食盐最高价格的影响。

6. 画图说明政府规定农产品最低价格的影响。

三、计算题

1. 假定某商品的需求函数为 $Q_d=60-3P$，供给函数为 $Q_s=-5+2P$。

（1）求均衡价格和均衡产量；

（2）如果供给函数不变，需求函数受外在因素影响变为 $Q_d=70-3P$，求出新的均衡价格和均衡产量，并绘图说明；

（3）如果需求函数不变，供给函数受外在因素影响变为 $Q_s=-10+2P$，求出新的均衡价格和均衡产量，并绘图说明。

2. 某人消费商品A的数量与其收入的函数关系是：$M=1\,000Q^2$。计算当收入 $M=6\,400$ 时的点收入弹性。

3. 在英国，对新汽车需求的价格弹性 $E_d=-1.2$，需求的收入弹性 $E_m=3.0$。请计算：（1）其他条件不变，价格提高3%对需求的影响；（2）其他条件不变，收入增加2%对需求的影响。

4. 假定某商品的需求函数为 $Q_d=200-25P$，P 为商品价格，单位为元。求出价格在4元和6元之间的需求价格弧弹性。

5. 假定某商品的供给函数为 $Q_s=-100+25P$，P 为商品价格，单位为元。求出价格在8元和24元之间的供给价格弧弹性。

【实践与操作】

1. 调查一个市场。观察市场由哪些内容构成？涉及哪些经济问题？与其他市场有什么不同？与前几天有什么不同？分析猪肉价格涨跌的原因。

2. 请说明下列事件对家用小汽车市场均衡价格和均衡数量的影响：

(1) 石油市场油价上涨；

(2) 钢材的价格上涨；

(3) 工程师开发了用于生产家用小汽车的新的自动化机器；

(4) 客货两用车价格上涨；

(5) 股市崩溃减少了人们的财产。

【拓展阅读】

正确理解供给侧结构性改革（节选）

我国经济增速自2010年以来波动下行，持续时间已有5年多，经济运行呈现出不同以往的态势和特点。其中，供给和需求不平衡、不协调的矛盾和问题日益凸显，突出表现为供给侧对需求侧变化的适应性调整明显滞后。这就需要在适度扩大总需求的同时加快推进供给侧结构性改革，用改革的办法矫正供需结构错配和要素配置扭曲，减少无效和低端供给，扩大有效和中高端供给，促进要素流动和优化配置，实现更高水平的供需平衡。

为什么要推进供给侧结构性改革?

需求结构已发生明显变化。一是“住”“行”主导的需求结构发生阶段性变化。2013年我国城镇常住人口户均达到1套房，2014年每千人汽车拥有量超过100辆。根据国际经验，这个阶段“住”“行”的市场需求会发生明显变化。2013年后，我国新开工房屋面积、住房销售面积先后出现负增长，汽车销售进入低增长阶段。二是需求结构加快转型升级。随着收入水平的提高和中等收入群体的扩大，居民对产品品质、质量和性能的要求明显提高，多样化、个性化、高端化需求与日俱增。三是服务需求在消费需求中的占比明显提高。随着恩格尔系数持续下降、居民受教育水平普遍提高和人口老龄化加快，旅游、养老、教育、医疗等服务需求快速增长。四是产业价值链提升对研发、设计、供应链管理、营销网络、物流配送等生产性服务提出了更高要求。

供给侧明显不适应需求结构的变化。一是无效和低端供给过多。一些传统产业产能严重过剩，产能利用率偏低。2015年钢铁产量出现自2000年以来的首次下降，水泥产量出现自1990年以来的首次负增长。二是有效和中高端供给不足。供给侧调整明显滞后于需求结构升级，居民对高品质商品和服务的需求难以得到满足，出现到境外大量采购日常用品的现象，造成国内消费需求外流。三是体制机制束缚了供给结构调整。受传统体制机制约束等影响，供给侧调整表现出明显的黏性和迟滞，生产要素难以从无效需求领域向有效需求领域、从低端领域向中高端领域配置，新产品和新服务的供给潜力没有得到释放。

推进供给侧结构性改革是供需结构再平衡的内在要求。供需结构错配是我国当前经济运行中的突出矛盾，矛盾的主要方面在供给侧，主要表现为过剩产能处置缓慢，多样化、个性化、高端化需求难以得到满足，供给侧结构调整受到体制机制制约。需求管理政策重在解决总量问题，注重短期调控，难以从根本上解决供需结构性矛盾，也难以从根本上扭转经济潜在产出水平下行趋势。当前，只有加快出清过剩产能，处置“僵尸企业”，推进资产重组，培育战略性新兴产业和服务业，建立有利于供给侧结构调整的体制机制，才能实现更高水平的供需平衡，增强我国经济持续健康发展的内生动力。

推进供给侧结构性改革的国际背景

全球低增长困境的症结在于结构性改革迟缓。2008 年国际金融危机爆发以后，美国、欧盟、日本等主要经济体都采取了史无前例的量化宽松政策，通过直接购买资产和债券、降低利率甚至实行零利率或负利率等方式，大规模增加市场流动性，提振市场信心。但从实际效果看，全球经济复苏迟缓，市场需求持续低迷，大宗商品价格大幅回落，主要经济体全要素生产率增速放缓。可见，单一的需求刺激并没有取得预期效果，需求管理的短期政策虽在抵御危机冲击上发挥了一定作用，但中长期结构性问题并没有得到根本解决，增强经济增长动力还需要推进结构性改革。

国际分工格局重构对结构性改革提出紧迫要求。过去一个时期，欧美国家是主要的产成品消费市场，东亚国家是主要的生产基地，中东、拉美、非洲等地区是主要的能源原材料输出地。国际金融危机后，这种“大三角”分工格局悄然发生变化。欧美国家信贷消费模式难以持续，转向推进再工业化战略，一些高端制造业出现回流；能源原材料生产国迫于新能源技术快速发展的压力，着力延伸产业链，提高产品附加值；人力资源丰富的国家凭借劳动力低成本优势，抢占劳动密集型产业的国际市场。全球分工格局加快调整，跨境资本重新配置，各主要经济体都力求通过结构性调整提升分工位势，争取更有利的分工地位。

加快结构性改革是打造我国国际竞争新优势的关键。改革开放以来特别是加入世界贸易组织后，我国对外开放水平不断提高，国际竞争力明显增强。凭借低成本优势和较强的产业配套能力，我国在全球贸易中的地位迅速上升。但也要看到，随着我国要素成本的逐步提高，传统比较优势逐步减弱，而新的竞争优势尚未形成，面临“前有围堵、后有追兵”的双重挤压态势。这就要求我国从供给侧发力，加快产业结构转型升级，培育建立在新比较优势基础上的竞争优势。

推进供给侧结构性改革要突出问题导向

着力减少无效和低端供给。产能过剩、库存过大是无效和低端供给的集中表现。2015 年底，我国钢铁产能利用率已降至70%左右，煤炭产能利用率还要更低一些，产能过剩问题十分突出；商品房待售面积达 7.2 亿平方米，创下历史新高，尤其是三四线城市库存压力很大。过剩产能和积压的库存沉淀了大量的厂房、土地、设备和劳动力等生产要素，使得生产要素无法从过剩领域流到有市场需求的领域、从低效率领域流到高效率领域，降低了资源配置效率。去产能、去库存是减少无效和低端供给、提高经济运行效率的根本举措。

着力扩大有效和中高端供给。有效和中高端供给不足是导致国内消费外流、消费潜力难以释放等问题的主要原因。2015 年我国居民出境超过 1.2 亿人次，境外消费达到 1.5 万亿元人民币，其中至少一半用于购物，而且购买的商品层次呈下移态势，从以往的高档奢侈品转向性价比高的日用消费品。这反映了我国供给体系和产品品质明显不适应市场需求变化，不适应居民消费结构升级的要求，必须通过供给侧结构性改革，提高供给的适应性和灵活性，提升有效供给能力。

着力推进体制机制改革。当前，行业准入限制阻碍了生产要素在行业间和行业内的自由流动；“玻璃门”“弹簧门”“旋转门”增大了民营企业进入障碍；金融市场不完善，降低了资金配置效率；市场诚信体系不健全、消费者权益得不到充分保护，致使消费者“用脚投票”，转向境外消费市场；知识产权保护不力，抑制了企业技术创新潜力的释放。推进供给侧结构性改革，可以打通生产要素流动和再配置的通道，使生产要素从无效需求流向有效需求领域、从低端领域流向中高端领域，进而提高生产要素配置效率。

资料来源：王一鸣，陈昌盛，李承健. 正确理解供给侧结构性改革. 人民日报，2016-03-29（7）.

模块二

经济主体1——个体决策

第3章 消费者行为理论

【学习目标】

1. 知识学习目标

(1) 效用的概念

(2) 基数效用论、序数效用论的观点

(3) 替代效应、收入效用、价格效应的概念

2. 能力实训目标

(1) 效用最大化原则的理解

(2) 消费者均衡的实现

(3) 边际效用分析法以及无差异曲线分析法的理解

【案例导入】

春节联欢晚会

从20世纪80年代初期开始，我国老百姓在过春节的年夜饭中增添了一个诱人的内容，那就是春节联欢晚会。1982年第1届春节联欢晚会的推出，在当时娱乐业尚不发达的我国引起了极大的轰动。晚会的节目成为全国老百姓在街头巷尾和茶余饭后津津乐道的话题。晚会年复一年地办下来了，投入的人力物力越来越大，技术效果越来越先进，场面设计越来越宏大，节目种类也越来越丰富。但不知从哪一年起，人们对春节联欢晚会的评价却越来越差了，由原先的赞不绝口变成了一片骂声，春节联欢晚会成了一道众口难调的"大菜"，晚会也陷入了"年年办，年年骂；年年骂，年年办"的怪圈。

问题：

1. 为什么会出现这样的问题？

2. 应该如何解决这个问题？

3.1 欲望与效用

3.1.1 欲望

欲望是一种缺乏的感觉与求得满足的愿望。也就是说，欲望是不足之感与求足之愿的

统一，两者缺一都不能称为欲望。欲望是一种心理感受，其特点是其无限性。欲望的无限性正是推动社会前进的一种动力，人类为了满足自己不断产生、永无止境的欲望而不断奋斗前进的。人的欲望是无限的，但有轻重缓急之分，有不同的欲望层次，这可由马斯洛的需要层次理论得知。

3.1.2 效用

效用是指商品满足人的欲望的能力，或者说效用是指消费者在消费商品时所感受到的满足程度，用U表示效用。它一方面取决于商品或劳务是否有满足人们某种欲望的能力，另一方面又依存于消费者是否具有该种欲望以及对满足程度的主观感受。消费者消费某种物品获得的满足程度高就是效用大；反之，满足程度低就是效用小。如果消费者消费某种物品感受到痛苦，则是负效用。

某种物品的效用大小没有客观标准，完全取决于消费者在消费某种物品时的主观感受。对于不同的人而言，同一物品所带来的效用是不同的，甚至对于同一个人而言，同一物品在不同时间、不同地点的效用也是不同的，所以消费者行为理论偏重于心理分析。

3.1.3 偏好

所谓“偏好”，就是消费者根据自己的意愿对可供消费的商品组合进行的排列，它反映的是消费者个人的兴趣或嗜好。这种偏好是决定消费者行为的最重要因素之一。假定其他因素不变，那么，一个人可以自由选择将要购买什么和不购买什么，其最终的选择将由他的个人偏好决定。例如，有的人喜欢古典音乐，有的人喜欢流行音乐等。正是这些偏好的差异，导致各个消费者在购买商品和劳务时采取不同的决策。从表面看来，消费者偏好是消费者对商品或劳务的相对价值的个人主观评价，似乎不可以分析，其实不然。为了便于分析，经济学家通常对消费者偏好作出一些约定：＞表示偏好强，＜表示偏好弱，～表示无差异。利用这些约定，经济学家就可以对消费者偏好作出客观的描述和分析。为了确保这一假设，经济学家又对偏好作出了一些假定，通常把它们称为消费者偏好公理或理性公理，包括：

1．次序性

消费者以一定的收入，可以消费各种产品，这些产品的不同组成，叫商品组合。若以 X、Y 分别表示一定数量的两种产品或商品组合，消费者就可以说出对 X 的偏好大于、小于或等于 Y，三者必居其一，且仅居其一。若对 X、Y 同样偏好，则称作同好或无异。

2．传递性

设 X、Y 以外还有一定数量的第三种产品或商品组合 Z，若消费者对 X 的偏好大于（小于或等于）Y，对 Y 的偏好大于（小于或等于）Z，则消费者对 X 偏好必大于（小于或等于）Z。

3．单调性

就某种产品或商品组合来说，消费者对数量较大者的偏好，必大于数量较少者的偏好。设A、B均为产品 X、Y 的组合：

$A=(X_1,Y_1)$，$B=(X_2,Y_1)$，若 $X_1>X_2$，则 $A>B$（A 好于 B）

3.1.4 基数效用与序数效用

既然效用是用来表示消费者在消费商品时感受到的满足程度，于是，就产生了对这种“满足程度”即效用的度量问题。在这一问题上，西方经济学家先后提出了基数效用和序数效用的概念，并在此基础上形成了分析消费者行为的两种方法，它们分别是基数效用论者的边际效用分析法和序数效用论者的无差异曲线分析方法。

基数效用论的基本观点是：效用是可以计量并加总求和的，效用的大小可以用基数（1，2，3，…）来表示。19 世纪的经济学家都坚持这种观点。它采用的是边际效用分析法，例如：对某个消费者来说，一杯牛奶和一块面包的效用分别是 5 个单位和 10 个单位，这意味着面包的效用是牛奶的 2 倍，而他从牛奶和面包消费中获得的总效用是 15 个单位。

到了 20 世纪 30 年代，序数效用的概念为大多数西方经济学家所使用。序数效用论者认为，效用只能用序数度量，即用第一、第二、第三来表示商品的效用谁大谁小，而不能确切地说出各种商品的效用到底是多少。比如，你可以肯定地说在一杯水、一杯茶和一杯可乐之间，你最喜欢一杯水，其次是一杯茶，再次是一杯可乐，从而表明一杯水的效用高于一杯茶，一杯茶的效用高于一杯可乐，但你并不能说明或不必说明在这三种饮品中，水的效用究竟比茶大多少，而茶的效用又比可乐大多少。因为无论这三杯饮品的效用分别为 10、9、8，还是分别为 7、6、5，都无关紧要，反正都符合上述序列。在价格相同的情况下，消费者认为哪一种商品效用大，是通过他在购买时的选择来表现的。

西方经济学中较多的是以序数效用论来分析消费者的行为理论，但这并不意味着否定基数效用论。它们是同时并存的分析消费者行为理论的两种方法，各有特点。基数效用论是以效用可以衡量和计算为前提，强调商品的绝对效用，它采用边际效用分析法。而序数效用论是以消费者选择的合理性为前提，强调商品的相对效用，它采用无差异曲线分析法。

3.2 边际效用分析与消费者均衡

3.2.1 总效用与边际效用

基数效用论者认为，效用分为总效用和边际效用。总效用是指消费者在一定时间内消费一定数量商品所获得的全部效用总和，用 TU 表示。边际效用是指消费者在一定时间内增加消费一单位商品所获得的效用增加值。用 MU 表示边际效用，其计算公式为：

$$MU=\frac{\Delta TU}{\Delta Q}=\frac{\mathrm{d}(TU)}{\mathrm{d}Q}$$

表 3－1 给出了一个饭量较大的人吃包子的总效用和边际效用的数值，其中的数据可以说明总效用与边际效用的关系。

表 3-1　　总效用与边际效用示例

包子数量/个	总效用/TU	边际效用/MU
0	0	0
1	12	12
2	21	9
3	27	6
4	30	3
5	30	0
6	27	−3

根据表 3-1 可以做出总效用曲线和边际效用曲线，如图 3-1 所示，横轴表示包子的消费数量 Q，纵轴表示总效用 TU 或边际效用 MU，TU 是总效用曲线，MU 是边际效用曲线。

从表 3-1 和图 3-1 可以看出这样的情况：总效用开始随着消费包子的数量不断增加而不断递增，直到消费第六个包子时，总效用开始递减。而边际效用随着消费包子的数量的增加而不断下降，当消费第五个包子时边际效用为零，以后再增加包子的消费，边际效用就为负值，证明给消费者带来的是负效用。我们得出这样的结论：当边际效用为正数时，总效用是递增的；当边际效用等于零时，总效用最大；当边际效用为负数时，总效用是递减的。

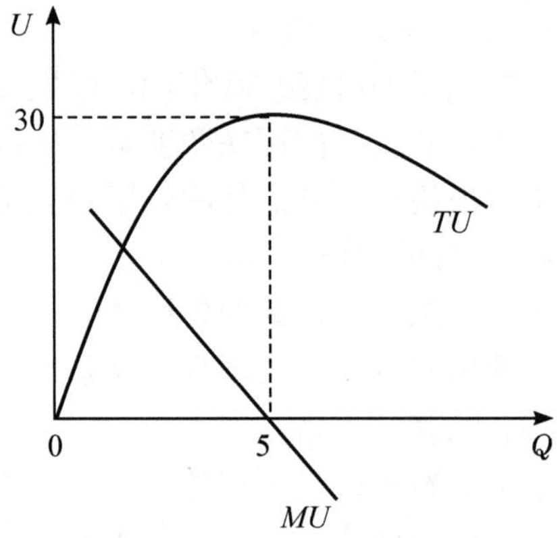

图 3-1　边际效用和总效用

3.2.2　边际效用递减规律

从表 3-1 和图 3-1 中可以得出边际效用递减的结论。边际效用递减规律是这样表述的：在一定时间内，在其他商品的消费数量保持不变的条件下，随着消费者对某种商品消费量的增加，消费者从该商品连续增加的每一消费单位中所得到的效用增量即边际效用是递减的。这种情况普遍存在于一切消费品的消费中。边际效用递减规律可以这样来解释：

第一，生理或心理的原因。消费一种物品的数量越多，即某种刺激的反复，使人们在生理上的满足或心理的反应减少，从而满足程度减少。

第二，消费品本身用途的多样性。一种消费品有多种用途，这些用途的重要性程度不同，消费者总是先把消费品用于最重要的用途，其边际效用就大，把第二单位用于次要用途，其边际效用就小，以此顺序下去，用途越来越不重要，边际效用也就递减了。

3.2.3　消费者均衡

所谓消费者均衡，是指单个消费者在收入和商品价格不变的情况下，实现自身效用最大化的状态。由于边际效用具有递减的规律，因而人们对一种商品的消费数量并不是越多越好。在货币收入一定的条件下，消费者对一种商品消费量的增加，就是对另一种商品消费量的减少。就消费者来说，他怎样才能花费一定数量的收入使购买各种商品所获得的总效用，或者说满意与享受达到最大化？这在消费者行为中就有一个决策问题，决策的目标是花费一定的收入所获得的总效用达到的最大值。

1. 消费者均衡的限制条件

消费者在决策时，要受到一定条件的限制，这里的限制因素就是各种商品的价格和消费者的货币收入水平。商品的价格是消费者购买每单位商品所必须付出的货币量，价格越高，能用一定量货币购买的商品数量就越少。而在现实生活中，人们的货币收入又是有限的，这就决定了购买能力要受到收入水平的限制。以上两个因素构成了消费者决策的限制或约束条件。

先看两种商品的情况，消费者用既定的收入 M，购买价格为 P_X 和 P_Y 的商品 X 和 Y。Q_X 和 Q_Y 分别表示购买 X 商品和 Y 商品的数量，那么消费者能购买到的最大商品组合条件是：

$$P_X \cdot Q_X + P_Y \cdot Q_Y = M$$

这就是消费者达到效用最大化的限制条件。此公式表明，消费者购买两种商品的总支出不能超出其收入水平，否则购买是不能实现的。但是，也不能小于收入水平，因为这样不能达到既定收入下的效用最大化。由于 M 为一定，购买 X 商品的数量越多，则购买 Y 商品的数量就少，而 X 和 Y 的边际效用又都是随着数量的增加而递减的，也就是说，购买 X 商品的数量增加，其边际效用就下降；数量减少，其边际效用就上升。

2. 消费者均衡的必要条件

消费者实现效用最大化从而达到均衡的条件是：消费者所选择的消费组合应当使自己在所有商品上花费的每一单位货币所带来的边际效用都相等，且等于货币的边际效用。

假设消费者只购买 X 和 Y 两种商品，MU_X、MU_Y 分别为两种商品的边际效用。那么，实现消费者均衡的必要条件就是：

$$\frac{MU_X}{P_X} = \frac{MU_Y}{P_Y} = \lambda$$

即消费者应使自己花费在各种商品购买上的最后一元钱所带来的边际效用相等。

为什么说只有当消费者实现了上述均衡条件时，才能获得最大的效用呢？或者说消费者均衡条件的经济含义是什么呢？

从$\frac{MU_X}{P_X}=\frac{MU_Y}{P_Y}$的关系分析：

（1）当$\frac{MU_X}{P_X}<\frac{MU_Y}{P_Y}$时，这说明对于消费者来说，同样的 1 元钱购买 X 商品得到的边际效用小于购买 Y 商品所得到的边际效用。这样，理性的消费者就会调整这两种商品的购买数量：减少 X 商品的购买量，增加 Y 商品的购买量。在这样的调整过程中，一方面，在消费者用减少 1 元钱的商品 X 的购买来相应地增加 1 元钱商品 Y 的购买时，由此带来的商品 X 的边际效用的减少量是小于商品 Y 的边际效用的增加量的，因此总效用是增加的。另一方面，在边际效用递减规律的作用下，商品 X 的边际效用会随着其购买量的不断减少而增加，商品 Y 的边际效用会随着其购买量的不断增加而减少。这个过程不断反复，直到$\frac{MU_X}{P_X}=\frac{MU_Y}{P_Y}$成立，消费者便不再调整这两种商品的购买比例，从而达到效用最大化的均衡状态，即消费者均衡。

(2) 当$\frac{MU_X}{P_X}>\frac{MU_Y}{P_Y}$时，这说明对于消费者来说，同样的 1 元钱购买 X 商品得到的边际效用大于购买 Y 商品所得到的边际效用。根据同样的道理，理性的消费者就会增加 X 商品的购买量，减少 Y 商品的购买量。直到$\frac{MU_X}{P_X}=\frac{MU_Y}{P_Y}$成立，消费者便不再调整这两种商品的购买比例，从而达到效用最大化的均衡状态，即消费者均衡。

我们应该注意，花在每种商品上的单位货币所带来的边际效用相等，并不是说消费者在各种商品上花费的货币数量相等，而是指购买两种商品的边际效用之比与价格之比相等。我们期望的不是所购买的最后一个鸡蛋和所购买的最后一张唱片给我们提供的边际效用正好相等。因为一张唱片的价格高于一个鸡蛋。我们期望的是：如果一张唱片的价格 10 倍于一个鸡蛋，那么，我们购买唱片应该能带来 10 倍于鸡蛋的边际效用。另外，消费者达到了总效用，或者说满意与享受的最大化，并不是说其欲望得到了完全的满足，而是指在收入和商品价格既定的条件下，获得了能够达到的最大效用。

我们以上讨论的是在假设消费者只购买 X 和 Y 两种商品的条件下进行。而现实生活中消费者购买的商品不是两种，而是许多种，设各种商品的价格为 P_1、P_2、P_3、P_4、…、P_n，购买的数量为 Q_1、Q_2、Q_3、Q_4、…、Q_n，各种商品的边际效用为 MU_1、MU_2、MU_3、MU_4、…、MU_n，则可以把消费者均衡的两个条件扩写为：

$$P_1 \cdot Q_1 + P_2 \cdot Q_2 + P_3 \cdot Q_3 + P_4 \cdot Q_4 + \cdots + P_n \cdot Q_n = M$$

$$\frac{MU_1}{P_1}=\frac{MU_2}{P_2}=\frac{MU_3}{P_3}=\frac{MU_4}{P_4}=\cdots=\frac{MU_n}{P_n}$$

3.2.4 边际效用递减规律与需求规律

本书第二章谈到，消费者愿意买进的任一商品的数量与该商品价格呈反方向变化，即价格高（或提高）则需求少（或减少），反之则相反。为什么消费品的需求量与其价格之间具有这样的关系？现在我们要通过边际效用递减规律和消费者均衡来推导出需求规律。

商品的需求价格就是指消费者购买一定数量的商品所愿意支付的最高价格。基数效用论者认为，每单位商品的边际效用决定了它的需求价格。原因是每单位商品的边际效用越大，消费者为购买该单位商品愿意支付的价格就越高；相反则愿意支付的价格就越低。由于边际效用递减规律的作用，消费者购买该商品的数量越多，每单位的边际效用就越低，而消费者愿意支付的价格就越来越低。

现在我们联系刚刚讨论过的消费者均衡条件，来考虑仅购买一种商品时的情况。用 P 表示商品的需求价格，MU 表示商品的边际效用，λ 表示货币的边际效用，那么消费者均衡条件可以表示为：

$$\frac{MU}{P}=\lambda$$

这个公式表示消费者购买商品付出的每单位货币所带来的边际效用等于单位货币的边际效用。在货币边际效用不变的前提下，这个均衡条件就表示商品的需求价格正比例于商品的边际效用，而商品边际效用是递减的，所以商品的需求价格也必然是递减的。边际效

用 MU 是商品数量的函数，所以需求价格也可写成商品数量的函数形式，将均衡条件变形，就可以得出：

$$P=\frac{MU(Q)}{\lambda}$$

这就是从消费者均衡条件推导出的需求函数，只要将价格 P 作为纵轴、数量 Q 作为横轴，需求曲线便可以绘制出来了。

下面仍旧以表 3－1 的数据为基础，假定 $\lambda=3$。为了满足消费者均衡条件，每一消费数量所对应的需求价格应该等于边际效用除以 λ，这样可以得到包子的数量、边际效用以及需求价格对应关系（见表 3－2）。

表 3－2　　包子的边际效用与需求价格

包子数量/个	边际效用/MU	需求价格
1	12	4
2	9	3
3	6	2
4	3	1
5	0	0

可见，当包子数量为 1 时，边际效用为 12，此时消费者愿意支付的最高价格为 4；包子数量增加到 2 时，边际效用下降为 9，消费者愿意支付的最高价格下降为 3。随着包子数量的增加，边际效用不断下降，消费者愿意支付的最高价格也在同比例下降。如果从价格变化的角度来看，价格为 4 时，满足消费者均衡条件的包子数量是 1，这就是此时消费者的最优购买数量；价格下降为 3 时，消费者的最优购买数量是 2。以此类推就不难发现，随着价格的下降，消费者的最优购买数量是递增的。

把表 3－2 中对应的边际效用和包子数量组合、需求价格和包子数量的组合，绘制在平面坐标系中，如图 3－2 所示，形成了消费者的边际效用曲线和需求曲线。需求曲线是向右下方倾斜的，这表示随着价格的增加，需求量是逐渐减少的，这也对应着边际效用的递减规律。

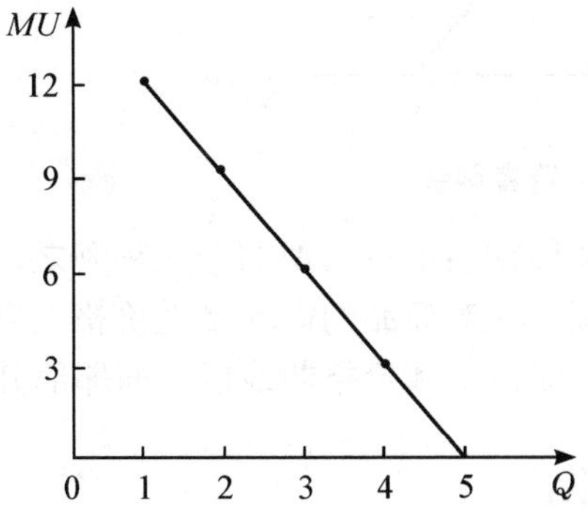

(a) 边际效用曲线

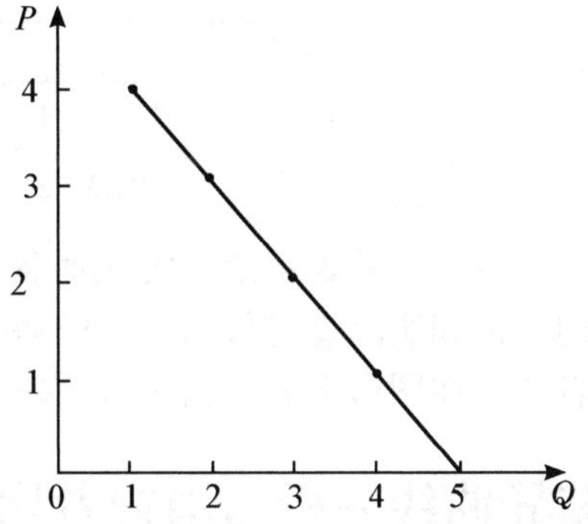

(b) 需求曲线

图 3－2　从边际效用递减规律推导出需求规律

3.2.5 消费者剩余

消费者剩余是指消费者在购买商品时，所得到的总效用和实际支付的货币总效用之间的差额。

对消费者来说，他消费某种商品，随着数量的增加而边际效用是递减的。因而他购买一定数量的商品时，愿意支付的价格是由其边际效用决定的，即他是按照一定数量中最后一个单位的效用来支付货币的。由于其他商品的效用都大于最后一个单位商品的效用，消费者便从前面每一单位商品中得到了效用的剩余。

如图 3-3 所示，假设水的价格是每升 1 元，消费者会根据具体的价格，考虑购买水的数量。第一升水是最有用的，能够消除极度的口渴，消费者愿意为它支付 9 元的价格。但是，第一升水的代价只是 1 元（水的市场价格），这样，消费者就获得了 8 元的消费者剩余。同样，第二升水对消费者来说愿意支付 8 元，代价也是 1 元，为此消费者又获得了 7 元的消费者剩余。如此下去，从第三升水中获得 6 元的消费者剩余，从第四升水中获得 5 元的消费者剩余，从第五升水中获得 4 元的消费者剩余，从第六升水中获得 3 元的消费者剩余，从第七升水中获得 2 元的消费者剩余。第八升水消费者所付出的代价与他愿意支付的代价相等，这也是在 1 元这一价格时，消费者愿意购买的数量。尽管消费者为买这 8 升水只支付了 8 元钱，但消费者愿意支付 44（=9+8+7+6+5+4+3+2）元，这样该消费者得到了超过其支付额的 36 元的消费者剩余。

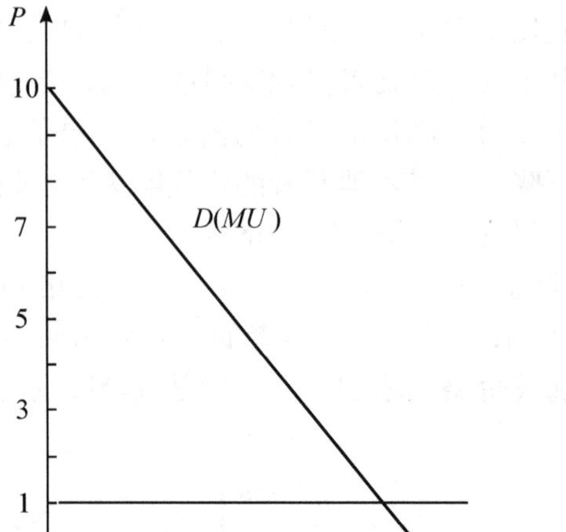

图 3-3 消费者剩余

因此，消费者剩余就表示消费者从消费某种物品中所增加的个人福利之综合，即消费者愿意支付的价格和实际支付价格之间的差额。在对商品的需求量随价格上升而减少的情况下，消费者剩余在图形上表示为个人需求曲线以下和价格曲线以上的那部分面积。

3.3 无差异曲线分析与消费者均衡

3.3.1 无差异曲线的含义及特征

1. 无差异曲线的含义

无差异曲线是序数效用论的主要分析工具，是用来表示两种商品的各种数量组合给消费者以相同效用水平的一条曲线。

例如，某消费者在购买 X 和 Y 两种商品时有 4 种组合：*A*、*B*、*C*、*D*，每种组合方式给消费者带来的效用是同等的。我们可以做出表 3－3。

表 3－3　　商品的不同组合及相同的效用

组合方式	Y	X
A	16	2
B	8	3
C	6	4
D	5	5

根据表 3－3 我们可以做出图 3－4。在图 3－4 中，横轴表示 X 商品的数量，纵轴表示 Y 商品的数量，*I* 为无差异曲线，线上任一点 X 商品和 Y 商品的数量组合给消费者带来的总效用都是相等的。因此，对消费者而言，他无论选择曲线上哪一点，对其获得的总效用都是无差别的。正因为同一条无差异曲线上的每一点所代表的商品数量组合提供的总效用相等，因而无差异曲线也叫等效用曲线。每一条无差异曲线表示某一既定的总效用，不同的无差异曲线也就代表着不同的总效用水平。

2. 无差异曲线的特征

从以上对无差异曲线的描述，我们得出无差异曲线的特征：

(1) 在无差异曲线图上，不同的无差异曲线表示不同的商品数量组合，即在同一个平面上可以有无数条无差异曲线。离原点越远的无差异曲线所代表的总效用越大；反之，离原点越近的无差异曲线所代表的总效用越小。如图 3－5 所示，这三条无差异曲线代表的总效用依次为 $I_1 < I_2 < I_3$。

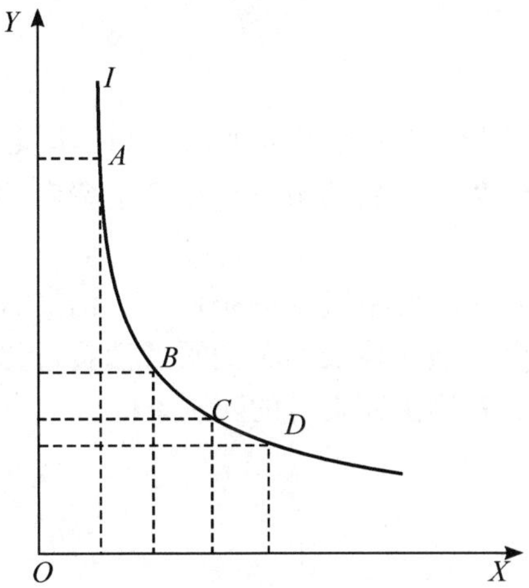

图 3－4　无差异曲线

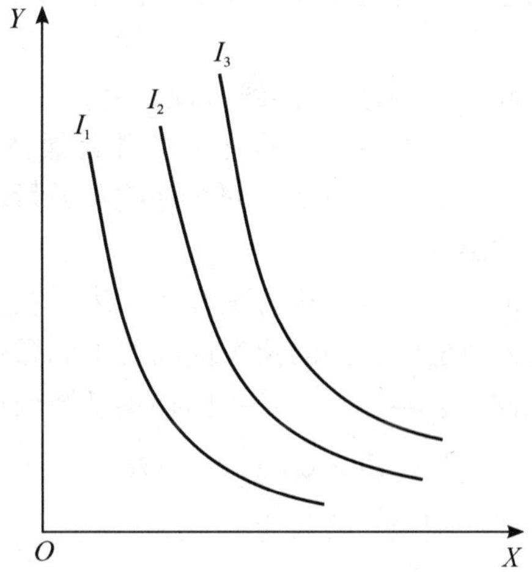

图 3－5　无差异曲线的变化

(2) 同一平面上的任何两条无差异曲线不能相交。因为，不同的曲线代表不同的总效用，如果两条无差异曲线相交，其交点表示的总效用水平相同，这与无差异曲线本身的性质（即第一特征）相矛盾。

(3) 无差异曲线是一条向右下方倾斜的曲线，其斜率为负值。表示在收入与价格既定的条件下，消费者为了得到相同的总效用，在增加一种商品消费时，必须减少另一种商品的消费。不能同时增加或减少两种商品的消费。

（4）无差异曲线是一条凸向原点的曲线。这是由边际替代率递减决定的。

3.3.2 边际替代率

在同一条无差异曲线上，商品组合中两种商品的数量不断变化，但是效用水平保持不变。这就意味着，消费者在保持效用水平的同时，要增加消费一种商品，就必须放弃消费一部分另一种商品，这似乎预示着两种商品存在某种替代关系。我们把这种为了维持相同效用水平或者保持同等的满足程度，消费者每增加一单位一种商品消费量而必须放弃的另一种商品消费量称作边际替代率。英文缩写为 *MRS*。商品 X 对商品 Y 的边际替代率用公式表示为：

$$MRS_{XY}=-\frac{\Delta Q_Y}{\Delta Q_X}$$

式中：MRS_{XY}——用商品 X 替代商品 Y 的边际替代率；

ΔQ_Y——商品 Y 的减少量；

ΔQ_X——商品 X 的增加量。

因为 ΔQ_Y 和 ΔQ_X 变化方向相反，所以 MRS_{XY}的值为负，由于习惯于取其正值，故在公式前加负号。

商品的边际替代率递减。因为随 X 商品的增加，其边际效用在递减；随 Y 商品的减少，它的边际效用在递增。这样，每增加一定数量的 X 商品，所能替代的 Y 商品的数量越来越少。边际替代率递减实际上是用无差异曲线来表述边际效用递减规律。边际替代率递减也意味着无差异曲线是凸向原点的。

3.3.3 消费可能线（预算线）

无差异曲线表示的是消费者为保持一定的总效用水平而购买两种商品的不同数量组合。但是要决定消费者的实际购买数量，还必须受到两种商品的市场价格和消费者的收入水平的制约。

消费可能线又称为预算线，表示在消费者收入和商品价格既定的条件下，消费者的全部收入所能购买到的两种商品的不同数量的各种组合。预算线表明了消费者消费行为的限制条件，它实际上就是我们在用基数效用论阐释消费者均衡原则时的限制条件。

$$M=P_X\cdot Q_X+P_Y\cdot Q_Y$$

我们把上式改写为：

$$Q_Y=\frac{M}{P_Y}-\frac{P_X}{P_Y}\cdot Q_X$$

这是一个直线方程式，此直线的斜率为$-P_X/P_Y$。

因为 M、P_X、P_Y 都是常数，所以只要给出 Q_X 的值，就可以求出 Q_Y 的值。同理，给出 Q_Y 的值，也能求出 Q_X 的值。

如果 $Q_X=0$，则 $Q_Y=M/P_Y$（即此直线在 Y 轴上的截距）；

如果 $Q_Y=0$，则 $Q_X=M/P_X$（即此直线在 X 轴上的截距）。

两个截距连接起来的直线就是我们的预算线。如图 3－6 所示，在该线内的任何一点如 A，所购买的两种商品的组合在现有收入下可以实现，但不是最大组合，即收入没有花光，所以不能实现效用最大化。在该线外的任何一点如 B，所购买的两种商品的组合在现有收入水平下无法实现。

预算线是在消费者的收入和商品价格既定的条件下做出的。如果消费者的收入或商品的价格发生了变化，则预算线就会变动。

如果商品的价格一定，消费者的收入增加，则预算线平行向右上方移动；消费者收入减少，则预算线平行向左下方移动。如图 3－7 所示，AB 是原来的预算线，A_1B_1 是增加的预算线，A_2B_2 是减少的预算线。

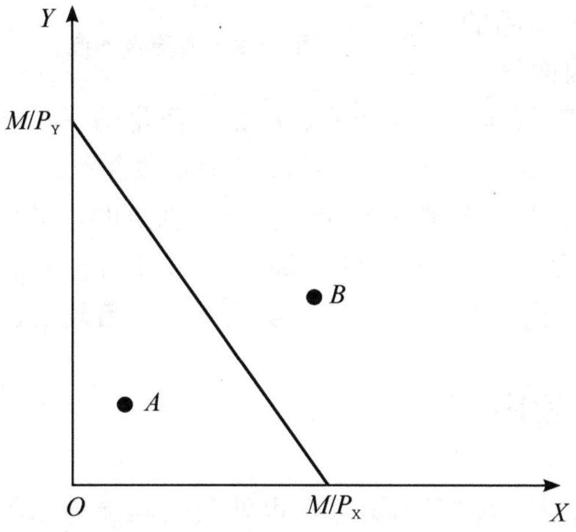

图 3－6　预算线

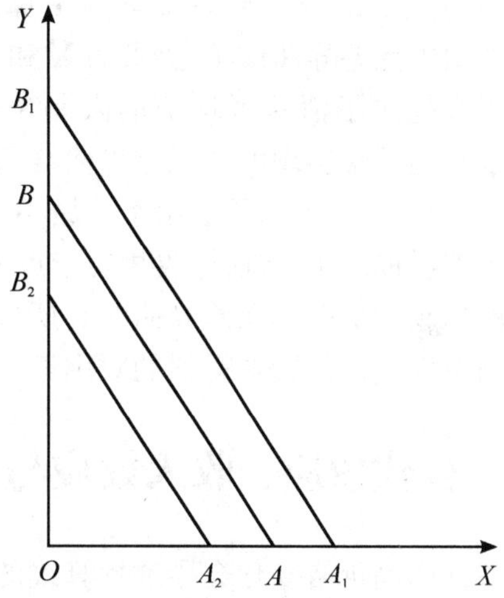

图 3－7　预算线的变化

如果消费者收入一定，两种商品的价格同比例地下降或上升，其结果与收入变动相同。

如果消费者的收入和 Y 商品的价格一定，而 X 商品的价格上升或下降，则预算线在 X 轴上的截距就会缩小或增大。如图 3－8 所示，AB 是原来的预算线，A_1B 是 X 商品价格下降的预算线，A_2B 是 X 商品价格上升的预算线。

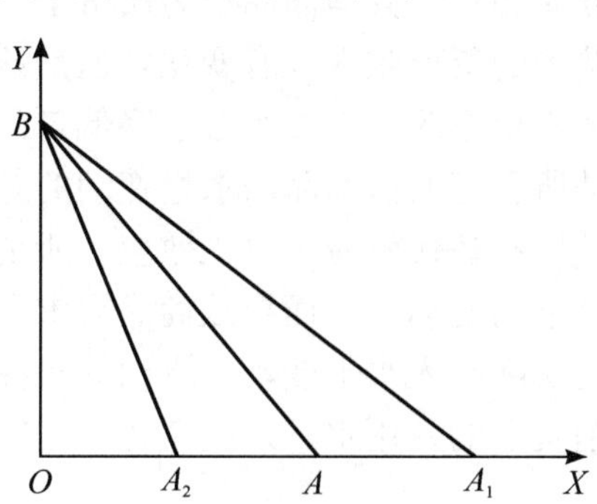

图 3－8　预算线随商品价格变化

3.3.4　消费者均衡

序数效用论者把无差异曲线和预算线结合在一起来研究消费者的均衡。

在同一无差异曲线图上可以有无数条无差异曲线，在消费者的收入和商品价格一定的条件下，消费者的预算线只有一条。序数效用论指出：只有既定的预算线与其中一条无差异曲线的相切点，才是消费者获得最大效用或满足程度的均衡点。如图 3－9 所示。

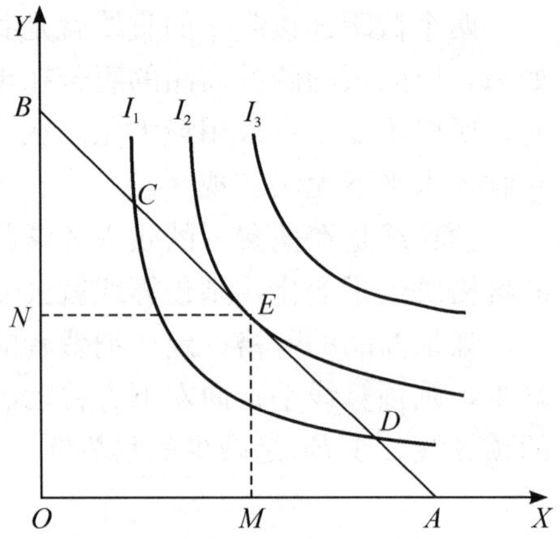

图 3－9　消费者均衡

图 3－9 中有 I_1、I_2、I_3 三条无差异曲线，它们分别代表了三种不同的总效用水平，$I_1<I_2<I_3$，消费者究竟选择哪一条无差异曲线所表示的 X 和 Y 两种商品的数量组合，是受既定的预算线 AB 的限制的。在图中无差异曲线 I_3 要求的 X 和 Y 两种商品的数量组合超过了消费者均衡的限制条件，因而这一效用水平是无法实现的。无差异曲线 I_1 与预算线相交的两点 C、D 都能满足消费者均衡的条件，但是 I_1 代表的总效用水平最小，因而反映的 X 和 Y 两种商品的数量组合不是最优的。无差异曲线 I_2 与预算线相切于点 E，E 点既符合消费者的预算线限制条件，又是预算线所能达到的最高的无差异曲线。所以，它代表的 X 和 Y 两种商品的数量组合是满足预算限制条件下使消费者得到的效用最大化的最优组合，即切点 E 实现了消费者均衡。

3.4　替代效应、收入效应与价格效应

一种商品价格变化会导致预算线的移动，从而改变均衡点，也就会引起该商品需求量的变化，这种变化可以分解为两种不同的效应：替代效应和收入效应。

3.4.1　替代效应和收入效应的含义

当一种商品的价格发生变化时，我们可以将这一变化分为两个层次来理解：第一，该商品相对其他商品的价格发生了改变；第二，消费者收入相对该商品发生了改变。假设商品的价格上升了，一方面该商品相对于其他商品更为昂贵了，消费者必然会减少对该商品的购买；另一方面，虽然消费者的货币收入没有变化，但是该商品价格上升，使得消费者的实际购买力下降了，消费者不得不改变消费组合以降低自己的效用水平。

因而，一种商品价格变动所引起的该商品需求量变动的总效应可以被分解为替代效应和收入效应两个部分，即总效应＝替代效应＋收入效应。所谓替代效应，指的是由商品的价格变动所引起的商品相对价格的变动，进而导致商品需求量变化的效应；收入效应指的是由商品的价格变动所引起的实际收入水平变动，进而导致商品需求量变化的效应。可以看到，替代效应并不会使得消费者的效用水平发生变化，而收入效应会使消费者的效应水平发生变化。

3.4.2　替代效应

假设消费者的偏好给定，即消费者的无差异曲线图既定不变，而两种商品的相对价格发生了变化，例如一种商品的价格（P_Y）不变，另一种商品的价格（P_X）发生变化，或

者两种商品的价格同时发生了相反方向的变化，例如 P_Y 提高而 P_X 下跌。在这种场合，要使消费者仍然维持原有的效用水平，即消费者的购买仍然维持在原来的无差异曲线上，则新的均衡点将是按照新的价格作出的预算线中与原来的无差异曲线相切之点。

图 3－10 中，在所有的情况下存在着相对便宜商品替代较贵重商品的倾向，这表现为均衡点在无差异曲线上的移动。原来的预算线 AB 与无差异曲线 I 相切于 E_0 点。X、Y 商品的购买量分别是 X_0 和 Y_0。现在由于 X 商品的价格下降，Y 商品的价格上升，使预算线变为 A_1B_1。A_1B_1 与无差异曲线 I 相切于 E_1 点，X、Y 商品的购买量变为 X_1 和 Y_1。这表示价格下降的商品 X 的购买量增加了，涨价的商品 Y 的购买量减少了。这种由于商品的相对价格发生变化，消费者增加降价商品的购买量以代替其价格相对上涨的商品的现象就是替代效应。

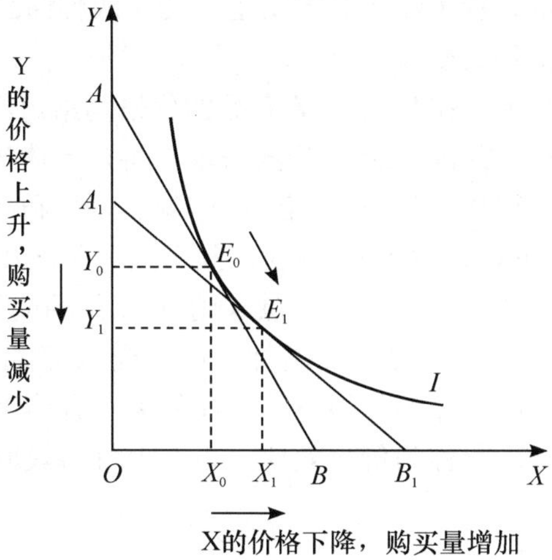

图 3－10　替代效应

3.4.3　收入效应

假设消费者的偏好给定，商品的价格也不变，但消费者由于收入水平发生变化，总支出也发生变化（增加或减少），这时消费者的选择行为会发生什么变化呢？

图 3－11 解释了人们对消费品需求的收入效应。AB 与无差异曲线 I_0 相切于 E_0 点，消费者对 X 和 Y 商品的购买量分别是 X_0、Y_0。现在假定消费者的总支出由于收入增加而增加了，但因两种商品的价格没有发生变化，所以预算线向右上方平行移动到 A_1B_1。A_1B_1 与另一条较高效用水平的无差异曲线 I_1 相切于 E_1 点。这表示消费者因收入增加获得的效用增加了，消费者对 X 和 Y 商品的购买量分别为 X_1、Y_1。两种商品的购买量都增加了。这种由于总支出的变化引起的购买量变化的现象就是收入效应。

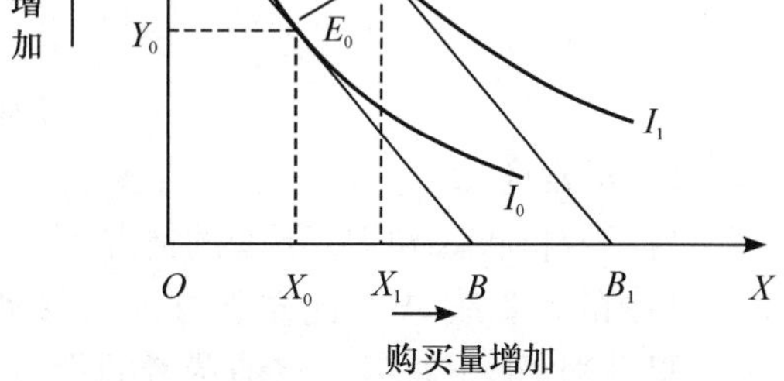

图 3－11　收入效应：以正常物品为例

如果收入增加，预算线外移与较高的无差

异曲线 I_1 相切，在新的均衡点上，X 和 Y 两种商品的购买量都增加了；如果收入减少，则由此引起的影响与上述情况相反。

一般消费品的需求量与人们的收入呈同方向变化，这种类型的消费品称为正常物品。当消费者的总收入增加从而总支出增加后，也有可能对某种商品的购买量不但没有增加，反而减少。这种在总支出增加的时候，人们对它的购买量反而减少的商品，称为劣质商品。之所以会出现这种现象，是由于消费者在收入提高后，改用品质较高的商品，因而对这种商品的购买反而减少了。

3.4.4　价格效应

假设消费者的偏好给定，货币收入和支出也不变，两种商品中 P_Y 不变，P_X 下跌，那么消费者的选择行为将发生什么变化?

图 3－12 的价格效应表示，在收入和 Y 商品的价格均给定不变的条件下，另一种商品 X 的价格下降后，消费者对于跌价的商品 X 的需求，将是上述替代效应与收入效应的共同作用的结果。图 3－12 的预算线 AB 与 I_0 相切于 E_0 点，X 和 Y 商品的购买量分别是 X_0 和 Y_0。现在 P_Y 不变，P_X 下跌，收入 M 不变，预算线 AB 绕 A 点旋转到 AB_1 位置，AB_1 与更高效用水平的无差异曲线 I_1 相切于 E_1 点，则 X 商品的购买量增加到 X_1（Y 商品的购买量有三种情况：可能由于收入提高而增加，可能受 X 的替代而减少，也可能不变）。当总支出不变，由于其中一种商品的价格下跌，而使消费者能够获得更大的效用，并增加对跌价商品的购买量，这种现象称为价格效应。事实上价格效应是由替代效应和收入效应共同构成的。

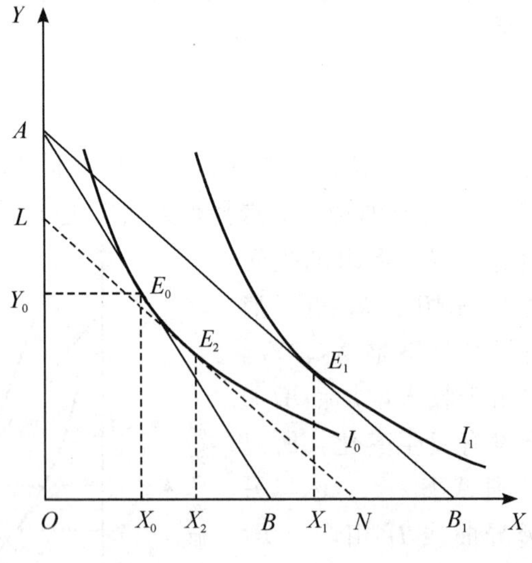

图 3－12　价格效应：以正常商品为例

1. 正常商品

为了辨析收入和 P_Y 不变的情况下，P_X 下跌所引起的替代效应和收入效应，我们将图 3－12 中的预算线 AB_1 向左下方平行移动到与 I_0 相切的位置 LN，切点为 E_2。这时我们可以假设当 P_X 下跌后，将消费者的货币收入减少一定金额，使他在货币收入减少后仍能维持原来的效用水平会有的购买情况。显然 X 商品的购买量由 X_0 增加为 X_2，是因为替代效应使 X 商品的购买量增加、Y 商品的购买量减少所引起的。现在将 E_2 点与 E_1 点进行对比，由于 E_1 点表示 P_X 下跌后，货币收入和支出不变时该消费者实际的购买情况，所以从 E_2 点变到 E_1 点可以设想为是将减少的货币收入退还给消费者后，由于收入增加，他购买的 X 商品的数量由 X_2 增加为 X_1。由此可见，当货币收入和支出不变，P_X 下跌所引起的价格效应（即对 X 商品的购买量从 X_0 增加到 X_1）是由于替代效应与收入效应共同作用的结果，即（价格效应）X_0X_1＝（替代效应）X_0X_2＋（收入效应）X_2X_1。

由上论述，假如某种商品具有这样的特点：价格下跌会引起用这种商品来代替其他价格未变的商品，因而对该商品的需求的增加即替代效应是正数。价格下跌引起的实际收入提高会引起对该商品的需求增加，即收入效应也是正数。由于大多数商品都具有这些特点，所以这类商品称为正常商品（normal goods）。

2. 低档（劣质）商品

现在以图 3－13 为例来分析低档商品价格下降时的替代效应和收入效应。图 3－13 中假设商品 X 是低档商品。商品 X 的价格变化前消费者对 X 商品的购买量是 X_0，在 P_Y 和收入不变的情况下，P_X 下跌后的购买量是 X_1。由此，价格下跌引起的商品 X 的购买量增加量为 X_0X_1，这便是总的价格效应。现在我们将 AB_1 向左下方平行移动到与 I_0 相切的位置 LN，切点为 E_2。当 P_X 下跌后，消费者要维持相同的效用水平其均衡点由 E_0 变为 E_2。相应的需求增加量为 X_0X_2，这就是替代效应，它是一个正数。而 P_X 下跌引起的消费者的实际收入增加，其总效用水平从 I_0 上升到 I_1，均衡点由 E_2 变为 E_1。对 X 商品的购买量由 X_2 减少到 X_1，这就是收入效应。收入效应 X_1X_2 是一个负数，其原因在于：P_X 下跌所引起的消费者的实际收入水平的提高，会使消费者减少对低档商品 X 的需求量。即价格效应＝替代效应＋收入效应＝$X_0X_2-X_2X_1$。

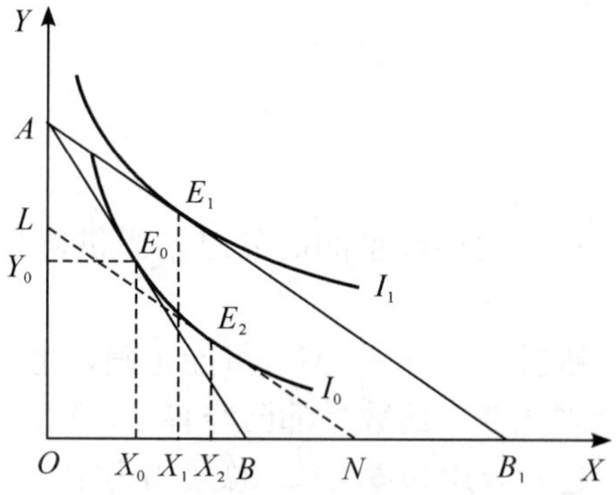

图 3－13　价格效应：以低档商品为例

【本章小结】

1. 消费者偏好是消费者根据自己的爱好和意愿对可供消费的商品组合进行的排列。偏好的差异导致消费者在购买商品时表示出不同的态度。为了使偏好成为可以分析的对象，经济学家对偏好的假定即消费者偏好公理，包括次序性、传递性和单调性。

2. 效用可以用来具体描述消费者的偏好。至于如何描述，涉及效用的度量问题。对此，有两种观点——基数效用论和序数效用论。基数效用论认为效用是可以计量并加总求和的，效用的大小可以用基数（1，2，3，…）来表示；序数效用论者认为，效用只能用序数度量，即用第一、第二、第三来表示商品的效用谁大谁小，而不能确切地说出各种商品的效用到底是多少。虽然有这些观点上的差异，但是这两种理论都以边际效用递减规律为基础。

3. 基数效用论是以效用可衡量和计算为前提，强调商品的绝对效用，它采用边际效用分析法。而序数效用论是以消费者选择的合理性为前提，强调商品的相对效用，采用无差异曲线分析法。

4. 根据公式 $MRS_{XY}=-\frac{\Delta Q_Y}{\Delta Q_X}=\frac{MU_X}{MU_Y}$，可以运用效用函数算出边际替代率。由此可以看出基数效用分析和序数效用分析的某种一致性。

5. 预算线或者消费可能线是由消费者按既定的价格和收入能负担得起的商品组合构成的。因此，它所分析的是影响消费者行为的其他两个重要因素——价格和收入。至于预算线则是表示消费者用其全部收入可以购买到的所有商品组合。

6. 在几何图形上，预算线与无差异曲线的结合，就可以决定消费者的最优选择。这两条曲线相切之点即为消费者均衡点，此点上的商品组合的特征一般由无差异曲线的斜率（边际产品替代率）与预算线的斜率相等这个条件来表示。

7. 一种商品价格变动所引起的该商品需求量变动的总效应可以被分解为替代效应和收入效应两个部分，即总效应＝替代效应＋收入效应。替代效应指的是由商品的价格变动所引起的商品相对价格的变动，进而导致商品需求量变化的效应；收入效应指的是由商品的价格变动所引起的实际收入水平变动，进而导致商品需求量变化的效应。替代效应并不会使得消费者的效用水平发生变化，而收入效应会使消费者的效应水平发生变化。

正常商品替代效应和收入效应都是正数。低档商品的替代效应是正数，收入效应是负数。

【练习与思考】

一、单项选择题

1. 对于同一个消费者来说，同样数量的商品总是提供同量的效用，这种观点是否正确？（　　）

A. 正确　　B. 错误　　C. 可能正确，也可能错误

2. 对于一种商品，消费者想要有的数量都已经有了，这时（　　）。

A. 边际效用最大　B. 边际效用为零　C. 总效用为零

3. 序数效用论认为，商品效用的大小（　　）。

A. 取决于它的使用价值　　B. 取决于它的价格

C. 不可比较　　D. 可以比较

4. 无差异曲线的形状取决于（　　）。

A. 消费者偏好　　B. 消费者收入

C. 所购商品的价格　　D. 商品效用水平的大小

5. 某个消费者的无差异曲线图包含无数条无差异曲线，因为（　　）。

A. 收入有时高，有时低　　B. 欲望是无限的

C. 消费者人数是无限的　　D. 商品的数量是无限的

6. 无差异曲线上任一点上商品 X 和 Y 的边际替代率是等于它们的（　　）。
A. 价格之比　　B. 数量之比
C. 边际效用之比　　D. 边际成本之比
7. 商品 X 和 Y 的价格按相同的比率上升而收入不变，则预算线（　　）。
A. 向左下方平行移动　　B. 向右上方平行移动
C. 不变动　　D. 移动的方向不确定
8. 预算线反映了（　　）。
A. 消费者的收入约束　　B. 消费者的偏好
C. 消费者的人数　　D. 货币的购买力
9. 在均衡的条件下，消费者购买的商品的总效用一定（　　）他所支付的货币的总效用。
A. 小于　　B. 等于　　C. 大于
10. 消费品价格变化时，连接消费者均衡点的线称为（　　）。
A. 收入-消费曲线　　B. 需求曲线
C. 价格-消费曲线　　D. 恩格尔曲线

二、分析论述题

1. 如何理解边际效用递减规律？试举出现实生活中的例子。
2. 无差异曲线有哪些特点？有没有斜率为正的无差异曲线？
3. 分别画图分析价格上升时正常品、低档品的替代效应和收入效应。
4. 你能想象边际效用递增的商品吗？
5. 为什么一段时间内消费的商品减少，其边际效用会增加？

三、计算题

1. 已知某商品的需求函数为 $Q_d=50-5P$，初始均衡价格为 8，如果市场供给增加，新的均衡价格为 4，消费者剩余增加了多少？

2. 假设某人每月收入为 3 000 元，如果他仅仅消费商品 X 和商品 Y，商品 X 的价格为 30 元，商品 Y 的价格为 50 元。

（1）画出预算线。

（2）如果商品 X 涨价 20%，商品 Y 涨价 10%，预算线将如何变动？

（3）如果商品 X 涨价 50%，商品 Y 降价 10%，而某人月收入涨到 4 000 元，预算线将如何变动？

3. 已知某消费者的效用函数为 $U=X^{0.4}Y^{0.6}=9$，商品 X 和 Y 的价格分别为 $P_X=2$ 元，$P_Y=3$ 元，试求：

（1）商品 X 和商品 Y 的均衡消费量；

（2）效用为 9 时的消费支出。

4. 已知某消费者每年用于商品 1 和商品 2 的收入为 540 元，两种商品的价格分别为 $P_1=20$ 元，$P_2=30$ 元，该消费者的效用函数为 $U=3X_1X_2^2$。该消费者每年购买这两种商品的数量各应是多少？每年从中获得的总效用是多少？

【实践与操作】

走进一家自助餐厅。观察消费者的行为有哪些？他们是怎样消费的？为什么如此消费？

模块三

经济主体2——组织决策

第4章 生产者行为理论

【学习目标】

1. 知识学习目标

(1) 生产函数的概念以及常见生产函数

(2) 边际报酬递减规律

(3) 总产量、平均产量、边际产量之间的关系

(4) 等产量线、等成本线的概念

2. 能力实训目标

(1) 边际报酬递减规律的形成原因

(2) 如何确定生产要素的最适组合

(3) 对规模报酬的理解

【案例导入】

生产要素优化组合　实现互补共赢

泛珠三角区域合作始于2003年底，是增强中国泛珠三角区域的整体影响和竞争力、促进区域的经济合作与发展的平台，现有11个成员一级行政区（即广东、广西、海南、云南、贵州、四川、湖南、江西、福建9个省区和香港、澳门两个特别行政区，简称“9+2”）。其中，9省区的区域面积为全国的五分之一，人口占三分之一，经济总量占三分之一。加上香港和澳门两个特别行政区，泛珠三角区域在全国的地位十分突出。这一区域所建立起来的共生共赢型经济体系，将成为中国未来经济发展的高速增长极。

泛珠三角区域合作是按照“一国两制”方针，参与合作的各成员开展合作，遵守香港、澳门两个特别行政区的基本法和全国统一的相关法律、法规，合作在《内地与香港关于建立更紧密经贸关系的安排》和《内地与澳门关于建立更紧密经贸关系的安排》（简称CEPA）框架内进行。根据国民经济和社会发展规划的总体要求，坚持区域协调发展和可持续发展，充分发挥各方的优势和特色，互相尊重，自愿互利，按照市场原则推进区域合作，拓宽合作领域，提高合作水平，形成合作互动、优势互补、互利共赢、共同发展的格局，拓展区域发展空间。

2017年9月25日，泛珠三角区域合作行政首长联席会议在湖南长沙举行。此次联席会议提出，进一步推动设立泛珠三角区域合作发展基金，基金总规模计划达到1 000亿元，包括传统优势产业升级、战略新兴产业培育、重大基础设施建设、民生工程改善等多个投资领域。

在泛珠三角区域内部，“互联互通”是关键词。广东省省长马兴瑞指出，泛珠三角区域合作，基础设施互联互通是“头等大事”，其中高速铁路、高速公路是联结的重点。

“9+2”各方倡议，依托高铁网络，打造具有广泛影响的泛珠高铁经济带，实现更高层次的开放发展、协同发展。目前，泛珠三角区域内已经形成了较为成熟的粤桂黔高铁经济带、湘黔高铁经济带。2018 年 9 月 22 日，广深港高铁香港段正式开通，香港与长沙进入“3 小时经济圈”。

除了内部的互联互通，泛珠三角区域合作还在谋求更加开放的格局。其最新提出的愿景是，打通出海出边大通道，共同推进“一带一路”建设，包括建设面向东盟和南亚的陆路大通道、建设世界级港口群等；共建粤港澳大湾区，进一步发挥对泛珠三角区域的辐射带动作用。

4.1 生产与生产函数

厂商是生产行为的主体，厂商进行生产活动的过程，就是将生产要素转变为产品的过程。生产要素一般分为四类：劳动、土地、资本和企业家才能。劳动是指人在生产过程中提供的体力和脑力的总和。土地，实际上指的是自然资源，包括地上和地下的资源，例如江河、湖海、森林、矿产等。资本就是能够带来利润的一切物品，包括实物资本和货币资本，如实物资本可以是厂房、机器、原材料等。企业家才能指的是企业家创建和经营企业的才能。

4.1.1 生产函数

生产过程中生产要素的投入量和产品的产出量之间的关系，可以用生产函数来表示。生产函数表示在一定时期内，在技术水平不变的情况下，生产中所使用的各种生产要素的数量与所能生产的最大产量之间的关系。任何生产函数都以一定时期内的生产技术水平作为前提条件，一旦生产技术水平发生变化，原有的生产函数就会发生变化，从而形成新的生产函数。新的生产函数可能是以相同的生产要素投入量生产出更多或更少的产量，也可能是以变化了的生产要素的投入量进行生产。

假定 X_1，X_2，…，X_n 顺次表示某产品生产过程中所使用的 n 种生产要素的投入数量，Q 表示所能生产的最大产量，则生产函数可以写成以下形式：

$$Q=(X_1,X_2,\cdots,X_n)$$

该生产函数表示在既定的生产技术水平下生产要素组合（X_1，X_2，…，X_n）在每一时期所能生产的最大产量为 Q。

在经济学的分析中，通常假定生产中只使用劳动（L）和资本（K）这两种生产要素。这时，生产函数为：

$$Q=f(L,K)$$

如果再假设资本也是固定不变的，产量只随劳动的变动而变动，则生产函数又可表示为：

$$Q=f(L)$$

4.1.2 常见生产函数

1. 里昂惕夫生产函数

里昂惕夫生产函数又称作固定投入比例生产函数，是指在生产过程中使用的各种生产要素的数量比例是固定不变的。假定生产过程中仅使用劳动和资本这两种生产要素，那么里昂惕夫生产函数可以表示为：

$$Q=\min\left(\frac{L}{\alpha},\frac{K}{\beta}\right)$$

式中，Q 为产量；L、K 分别代表劳动和资本的投入量；α 和 β 为常数，是劳动和资本的生产技术系数，分别表示生产一个单位产品所需要的劳动投入量和资本投入量；min 表示取 $\left(\frac{L}{\alpha},\ \frac{K}{\beta}\right)$ 中较小的值，即便其中一个数值再大，也不影响总产量。因而生产必须按照劳动和资本之间的固定比例来进行。所以最小生产要素投入量必须满足这个公式：$Q=\frac{L}{\alpha}=\frac{K}{\beta}$，从而得到 $\frac{L}{K}=\frac{\alpha}{\beta}$。当产量变动时，需要使用的各个生产要素的最小投入量也应该以相同比例变动，而两种要素最小投入量之间的比例固定为 $\frac{L}{K}=\frac{\alpha}{\beta}$。关于固定投入比例生产函数的这一性质，可以用几何图形来加以说明，见图 4-1。

在图 4-1 中，横轴和纵轴分别表示劳动和资本的投入量。以 A、B、C 为顶点的三条直角折线，依次表示生产既定产量 Q_1、Q_2 和 Q_3 的各种要素组合。以生产 Q_2 的产量来说，B 点的要素组合（K_2，L_2）是生产产量 Q_2 的最小要素投入量组合。以 B 点为顶点的两条直角边上的任何一点（不包括 B 点），都不是生产 Q_2 产量的最小要素投入量组合。例如，D 点表示资本投入量过多，E 点表示劳动投入量过多。如果产量由 Q_2 增加为 Q_3，或由 Q_2 减少为 Q_1，则最小要素投入组合相应会由 B 点移到 C 点，或由 B 点移到 A 点。此时，两要素投入量以相同的比例增减，两要素投入比例保持不变，即 $\frac{L_1}{K_1}=\frac{L_2}{K_2}=\frac{L_3}{K_3}=\frac{\alpha}{\beta}$。因此，从原点出发经过 A、B、C 三点的射线 OR 表示了这一固定比例生产函数的所有产量水平的最小要素投入量的组合。

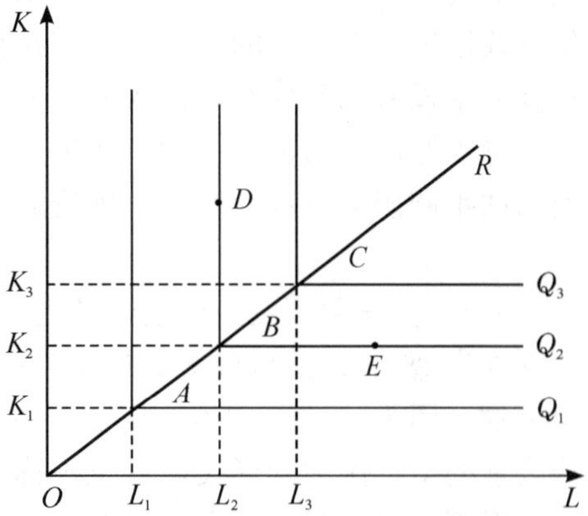

图 4-1 里昂惕夫生产函数

2. 柯布-道格拉斯生产函数

20 世纪 20 年代后期，柯布和道格拉斯提出了著名的柯布-道格拉斯生产函数。该生产函数被认为是一种很有用的生产函数，因为该函数以其简单的形式具备了经济学家所关心的一些性质，它在经济理论的分析和应用中都具有一定意义。柯布-道格拉斯生产函数的一般形式为：

$$Q=AL^{a}K^{\beta}$$

式中，Q 为产量；L、K 分别为劳动和资本投入量；A、a、β 为常数参数，$0>a>1$，

$0>\beta>1$。

柯布-道格拉斯生产函数中的参数 a 和 β 是有经济学意义的，当 $a+\beta=1$ 时，a 和 β 分别代表着劳动和资本这两种生产要素在生产中的相对重要性，a 表示劳动产出在总产出中的比重，β 表示资本产出在总产出中的比重。

此外，根据柯布-道格拉斯生产函数中参数 a 和 β 之和，还可以判断规模报酬的情况。若 $a+\beta>1$，则为规模报酬递增；若 $a+\beta=1$，则为规模报酬不变；若 $a+\beta<1$，则为规模报酬递减。

4.2 边际报酬递减规律与一种生产要素的合理投入

微观经济学的生产理论可以分为短期生产理论和长期生产理论。短期是指生产者来不及调整全部生产要素的数量，至少有一种生产要素的数量是固定不变的时间周期。长期是指生产者可以调整全部生产要素的数量的时间周期。相应地，在短期内，生产要素投入可以分为不变要素投入和可变要素投入。生产者在短期内无法进行数量调整的那部分要素投入是不变要素投入。例如，机器设备、厂房等。生产者在短期内可以进行数量调整的那部分要素投入是可变要素投入。例如，劳动、原材料、燃料等。在长期内，生产者可以调整全部的要素投入。例如，生产者根据企业的经营状况，可以缩小或扩大生产规模，也可以加入或退出一个行业的生产。由于在长期内所有的要素投入量都是可变的，因而也就没有可变要素投入和不变要素投入的区分。

微观经济学通常以一种可变生产要素的生产函数考察短期生产理论，以两种可变生产要素的生产函数考察长期生产理论。

4.2.1 一种可变生产要素的生产函数

在生产函数 $Q=f(L, K)$ 中，假定资本投入量是固定的，用 $\overline{K}$ 表示，劳动投入量是可变的，用 L 表示，则生产函数可以写成：$Q=f(L, \overline{K})$。这就是通常采用的一种可变生产要素的生产函数的形式，它也被称为短期生产函数。短期生产函数表示在资本投入固定的情况下，各种劳动投入水平对应的最大产量。

1. 总产量、平均产量和边际产量

根据短期生产函数 $Q=f(L, \overline{K})$，可以得到劳动的总产量、平均产量和边际产量。总产量用 TP 表示，是指投入一定数量的生产要素所得到的产出量的总和。平均产量用 AP 表示，是指平均每单位生产要素投入量的产出量。边际产量用 MP 表示，是指增加一单位可变要素劳动投入量所增加的产量。这 3 个变量之间的关系可以表示为：

$$TP=f(L,\overline{K})=AP\cdot Q$$
$$AP=TP/Q=f(L,\overline{K})/Q$$
$$MP=\Delta TP/\Delta Q=\mathrm{d}(TP)/\mathrm{d}Q$$

我们以表 4-1 为例，说明生产时使用资本和劳动两种生产要素，资本固定不变而劳动可变的生产函数。

表 4-1　一种可变投入（L）的生产函数表

资本投入量	劳动投入量	劳动的总产量 TP	劳动的平均产量 AP	劳动的边际产量 MP
10	0	0	0	0
10	1	8	8	8
10	2	20	10	12
10	3	36	12	16
10	4	48	12	12
10	5	55	11	7
10	6	60	10	5
10	7	60	8.6	0
10	8	56	7	—4

表 4-1 表示的是在固定不变的资本上投入不同量的劳动得到的总产量、平均产量和边际产量。根据表 4-1 我们可以画出可变投入劳动的总产量、平均产量和边际产量曲线。如图 4-2 所示。

在图 4-2 中，横轴代表劳动量，纵轴代表总产量、平均产量和边际产量。TP 为总产量曲线，AP 为平均产量曲线，MP 为边际产量曲线。

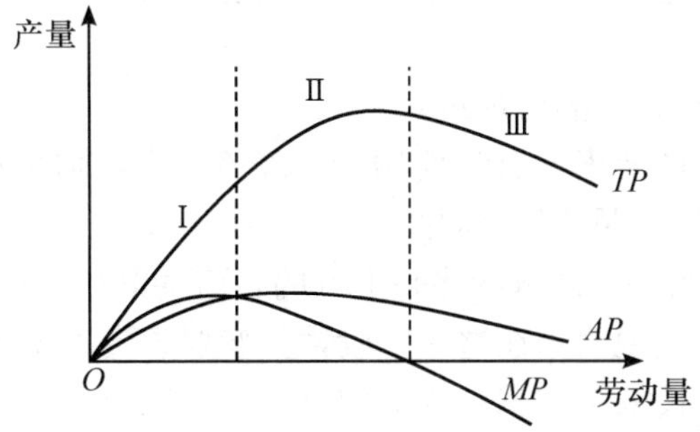

图 4-2　总产量、平均产量和边际产量的关系

从图 4-2 中，我们可以得出总产量、平均产量和边际产量三者之间存在着如下关系：

第一，在资本量一定的条件下，随劳动量的不断增加，总产量、平均产量和边际产量曲线都是先上升，在分别达到最高点后转而下降。

第二，边际产量曲线与平均产量曲线相交于平均产量曲线的最高点。在相交以前，边际产量大于平均产量，平均产量是递增的；在相交以后，平均产量大于边际产量，平均产量是递减的；交点上，平均产量等于边际产量，平均产量达到最高。

第三，当边际产量等于零时，总产量最大。当边际产量为正数时，总产量递增；当边际产量为负数时，总产量递减。

2. 边际报酬递减规律

用两种（或两种以上）生产要素相结合生产一种产品时，若只有一种要素是可以变动的，其他要素都固定不变，在生产技术条件为既定的情况下，随着这一可变要素的数量增加，其边际产量开始出现递增的现象，但在达到一定数量后，会呈现递减现象。这就是边际报酬递减规律。

一种生产要素的边际产量之所以出现递减，这是由于生产过程中生产要素配合比例的技术要求决定的。在一种要素的数量固定不变、可变要素不断增加的情况下，到了可变要素的数量达到了足以使固定要素得到最合理的利用后，继续增加可变要素，意味着固定要素与可变要素的配合比例超出了现有生产技术的要求。这时增加可变要素虽然可以使总产量增加，但总产量的增加量则出现递减现象。在可变要素增加到一定限度以后，再继续增加其数量，反而会引起总产量减少，即边际产量为负数。

生产要素的边际报酬递减规律，同边际效用递减规律和需求规律一样，是经济分析中的一条重要规律。它说明：在生产技术水平一定的条件下，使用一种生产要素的数量并不是越多越好，而是有一个合理的范围。

在分析和论证生产要素的边际产量递减规律时，必须具备几个前提：

第一，生产要素投入量的比例是可变的。这就是说，一种生产要素的增加是以其他生产要素的数量不变为前提的。若其他生产要素同时变化，或同比例变化，这时边际产量不一定递减，其产量的变动是属于规模经济的问题。

第二，生产技术水平保持不变。若生产技术水平提高了，一般会使边际产量递减现象延后，但不会使递减现象消失。

第三，生产要素的数量超过一定量。要素的边际产量递减现象是生产要素的数量增加到一定量以后出现的，在这以前，其边际产量可能是递增的。

4.2.2 一种可变生产要素的合理投入

为了确定一种可变生产要素的合理使用量，经济学家习惯根据可变生产要素的总产量曲线、平均产量曲线和边际产量曲线之间的关系，将生产划分为三个阶段，如图 4-2 所示。

在第 Ⅰ 阶段，劳动的平均产量始终是上升的，劳动的边际产量大于劳动的平均产量，劳动的总产量是增加的。这说明：在这一阶段，不变要素资本的投入量相对过多，生产者只要增加可变要素劳动的投入量，就可以增加总产量。因此，任何理性的生产者都不会在这一阶段停止生产，而是连续增加可变要素劳动的投入量，以增加总产量，并将生产扩大到第 Ⅱ 阶段。

在第Ⅲ阶段，劳动的平均产量继续下降，劳动边际产量降为负值，劳动的总产量下降。这说明：在这一阶段，可变要素劳动的投入量相对过多。这时，即使劳动要素是免费的，理性的生产者也会通过减少劳动投入量来增加总产量，以脱离劳动的边际产量为负值的第Ⅲ阶段，退回到第Ⅱ阶段。

由于理性的生产者不会将生产停留在第Ⅰ阶段，也不会在第Ⅲ阶段进行生产，所以，生产只能在第Ⅱ阶段。在第Ⅱ阶段的起点处，劳动的平均产量曲线和劳动的边际产量曲线相交，即劳动的平均产量达到最高点。在第Ⅱ阶段的终点处，劳动的边际产量曲线与水平轴相交，即劳动的边际产量等于零。至于在生产的第Ⅱ阶段，生产者究竟将其可变投入的使用量具体确定在这一区域内的哪一点上，还要依产品的价格和要素的价格而定。

4.3 生产要素最适组合

在技术系数可以变动，即两种生产要素的配合比例可以变动的情况下，这两种生产要素按什么比例配合最好呢？这就是生产要素最适组合所研究的问题，即研究生产者如何把既定的成本（即生产资源）分配于两种生产要素的购买与生产上，以达到利润的最大化。

4.3.1 等产量线

1. 等产量曲线

等产量线类似消费理论中的无差异曲线，是表示在技术水平或条件不变的情况下，生产同一产量的两种生产要素的所有组合构成的曲线。如果以常数 a 表示固定的产量，那么借助前面两种可变生产要素的生产函数，等产量曲线可以表示为：

$$f(L,K)=a$$

表 4-2 给出了资本和劳动四种不同组合都可以达到相同产量的一组数据。

表 4-2　两种可变要素的投入

组合	资本（K）	劳动（L）
A	6	1
B	3	2
C	2	3
D	1	6

根据表 4-2 可以做出图 4-3。在图 4-3 中，横轴表示劳动投入量，纵轴表示资本投入量，Q 为等产量线，即在线上不同的点虽然资本与劳动的数量组合不同，但都能生产出相同的产量，或者说为生产相同的产量，资本和劳动两种生产要素的不同数量配合比例。由于等产量线类似于无差异曲线，因而具有相同几何性质。但不同的是：无差异曲线表示消费者对两种商品效用大小的主观评价。等产量线表示投入生产要素数量与产出量之间的技术关系，曲线上每一点所代表的资本与劳动的组合都是有效的。

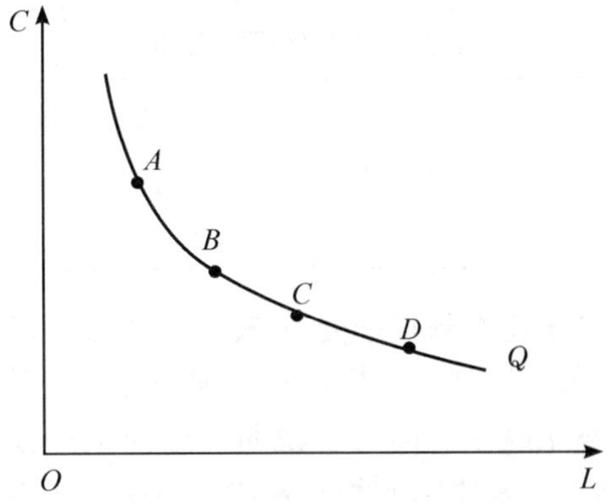

图 4-3　等产量线

等产量线一般具有如下特征：

第一，在同一坐标平面上，可以有无数条等产量线，不同的等产量线代表不同的产量水平，离原点越远，表示产量越高，反之则产量越低。

第二，在同一坐标平面上，任意两条等产量线不能相交，因为两条等产量线的交点必然代表着两种投入的同一组合，即相同的产量，而这显然与不同的等产量线代表不同的产量水平相矛盾。

第三，等产量线通常向右下方倾斜，其斜率为负。因为等产量线上的每一点通常都代表能生产同一产量的两种投入的有效组合，这意味着增加一单位某种投入的使用量，要保持产量不变，就必须相应减少另一种投入的使用量，否则就说明这一点代表的投入组合是无效率的。

第四，等产量线通常凸向原点，其斜率是递减的。这是由边际技术替代率决定的。

2. 边际技术替代率

边际技术替代率是指在维持产量水平不变的条件下，增加一个单位的某种要素投入量时所减少的另一种要素的投入数量。以 $MRTS_{LK}$ 表示边际技术替代率，ΔL 代表劳动的增加量，ΔK 代表资本的减少量，则劳动对资本的边际技术替代率的公式为：

$$MRTS_{LK}=-\frac{\Delta K}{\Delta L}$$

当 ΔL 趋于 0 时，$MRTS_{LK}=-\mathrm{d}K/\mathrm{d}L$

边际技术替代率应该是负值，因为一种生产要素增加，另一种生产要素就要减少。为了使 $MRTS_{LK}$ 为正值，在公式前加上负号。

此外，根据边际技术替代率的定义，保持相同的产量水平，即产量变化为零，$MRTS_{LK}$ 的另一公式为：

$$|MP_L \cdot \Delta L|=|MP_K \cdot \Delta K|$$

$$-\Delta K/\Delta L=MP_L/MP_K$$

即 $$MRTS_{LK}=-\Delta K/\Delta L=MP_L/MP_K$$

或 $$MRTS_{LK}=-\mathrm{d}K/\mathrm{d}L=MP_L/MP_K$$

根据表 4－2 做出表 4－3，并用表 4－3 的数据来说明边际技术替代率的变动。

表 4－3　　边际技术替代率的变动

变动情况	ΔL	ΔK	$MRTS_{LK}$
A→B	1	3	3
B→C	1	1	1
C→D	3	1	1/3

从表 4－3 可以得出，边际技术替代率是递减的。因为，根据边际产量递减规律，随劳动量的增加，它的边际产量在递减。这样，每增加一定量的劳动所能替代的资本量越来越少，即 ΔL 不变时，ΔK 越来越小。同时也说明了任何生产技术都要求所使用的生产要素有适当的比例，这就限制了要素之间的相互替代，也决定了要素之间不可能无限制、无止境相互替代。边际技术替代率递减反映了边际产量递减规律。边际技术替代率也就是等产量线的斜率。等产量线的斜率递减决定了它是一条凸向原点的线。

4.3.2 等成本线

厂商购买生产要素，这就形成了生产成本。在成本不变和要素价格不变的情况下，厂商能够买到的两种要素的所有组合，由此形成的曲线称为等成本线。假定厂商在生产过程中只使用两种生产要素：劳动和资本。若劳动和资本的价格分别为 P_L 和 P_K，购买劳动和资本的数量分别为 L 和 K。则等成本线可以表示为：

$$C=P_K \cdot K+P_L \cdot L$$

上式可以改写成一个直线方程形式：

$$K=\frac{C}{P_K}-\frac{P_L}{P_K} \cdot L$$

此直线的斜率为$-P_L/P_K$。因为总成本 C 是厂商既定的全部支出，所以是定值。而我们又假定生产要素市场是完全竞争的，故资本和劳动两种生产要素的价格 P_K 和 P_L 就也是固定的。只要给出 L 的值，就可以求出 K 的值。

如果 $L=0$，则 $K=C/P_C$；

如果 $K=0$，则 $L=C/P_L$。

式中，$K=C/P_K$ 为等成本线在纵轴上的截距。而 $K=C/P_L$ 为等成本线在横轴上的截距。两个截距点的连线就是等成本线，画图则如图 4－4 所示。等成本线上的每一点，都是在货币成本与生产要素的价格既定条件下，能购买到的劳动和资本的最大数量的组合。线内的任一点如 A，所购买的劳动和资本的组合是可以实现的，但不是最大数量组合，即货币成本没用完；线外的任一点如 B，所购买的资本和劳动的组合无法实现，因为所需要的货币超过了既定的货币成本。

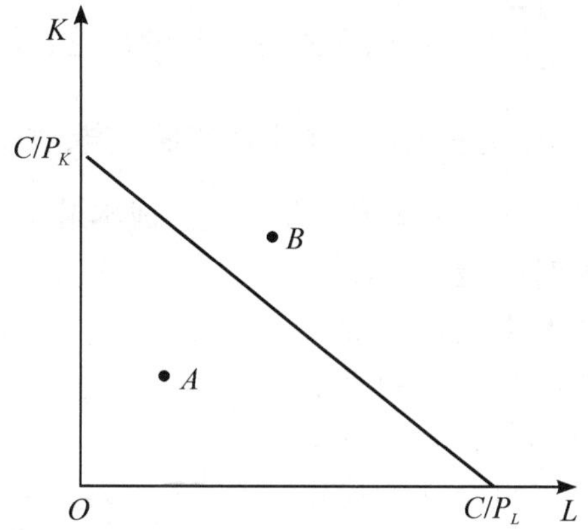

图 4－4　等成本线

4.3.3　生产要素最适组合的确定

由于长期内，所有的生产要素投入量都是可以改变的，所以厂商都会选择一个最优的生产要素投入组合，以实现产量一定而成本最小，或者成本一定而产量最大。

1. 产量一定而成本最小时的最优要素组合

假定技术水平不变，厂商使用劳动和资本两种要素生产产品，且劳动和资本价格不变，分别为 P_L 和 P_K，若产量固定在 Q_0，选择怎样的要素投入组合才能使得厂商的生产成本最小呢？

下面以图 4－5 作说明。图中等产量线 Q 代表的产量水平为 Q_0，AB、A_1B_1、A_2B_2 分别代表不同的等成本线，三条等成本线斜率相同。等产量线 Q 与 A_1B_1 相切于 E 点，E 点代表的要素组合（L_E，K_E）就是最优要素投入组合点，也称作生产均衡点。

从图 4－5 中可以看出，等成本线 AB 虽然代表较低的成本，但是与等产量线没有交点也没有切点，说明 AB 所表示的所有要素组合都不能生产等产量线 Q 代表的产量。同时，等成本线 A_2B_2 与等产量线 Q 相交于 C 点、D 点，虽然 C、D 代表的要素组合也能生产等产量线 Q 所代表的产量 Q_0，但是由于 A_2B_2 代表的成本较高，厂商不会选择在 C 点或 D 点进行生产。

因而 E 点是唯一的均衡点，因为它既满足了产量的要求，也使得成本最小。

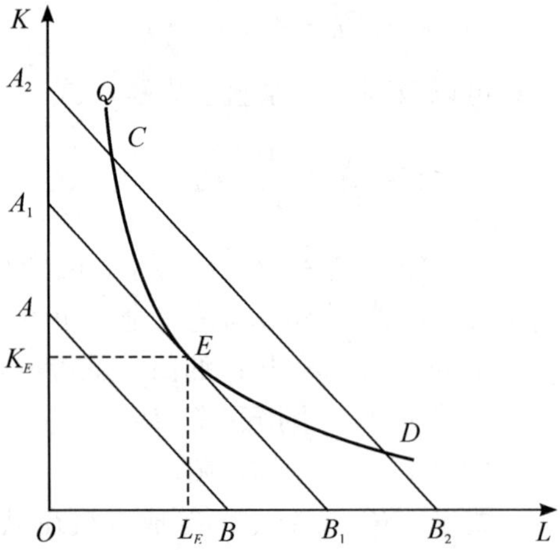

图 4－5　产量一定而成本最小时的最优要素组合

由于均衡点 E 是等成本线和等产量线的切点，在 E 点等成本线的斜率和等产量线的切线斜率相等，这就是产量既定而成本最小时实现最优要素组合的条件。等成本线的斜率是 $-P_L/P_K$，等产量线的切线斜率是边际技术替代率 $MRTS_{LK}$，所以实现最优要素组合的条件可以写成 $MRTS_{LK}=P_L/P_K$。这说明厂商为了实现产量一定而成本最小，最优要素组合应当使得两种要素的边际技术替代率等于两种要素的价格比。

我们已经知道 $MRTS_{LK}=\dfrac{MP_L}{MP_K}$，可以得到进一步的结论：$MRTS_{LK}=\dfrac{MP_L}{MP_K}=\dfrac{P_L}{P_K}$。由此可以推出：$\dfrac{MP_L}{P_L}=\dfrac{MP_K}{P_K}$。这个公式表明，为了实现产量一定、成本最小，厂商每单位货币买到的两种要素的边际产量应该相等。这就是产量一定、成本最小的最优要素组合实现条件。

2. 成本一定而产量最大时的最优要素组合

同样，我们假定技术水平不变，厂商使用劳动和资本两种要素生产产品，且劳动和资本价格不变，分别为 P_L 和 P_K，若成本固定在 C_0，选择怎样的要素投入组合才能使得厂商的产量最大呢？

下面以图 4－6 作说明。图中等成本线 AB 代表的成本为 C_0，Q_1、Q_2、Q_3 分别代表不同的等产量线。等产量线 Q_2 与 AB 相切于 E 点，E 点就是生产均衡点，并且是唯一的均衡点，其代表的要素组合（L_E，K_E）就是成本一定而产量最大时的最优要素投入组合。

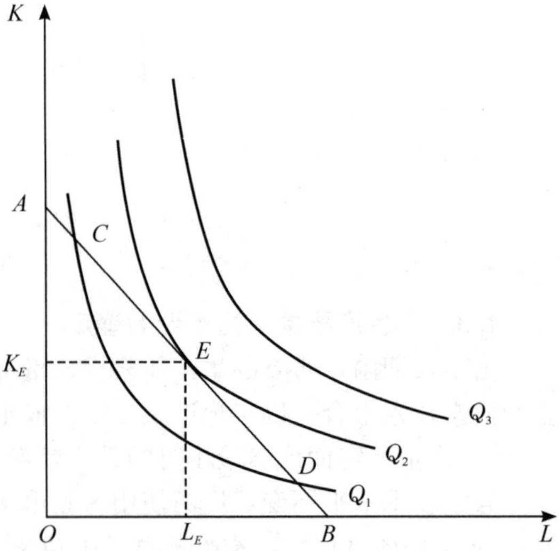

图 4－6　成本一定而产量最大时的最优要素组合

首先，等产量线 Q_3 虽然代表较高的产量水平，但是与等成本线没有交点也没有切点，说明 Q_3 所表示的产量在成本为 C_0 的情况下不能实现。

其次，等产量线 Q_1 与等成本线 AB 相交于 C 点、D 点，虽然 C 点、D 点代表的要素组合满足成本为 C_0 的条件，但是由于 Q_1 代表产量水平较低，厂商也不会选择在 C 点和 D

点进行生产。

所以，只有 E 点才是唯一的均衡点，因为它既满足了成本要求，也达到了产量最大。通过均衡点 E，我们同样可以得到最优要素组合的条件是等成本线的斜率和等产量线的切线斜率相等，即 $MRTS_{LK}=\frac{P_L}{P_K}$。这说明厂商为了实现成本一定、产量最大，最优要素组合应当使得两种要素的边际技术替代率等于两种要素的价格比。

同样，我们可以得到进一步的结论：$\frac{MP_L}{P_L}=\frac{MP_K}{P_K}$。这个公式表明，为了实现成本一定、产量最大，厂商每单位货币买到的两种要素的边际产量应该相等。

3. 追求利润最大化可以使厂商得到最优要素组合

厂商的首要目标是利润最大化。那么厂商在追求利润最大化的过程中是否能够得到最优要素组合，从而实现生产均衡呢？

假定厂商处于完全竞争市场，生产函数为 $Q=f(L, K)$，商品价格不变为 P，劳动和资本价格也不变，分别为 P_L、P_K，如果用 π 表示厂商利润，那么利润函数可以表示为：

$$\pi=P\cdot f(L,K)-(L\cdot P_L+K\cdot P_K)$$

现在可以通过数学方法来证明，要使利润最大化，必须满足的条件是：

$$\frac{\partial\pi}{\partial L}=P\frac{\partial f}{\partial L}-P_L=0$$

$$\frac{\partial\pi}{\partial K}=P\frac{\partial f}{\partial K}-P_K=0$$

整理上面两个公式可以得到：$\dfrac{\frac{\partial f}{\partial L}}{\frac{\partial f}{\partial K}}=\dfrac{MP_L}{MP_K}=\dfrac{P_L}{P_K}$

这就是前面我们所推导出的最优要素组合条件。由此可见，厂商追求利润最大化的同时可以得到最优要素组合。

4.3.4 扩展线

在生产要素的价格、生产技术和其他条件不变时，如果企业改变成本，等成本线就会发生平移；如果企业改变产量，等产量线就会发生平移。这些不同的等产量线将与不同的等成本线相切，形成一系列不同的生产均衡点，这些生产均衡点的轨迹就是扩展线。

图 4-7 中的曲线 ON 就是一条扩展线。由于生产要素的价格不变，两要素的价格比例是固定的，又由于生产均衡的条件为两要素的边际技术替代率等于两要素的价格比例，所以，在扩展线上的所有生产均衡点上的边际技术替代率都是相等的。扩展线表示：在生产要素价格、生产函数和其他条件不变的情况下，当生产的成本或产量

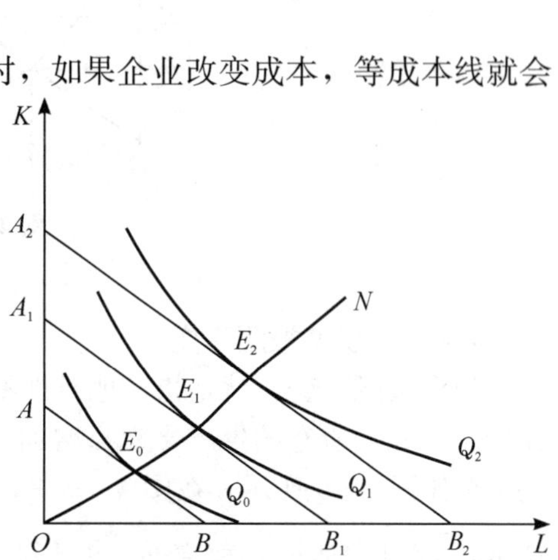

图 4-7 扩展线

发生变化时，企业必然会沿着扩展线来选择最优的生产要素组合，从而实现既定成本条件下的最大产量，或实现既定产量条件下的最小成本。

4.4 规模报酬

企业的生产规模是个整体的概念，生产规模的变化通常以企业所有生产要素的数量同比例变化来衡量的。由于企业只有在长期内才能调整生产规模，所以规模报酬属于长期生产理论的范畴。

规模报酬也称作规模收益，是指在技术水平和要素价格不变的前提下，所有要素都按照同比例变化时，产量的变动状况。当企业的生产规模发生改变时，规模报酬可能递增，可能递减，也可能不变。下面我们结合图例分别讨论这三种情况。

4.4.1 规模报酬递增

规模报酬递增，就是指其他条件不变，企业产量的变动比例大于各种生产要素变动的比例。例如当所有的生产要素都增加 5%时，企业的产量增加了 100%。产生规模报酬递增的原因，可能是生产规模的扩大带来了生产效率的提高，如内部分工更为合理、管理更为完善等。规模报酬递增的情况如图4－8所示。在图 4－8 中，ON 为扩展线，$OL_0>L_0L_1>L_1L_2$，$OK_0>K_0K_1>K_1K_2$。从 E_0 到 E_1，要素 K、L 增加的比例为$\frac{K_0K_1}{OK_0}=\frac{L_0L_1}{OL_0}<1$，而产量增加的比例为 100%，产量增加的比例大于两要素增加的比例，这就是规模报酬递增的情形。

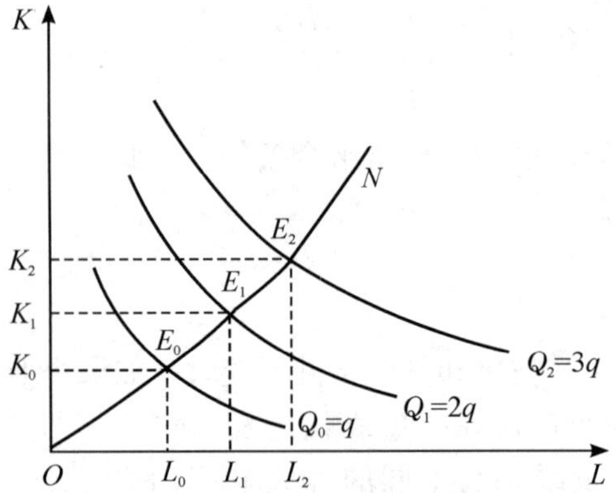

图 4－8 规模报酬递增

4.4.2 规模报酬不变

规模报酬不变，就是指其他条件不变，企业产量的变动比例等于各种生产要素变动的比例。例如当所有的生产要素都增加了一倍时，企业的产量也增加了一倍。规模报酬不变的情况如图 4－9 所示。在图 4－9 中，ON 为扩展线，$OL_0=L_0L_1=L_1L_2$，$OK_0=K_0K_1=K_1K_2$。从 E_0 到 E_1，要素 K、L 增加的比例为$\frac{K_0K_1}{OK_0}=\frac{L_0L_1}{OL_0}=1$，而产量增加的比例为

100%，产量增加的比例等于两要素增加的比例，这就是规模报酬不变的情形。

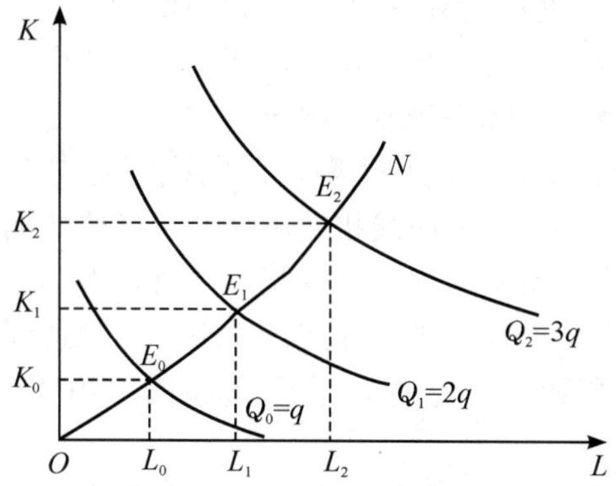

图 4-9　规模报酬不变

4.4.3　规模报酬递减

规模报酬递减，就是指其他条件不变，企业产量的变动比例小于各种生产要素变动的比例。例如当所有的生产要素都增加了一倍时，企业的产量增加小于一倍。规模报酬递减的情况如图 4-10 所示。在图 4-10 中，ON 为扩展线，$OL_0<L_0L_1<L_1L_2$，$OK_0<K_0K_1<K_1K_2$。从 E_0 到 E_1，要素 K、L 增加的比例为$\frac{K_0K_1}{OK_0}=\frac{L_0L_1}{OL_0}>1$，而产量增加的比例为 100%，产量增加的比例小于两要素增加的比例，这就是规模报酬递减的情形。产生规模报酬递减的主要原因是由于企业生产规模过大，使得生产的各个方面难以得到协调，从而降低了生产效率。它表现为企业内部合理分工的破坏，生产有效运行的障碍，获取生产决策所需的各种信息的不易等。

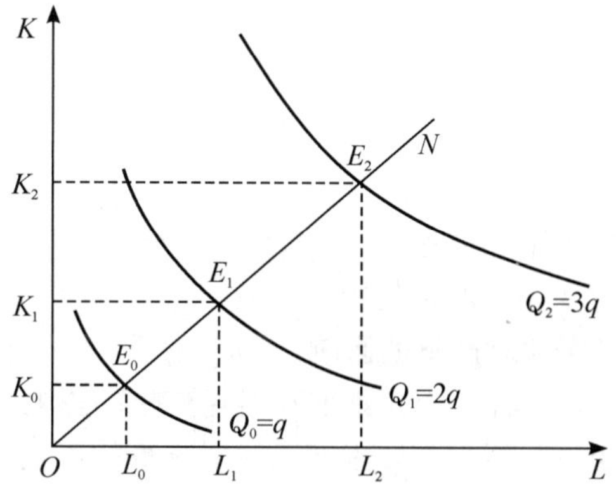

图 4-10　规模报酬递减

【本章小结】

1. 厂商是生产行为的主体，厂商进行生产活动的过程，就是将生产要素转变为产品的过程。生产要素一般分为四类：劳动、土地、资本和企业家才能。

2. 生产函数表示在一定时期内，在技术水平不变的情况下，生产中所使用的各种生产要素的数量与所能生产的最大产量之间的关系。

3. 在短期中，生产函数表示只有一种要素可变而其他要素不变的情形。在这种情况下，随着这一可变要素的数量增加，其边际产量开始出现递增的现象，但在达到一定数量后，会呈现递减现象。这就是边际报酬递减规律。

4. 在短期中，总产量、平均产量和边际产量曲线都是先上升，在分别达到最高点后转而下降；边际产量曲线与平均产量曲线相交于平均产量曲线的最高点。在相交以前，边际产量大于平均产量，平均产量是递增的；在相交以后，平均产量大于边际产量，平均产量是递减的；在交点上，平均产量等于边际产量，平均产量达到最高；当边际产量等于零时，总产量最大；当边际产量为正数时，总产量递增；当边际产量为负数时，总产量递减。

5. 在长期中，可以用等产量曲线来表达厂商的技术约束，在此基础上，再以等成本线的形式考虑把要素价格等因素纳入分析之中，这样就可以确定出最佳要素组合点。在此点上，每种生产要素的边际产量相等。确切地说，最佳要素组合的特征是由等产量曲线的斜率（边际技术替代率）等于等成本线的斜率这一条件给出的。

6. 等产量曲线表示在技术水平或条件不变的情况下，生产同一产量的两种生产要素的所有组合构成的曲线。它具有以下特征：第一，在同一坐标平面上，可以有无数条等产量曲线，不同的等产量线代表不同的产量水平，离原点越远，表示产量越高，反之则产量越低；第二，在同一坐标平面上，任意两条等产量线不能相交；第三，等产量线通常向右下方倾斜，其斜率为负；第四，等产量线通常凸向原点，其斜率是递减的。

7. 边际技术替代率是指在维持产量水平不变的条件下，增加一个单位的某种要素投入量时所减少的另一种要素的投入数量。公式为：$MRTS_{LK}=-\dfrac{\Delta K}{\Delta L}$。

8. 等成本线表示在要素价格不变的情况下，花费某一固定总成本，厂商能够买到的两种要素的所有组合。

【练习与思考】

一、单项选择题

1. 边际报酬递减规律所研究的是（　　）。

A. 各种生产要素同时变动对产量的影响

B. 两种生产要素同时变动对产量的影响

C. 其他生产要素不变，一种生产要素变动时对产量的影响

D. 一种生产要素不变，其他生产要素变动时对产量的影响

2. 当劳动（L）的总产量下降时，（　　）。

A. AP 是递减的　　B. AP 为零

C. MP 为零　　D. MP 为负

3. 当边际产量大于平均产量时，（　　）。

A. 平均产量递增　　B. 平均产量递减

C. 平均产量不变　　D. 边际产量递增

4. 如果连续地增加某种生产要素，在总产量达到最大时，边际产量曲线（　　）。

A. 与纵轴相交　　B. 经过原点
C. 与平均产量曲线相交　　D. 与横轴相交

5. 等产量曲线是指在这条曲线上的各点代表（　　）。
A. 生产同等产量投入要素的各种组合比例是相同的
B. 生产同等产量投入要素的价格是不变的
C. 不管投入各种要素量如何，产量总是相等的
D. 投入要素的各种组合所能生产的产量都是相等的

6. 等成本线平行向右移动表明（　　）。
A. 产量提高了
B. 成本增加了
C. 生产要素的价格按相同比例提高了
D. 生产要素的价格按不同比例提高了

7. 规模报酬递减是在下述哪种情况下发生的？（　　）
A. 连续地投入某种生产要素而保持其他生产要素不变
B. 按比例地连续增加各种生产要素
C. 不按比例地连续增加各种生产要素
D. 以上都不正确

8. 根据等产量线与等成本线相结合分析，两种生产要素的最优组合是（　　）。
A. 等产量线与等成本线相交之点
B. 等产量线与等成本线相切之点
C. 离原点最远的等产量线上的任一点
D. 离原点最近的等产量线上的任一点

9. 如果等成本曲线与等产量曲线没有交点，那么要生产等产量曲线所表示的产量，应该（　　）。
A. 增加投入　　B. 保持原投入不变
C. 减少投入　　D. 上述三者都不正确

10. 如果规模报酬不变，单位时间里增加了20%的劳动使用量，但保持资本量不变，则产出将（　　）。
A. 增加20%　　B. 减少20%
C. 增加大于20%　　D. 增加小于20%

二、分析论述题

1. 阐述规模报酬变动规律及其原因。
2. 生产的三阶段是如何划分的？为什么厂商只会在第二阶段生产？
3. 生产要素最适组合是如何确定的？
4. 什么是等产量曲线？它有什么特征？
5. 什么是边际报酬递减规律？
6. 总产量、平均产量和边际产量之间有什么关系？

三、计算题

1. 已知生产函数为 $Q=f(K, L)=KL-0.5L^2-0.32K^2$，$Q$ 表示产量，K 表示资

本，L 表示劳动。令上式 $K=10$。写出劳动的平均产量函数和边际产量函数。

2. 在一条等产量曲线上有 a、b、c、d 四点，每一点的边际技术替代率分别为 2、3/4、1/2、2/5。如果所使用的生产要素 X、Y 的价格分别为每单位 40 元和 100 元，试问：上述四点中，哪一点为生产者均衡点？

【实践与操作】

走访一家生产企业。该企业的工厂由哪些因素构成？各因素间结构是否合理？涉及哪些经济生产者行为的概念？

第5章 成本理论

【学习目标】

1. 知识学习目标

(1) 生产成本与机会成本的概念

(2) 各类短期成本的概念

(3) 利润最大化原则

2. 能力实训目标

(1) 各类短期成本之间的关系

(2) 理解各类短期成本的变动规律

(3) 理解短期成本与长期成本之间的关系

【案例导入】

扣针厂的经验

亚当·斯密在其名著《国民财富的性质和原因的研究》中，根据他对一个扣针厂的参观描述了一个例子。斯密所看到的工人之间的专业化和引起的规模经济给他留下了深刻的印象。他写道：一个人抽铁丝，另一个人拉直，第三个人截断，第四个人削尖，第五个人磨光顶端以便安装圆头。做圆头要求有两三道不同的操作；装圆头是一项专门的工作，把针涂白是另一项；将扣针装进纸盒中由专人操作。

斯密说，由于这种专业化，扣针厂每个工人每天生产几千枚扣针。他得出的结论是，如果工人选择分开工作，而不是作为一个专业工作者团队，“那他们肯定每人每天制造不出20枚扣针，或许连一枚也造不出来”。换句话说，由于专业化，大扣针厂可以比小扣针厂实现更高的人均产量和每枚扣针更低的平均成本。

斯密在扣针厂观察到的专业化在现代经济中普遍存在。例如，如果你想盖一间房子，你可以自己努力去做每一件事。但大多数人找建筑商，建筑商又雇用木匠、瓦匠、电工、油漆工和其他类型工人。这些工人专门从事某种工作，这使他们比作为通用性工人时做得更好。实际上，运用专业化实现规模经济是现代社会繁荣的一个原因。

5.1 成本的含义

企业的生产成本是指企业为了进行生产经营活动而购买或使用各种生产要素的货币支出。然而西方经济学家指出，在经济学的分析中，仅从这样的角度来理解成本概念是不够的。为此，他们提出了机会成本的概念以及显明成本和隐含成本的概念。

5.1.1 生产成本与机会成本

西方经济学家认为，经济学是要研究一个社会如何对稀缺的经济资源进行合理配置的问题。从经济资源的稀缺性这一前提出发，当一个社会或一个企业用一定的经济资源生产一定数量的一种或几种产品时，这些经济资源就不能同时被使用在其他的生产用途方面。这就是说，这个社会或这个企业所获得的一定数量的产品收入，是以放弃用同样的经济资源来生产其他产品时所能获得的收入为代价的。由此便产生了机会成本的概念。生产一单位的某种商品的机会成本，是指生产者所放弃的使用相同的生产要素在其他生产用途中所能获得的最高收入。在西方经济学中，企业的生产成本应该从机会成本的角度来理解。

生产出某种产品或劳务所费成本是什么？假如经济分析的目的在于考察稀缺的生产资源有效率地在各种途径的分配使用，那么，生产 X 产品所费成本，就是为了生产出该产品而放弃（或牺牲）另一种最佳替代物 Y 的生产。简言之，生产出 X 产品所费成本即是它的替换成本或称机会成本。

假设某公司的所有者每周工作以后并不领取工资，但年末，公司将获得 22 000 美元的利润。如果公司的所有者为别人工作，将获得 45 000 美元的工资收入。这 45 000 美元就是他的机会成本或所放弃的利益。

5.1.2 显明成本与隐含成本

按机会成本的定义，生产成本可以分为显明成本和隐含成本两个部分。

企业的显明成本是指厂商为了进行生产购买所有的生产要素所形成的实际支出。例如，厂商雇用了一定数量的工人，从银行取得了一定数量的贷款，并租用了一定数量的土地，为此，这个厂商就需要向工人支付工资，向银行支付利息，向土地出租者支付地租，这些支出便构成了该企业生产的显明成本。从机会成本角度来讲，这些支出的价格必须等于这些相同的生产要素使用在其他最好用途时所能获得的收入；否则，这个企业就不能购买或租用到这些生产要素，并保持对它们的使用权。

企业的隐含成本是指厂商本身所拥有的且被用于该企业生产过程的那些生产要素的总价格。例如，为了进行生产，一个厂商除了雇用一定数量的工人、从银行取得一定数量的贷款和租用一定数量的土地之外（这些均属显明成本支出），还动用了自己的资金和土地，并亲自管理企业。西方经济学家指出，既然借用他人的资本需付利息，租用他人的土地需付地租，聘用他人来管理企业需付薪金，那么同样的道理，在这个例子中，当厂商使用了自有生产要素时，也应该得到报酬。所不同的是，现在厂商是自己向自己支付利息、地租和薪金。所以，这笔价值就应该计入成本之中。由于这笔成本支出不如显明成本那么明显，故被称为隐含成本。隐含成本也必须从机会成本的角度，按照企业自有生产要素在其他最佳用途中所能得到的收入来支付；否则，厂商会把自有生产要素转移出本企业，以获得更高的报酬。

5.1.3 利润

企业的所有显明成本和隐含成本之和构成总成本。企业的经济利润指企业的总收益和总成本之间的差额，简称企业的利润。企业所追求的最大利润，指的就是最大的经济利润。经济利润也被称为超额利润。

在西方经济学中，还需要区别经济利润和正常利润。正常利润是指厂商对自己所提供的企业家才能的报酬的支付。根据上面对隐含成本的分析可知，正常利润是隐含成本的一个组成部分。经济利润中不包括正常利润。

由于厂商的经济利润等于总收益减去总成本，所以当企业的经济利润为零时，企业仍然得到了全部的正常利润。

5.2 短期成本分析

5.2.1 短期成本的分类

1. 短期成本和长期成本

短期是指厂商不能够根据其所要达到的产量来调整厂房和设备这类生产要素的一个时期。短期成本是指在短期内厂商从事生产所发生的成本。短期成本分为不变成本和可变成本。

不变成本的英文简写成 SFC，是指不随企业短期产量的变化而变动的成本，例如，厂房、设备等。可变成本的英文简写成 SVC，是指随着企业短期产量变化而变动的成本，如原材料、燃料、生产工人的工资等。

短期总成本，指的是企业在短期生产中所有生产要素投入所产生的全部成本，其英文简写成 STC。显然，短期总成本包括可变成本和不变成本两部分。

长期是指厂商可以根据自己所要达到的产量来调整全部生产要素的时期。因此，在长期中就没有固定成本、可变成本之分，一切生产要素都是可以调整的。在长期内厂商从事生产所发生的成本称为长期成本。

2. 总成本

总成本是生产某一特定数量产品所付出的成本总额。

短期总成本包括两部分：总固定成本（TFC）和总变动成本（TVC）。固定成本是不随产量的变化而变化的成本。变动成本是随着产量变化而变化的成本。因此，短期内厂商的总成本为：$TC=TFC+TVC$。以 A 代表 FC，以 $f(Q)$ 代表 VC，则成本函数（表示成本和产量之间关系的函数）可以表示为：

$$TC=A+f(Q)$$

3. 平均成本和边际成本

平均成本是指短期内生产每一单位产品平均所需要的成本。它包括平均固定成本（AFC）和平均可变成本（AVC）。

如果以 Q 代表产量，则有：

$$AC=FC/Q+VC/Q$$

即

$$AC=AFC+AVC$$

边际成本（MC）有时被称为增量成本，是指新增加一个单位的产量所引起的总成本的增加量。用公式表示：

$$MC=\Delta TC/\Delta Q=\mathrm{d}TC/\mathrm{d}Q$$

由于固定成本是不随企业产量的变化而变化，因此，边际成本就是每增加额外的一个单位产量所引起的可变成本的增加量。可以将边际成本公式写成：

$$MC=\Delta VC/\Delta Q=dVC/dQ$$

5.2.2 各类短期成本的变动规律及相互关系

为了分析各类短期成本的变动规律及相互关系，先列出表 5-1。

表 5-1 厂商的各类短期成本举例

(1)	(2)	(3)	(4)	(5)	(6)	(7)	(8)
产量	固定成本	可变成本	总成本	平均固定成本	平均可变成本	平均成本	边际成本
Q	FC	VC	TC	AFC	AVC	AC	MC
千克	万元	万元	(2)+(3)	(2)÷(1)	(3)÷(1)	(4)÷(1)	$\Delta TC\div\Delta Q$
1	60	50	110	60	50	110	50
2	60	78	138	30	39	69	28
3	60	98	158	20	32.67	52.67	20
4	60	112	172	15	28	43	14
5	60	130	190	12	26	38	18
6	60	150	210	10	25	35	20
7	60	175	235	8.57	25	33.57	25
8	60	204	264	7.50	25.5	33.00	29

1. 总成本与固定成本和可变成本的关系

表 5-1 说明了各种成本的计算及相互关系。例如，当产量由 1 单位增加到 2 单位时，固定成本不随产量的变动而变动，仍为 60 万元。可变成本随产量的变动而变动，由 50 万元增加到 78 万元，总成本为 138 万元。边际成本为总成本增加量除以产量增加量，即（138－110)÷(2－1)＝28（万元)；平均固定成本为固定成本除以产量，即 60÷2＝30（万元)；平均变动成本为可变成本除以产量，即 78÷2＝39（万元)；平均成本为总成本除以产量（或者是平均固定成本与平均变动成本之和)，即 138÷2＝69（万元)，或者 30＋39＝69（万元)。

固定成本按假定是在产量为零时也会有的成本，并且不因产量的变化而变化，故始终固定为 60 万元，因而图 5-1 的固定成本曲线是平行于横轴的一条曲线，这条曲线与横轴的距离表示固定成本的金额。

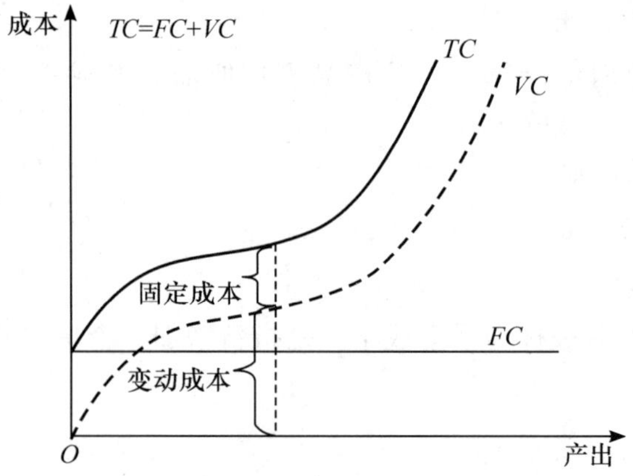

图 5-1 总成本与固定成本和可变成本的关系

可变成本随产量逐渐增加而递增（见表 5-1 的第三列）。对于图 5-1 的可变成本曲线，从原点出发，随产量递增而递增。

表 5-1 第四列的总成本是固定成本与可变成本相加之和，即 $TC=FC+VC$。由于 FC 之值固定不变，所以在图 5-1 中，TC 曲线与 VC 曲线的任一点的垂直距离等于 FC。TC 曲线形状与 VC 曲线相同，说明总成本与可变成本变动规律相同。

2. 平均成本、平均固定成本和平均可变成本

我们用图 5-2 来说明这几种成本的变动规律。在图 5-2 中，AFC 为平均固定成本曲线，因为总固定成本是不变的，所以产量越大，每单位产量的平均固定成本就越低。

AVC 为平均可变成本曲线，呈 U 形。其原因是：它在生产的最初阶段向下倾斜，产量很低时，可变要素的效率不能充分发挥，随着可变要素的增加，其效率不断提高，产量不断增加。但可变要素增加到一定程度后，其效率下降，受收益递减规律的支配，平均可变成本转而递增。

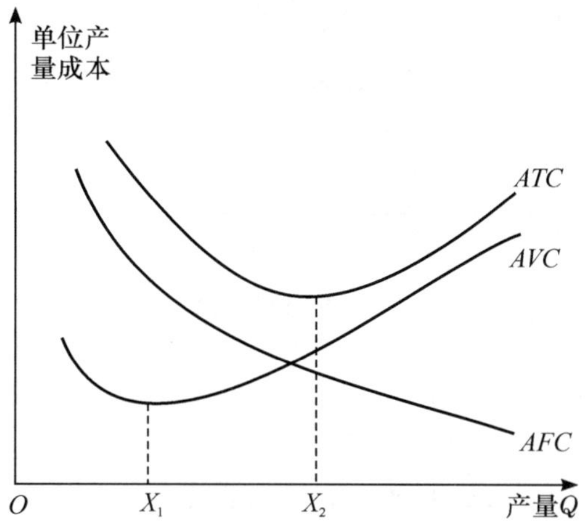

图 5-2　平均固定成本、平均可变成本和平均总成本

在平均可变成本和平均固定成本都下降的区间内，平均总成本也一定下降。但是平均总成本是在平均可变成本达到最低点之后才达到最低点的。

因为，在平均可变成本上升的初期，由于平均固定成本是递减的，平均固定成本会抵消平均可变成本的上升，而使平均总成本 ATC 曲线在 X_1 产量以后仍会有一个下降阶段，直到平均可变成本的上升最终在 X_2 的产量水平上抵消了平均固定成本的下降，这时平均总成本才达到最低水平。在产量水平超过 X_1，尚未达到 X_2 的区间，AFC 的下降大于 AVC 的上升。在 X_2 的产量水平上，AFC 的下降恰与 AVC 的上升相抵。在超过 X_2 的产量水平上，AVC 的上升则大于 AFC 的下降，使平均总成本 ATC 在 X_2 产量水平之后开始上升。

3. 边际成本与平均成本、可变成本的关系

我们以图 5-3 来说明这几种成本之间的关系。

MC 为边际成本曲线，亦呈 U 形。开始时，边际成本随着产量的增加而减少，当产量增加到一定程度时，就随着产量的增加而增加。同时，边际成本曲线相交于平均成本曲线

和平均可变成本曲线的最低点，即 N 点和 M 点。

图 5－3 中的 N 点被称为收支相抵点。在 N 点上，$MC=AC$，如此时价格等于平均成本，则 $P=AC=MC$，厂商的成本与收益相等，厂商仍愿意生产，因为可以获得正常利润，其原因在于：西方经济学者把正常利润作为平均成本的一个组成部分。

图 5－3 中的 M 点被称为停止营业点。在 M 点上，$MC=AVC$，如此时价格等于平均可变成本，厂商有可能进行生产。因为此时的损失是不生产也要支付的平均固定成本。如果价格低于平均可变成本，厂商就不会进行生产。因为此时不停止营业，厂商不仅蒙受不变成本的损失，而且还会蒙受可变成本的损失。

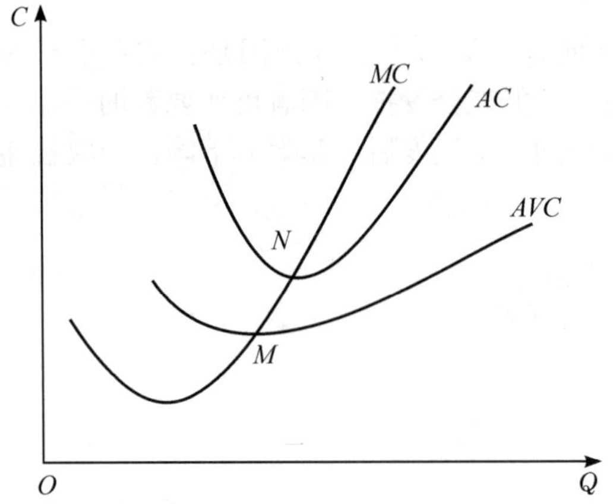

图 5－3　边际成本

5.3　长期成本分析

本章第二节介绍了短期成本以及各短期成本曲线，本节将在短期成本理论的基础上，分析长期成本是如何形成的，以及短期成本与长期成本之间的关系。

长期成本是厂商在长期生产过程中所产生的成本。在长期内，厂商可以调整所有的生产要素投入量，甚至于进入新行业或者退出原有行业，因而所有生产要素都是可变的，厂商所有的成本都是可变的，不存在总固定成本和平均固定成本函数。这样一来，长期成本就仅分为长期总成本、长期平均成本和长期边际成本。

长期总成本是指厂商在长期生产过程中某一产量水平上，通过调整生产规模达到的最低总成本，英文缩写为 LTC。

长期平均成本指的是厂商在长期生产过程中某一产量水平上，通过调整生产规模达到的按产量平均计算的最低总成本，英文缩写为 LAC。

长期边际成本指的是厂商在长期生产过程中某一产量水平上，通过调整生产规模达到的增加一单位产量引起的最低总成本增量，英文缩写为 LMC。

5.3.1　长期总成本

长期总成本函数可以从扩展线推导出来，如图 5－4 所示。

企业生产扩展线上的每一点都代表在长期——使用的全部要素的数量都可以变化的条

件下——企业生产某一特定产量时成本最低的要素组合。

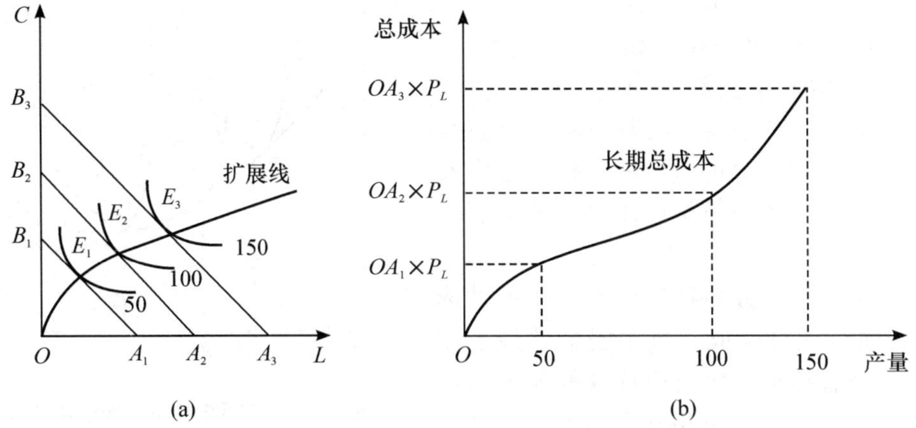

图 5-4　扩展线与长期总成本曲线

由 E_1 所代表的投入组合的总成本等于 OA_1 乘以单位劳动的价格 P_L。这是因为，E_L 是等成本线 A_1B_1 上的一点，它所代表的投入组合与 A_1 点所代表的投入组合所花费的成本相同。而在 A_1 点上，其投入组合的成本等于 $OA_1 \times P_L$。同理，E_2 点的总成本为 $OA_2 \times P_L$，E_3 点的总成本为 $OA_3 \times P_L$。这样，长期总成本曲线与 50、100 和 150 单位产量相对应的点分别为 $OA_1 \times P_L$、$OA_2 \times P_L$、$OA_3 \times P_L$。据此，就推导出了长期总成本曲线，如图 5-4（b）所示。

5.3.2　长期平均成本

1. 工厂在不同规模时的短期平均成本曲线

假定一工厂只有选择建立三种规模的工厂的可能，如图 5-5 所示，每一种规模的短期平均成本函数用 $S_1S'_1$、$S_2S'_2$、$S_3S'_3$ 表示。在长期，选择建立哪一种规模获利最多？这取决于长期生产的产量，因为厂商要以最小成本生产这一产量。

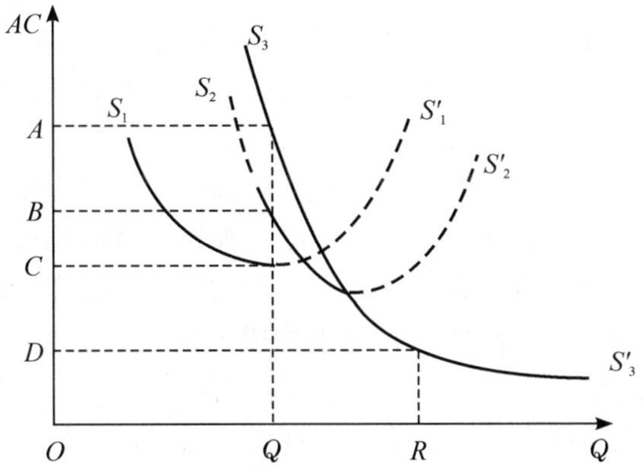

图 5-5　工厂在不同规模时的短期平均成本曲线

例如，预期产量为 OQ，应选择规模最小的工厂。因为最小的工厂的单位产品的平均成本为 OC，比中等规模的平均成本 OB、最大规模的平均成本 OA 在同样生产 OQ 时来得更低。如果产量为 OR 时，应选择规模最大的工厂，其平均成本为 OC。

2. 短期与长期平均成本的关系

假定厂商建立多种规模（如 5 种），就会有许多的短期平均成本曲线。如图 5－6 所示，LL'是长期平均成本曲线。长期平均成本曲线表示的是当所有投入都可变，即当任何规模的工厂都可以建立时的产量与可能付出的最低成本之间的关系。

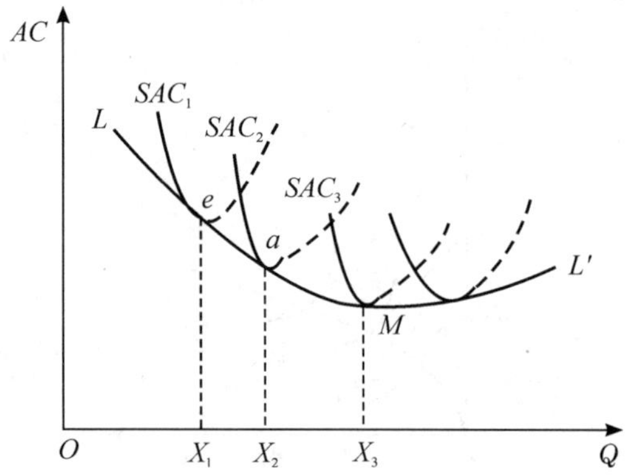

图 5－6　短期与长期平均成本的关系

也就是说，当无穷多种规模的工厂可供选择时，LL'曲线就会变成一条平滑的曲线，该曲线上的每个点都是与厂商所选择的与不同产量相对应的最佳工厂规模相互联系的，都是与每个短期平均成本曲线相切的点，每个切点相对应于其所在的短期成本曲线的工厂规模最优。

短期成本与长期成本或平均总成本的关系有两个重要特点：一是长期平均成本曲线比短期平均成本曲线平坦得多；二是长期平均成本曲线位于所有短期平均成本曲线之下，即长期平均成本曲线是短期平均成本曲线的包络线，意思是长期平均成本曲线包裹着短期平均成本曲线。

3. 长期平均成本曲线的形状

长期和短期平均成本曲线一样，都是 U 形的。即在产量增加到一定点之前，两者都是下降的；当产量增加到一定点后，二者降至最低点（M 点）；再进一步增加产量，两者都是上升的。但 U 形的成因或起作用的因素是不同的。

对于短期平均成本曲线，边际收益递减规律在起作用。短期平均成本曲线由下降转而上升是由于平均固定成本的下降最终被平均可变成本的上升所抵消，而平均可变成本的上升又是由于可变要素平均产量的下降。

对于长期平均成本，具有递减成本阶段和递增成本阶段。在递减成本阶段（图 5－6 中的产量由 O 到 X_3 的范围），这时平均成本随产量的增加而下降。在要素价格既定的条件下，平均成本下降，乃是由于工厂规模的扩大使产量的增加在比例上大于要素投入量增加的结果。产量之所以会比要素投入量有更大的增加，是因为工厂规模扩大，可以实行专业化生产，提高了劳动生产率，或者是因为工厂规模扩大，可以使用更先进的机器代替落后的机器，或者用机器代替劳动率，这个阶段也叫规模经济阶段或规模收益递增阶段。因为平均成本递减，在产品价格不变的条件下，也就意味着收益递增。

图 5－6 中大于 X_3 的产量的阶段，长期平均成本曲线呈递增阶段。在要素价格既定的条件下，平均成本出现递增，必然是因为产量增加的比例小于扩大规模所增加的要素量的比例的结果。这个阶段也叫规模不经济阶段或规模收益递减阶段。

由此可知，U 形的长期平均成本曲线是与企业所面临的产量较低时的规模经济和产量较高时的规模不经济相一致的。

规模经济通常是以成本-产出弹性（E_c）来计量的。E_c 表示单位产出变动百分率所引起的平均生产成本变动的百分率。

$$E_c = \frac{\Delta C}{\Delta C} / \frac{\Delta Q}{Q}$$

可以将公式改写为：

$$(\Delta C/C) \times (Q/\Delta Q) = (\Delta C/\Delta Q) \times (Q/C) = (\Delta C/\Delta Q)/(C/Q)$$
$$= MC/AC$$

很明显，当 $MC<AC$ 时，$E_c<1$，规模经济存在；当 $MC=AC$ 时，规模收益不变；当 $MC>AC$ 时，出现规模不经济。

5.3.3 长期边际成本

长期边际成本是长期中增加一单位产品所增加的成本。长期边际成本也是随着产量的增加先减少而后增加的，因此，长期边际成本曲线也是一条先下降而后上升的 U 形曲线，但它比短期边际成本曲线要平坦。

长期边际成本与长期平均成本的关系和短期边际成本与短期平均成本的关系一样，即在长期平均成本下降时，长期边际成本小于长期平均成本；在长期平均成本上升时，长期边际成本大于长期平均成本；在长期平均成本的最低点，长期边际成本等于长期平均成本，如图 5-7 所示。

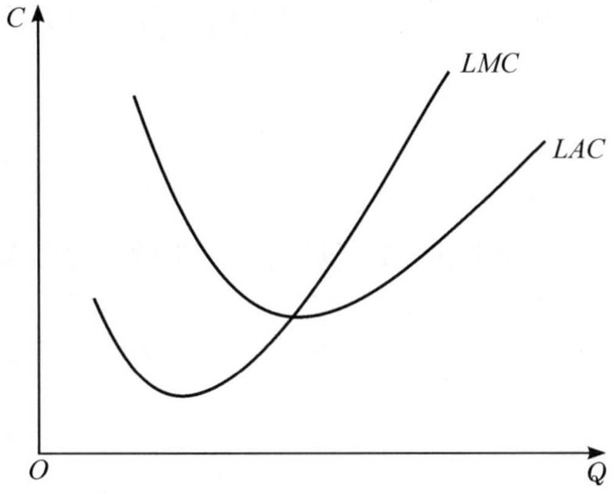

图 5-7 长期边际成本和长期平均成本

5.4 收益与利润最大化

5.4.1 总收益、平均收益与边际收益

厂商的收益就是厂商的销售收入。厂商的收益可分为总收益、平均收益和边际收益，它们可用 TR、AR、MR 等表示。

厂商的总收益即厂商出售一定数量的产品所得到的全部收入，它等于单位产品的售卖价格乘以销售量的乘积，可用公式表示为：

$$TR(Q) = P \cdot Q$$

在完全竞争条件下，厂商每增加一个单位的销售量引起的总收益（TR）的增加量（ΔTR）总是等于固定不变的单位产品的卖价 P，即 $\Delta TR=P$，所以总收益曲线是从原点出发的一条直线，其斜率为固定不变的销售价格（见图 5-8)。

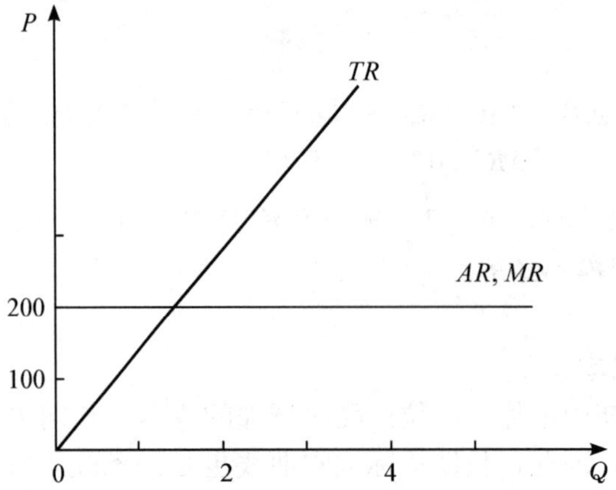

图 5-8　平均收益曲线和边际收益曲线

平均收益（AR）是指厂商销售每单位产品所得到的平均收入，它等于总收益除以总销售量，也就是单位产品的销售价格，平均收益用公式表示为：

$$AR(Q)=TR(Q)/Q=P\cdot Q/Q=P$$

边际收益是指增加一个单位的销售量所引起的总收益的增加。边际收益可用公式表示为：

$$MR=\Delta TR/\Delta Q$$

或者　$MR(Q)=\mathrm{d}TR(Q)/\mathrm{d}Q$

在完全竞争条件下，由于不管销售量怎样增加，单位产品的售卖价格始终不变，因而每一单位产品的边际收益始终等于固定不变的销售价格，并等于平均收益，即 $MR=P=AR$，所以图 5-8 的需求曲线既代表平均收益线，也代表边际收益曲线。

5.4.2　利润最大化原则

对于一个厂商而言，在确定产量时必须根据边际收益等于边际成本（$MR=MC$）的原则来确定产量或规模，因为当 $MR=MC$，厂商得到的总利润最大。

（1）当 $MR>MC$ 时，厂商每增加一单位产品的收益大于其所付出的边际成本。继续增加产量，厂商仍会获得更多的利润，总利润增加，由此厂商会不断扩大产量。

（2）当 $MR<MC$ 时，厂商每增加一单位产品的收益小于其所付出的边际成本。产量的增加使厂商获得的总利润减少。因而，厂商会逐渐缩小产量，直至产量达到 $MR=MC$ 时，厂商实现最大利润。

只有当厂商选择了最优产量时，厂商才会实现最大利润。而这个最优的产量是使得 $MR=MC$ 的均衡产量点。所以，厂商实现最大利润的条件为：$MR=MC$。

这里需要强调的一点是，尽管在上述的分析中，厂商在 $MR=MC$ 的均衡点上获得了最大的利润，但这并不是说，在任何情况下，只要厂商实现了 $MR=MC$ 的均衡条件，厂商就一定能获得利润。对 $MR=MC$ 时的均衡状态的全面理解应该是：在 $MR=MC$ 的均衡点上，厂商可能是盈利的，也可能是亏损的。如果厂商是盈利的，那么，这时的利润就一定是相对最大的利润；如果厂商是亏损的，那么这时的亏损就一定是相对最小的亏损。总之，当厂商实现 $MR=MC$ 的均衡条件时，不管是盈利还是亏损，厂商都处在由既定的收益曲线和成本曲线所能产生的最好的结果之中。这也就是 $MR=MC$ 的利润最大化的均衡条件，有时也被称作利润最大或亏损最小的均衡条件的原因。

$MR=MC$ 的利润最大化的均衡条件，也可以用数学方法证明如下：

假定厂商的总收益函数为：$TR=TR(Q)$，总成本函数为 $TC=TC(Q)$，那么厂商应遵循什么原则来确定最优的产量，从而使利润最大呢？

如果以 π 代表利润，则利润函数等式为：

$$\pi(Q)=TR(Q)-TC(Q)$$

满足上式利润极大值的一阶条件为：

$$\frac{d\pi(Q)}{dQ}=TR'(Q)-TC'(Q)=MR(Q)-MC(Q)=0$$

即有 $MR=MC$

因此，厂商应该根据 $MR=MC$ 的原则来确定最优的产量，以实现最大的利润。

【本章小结】

1. 企业的生产成本是指企业为了进行生产经营活动而购买或使用各种生产要素的货币支出。按机会成本的定义，生产成本可以分为显明成本和隐含成本两个部分。即生产成本（机会成本）＝显明成本＋隐含成本＝显明成本＋折旧＋正常利润。

2. 企业的经济利润指企业的总收益和总成本之间的差额，简称企业的利润。企业所追求的最大利润就是经济利润。经济利润也被称为超额利润。正常利润是指厂商对自己所提供的企业家才能的报酬的支付。

3. 短期是指厂商不能够根据其所要达到的产量来调整厂房和设备这类生产要素的一个时期，因此，短期成本是指在短期内厂商从事生产所发生的成本。短期成本分为不变成本和可变成本。

平均成本是指短期内生产每一单位产品平均所需要的成本。边际成本有时被称为增量成本，是指新增加一个单位的产量所引起的总成本的增加量。由于固定成本是不随着企业产量的变化而变化，因此，边际成本就是每增加额外的一个单位产量所引起的可变成本的增加量。

4. 长期成本是厂商在长期生产过程中所产生的成本。在长期内，厂商可以调整所有的生产要素投入量，甚至于进入新行业或者退出原有行业，因而所有生产要素都是可变的，厂商所有的成本都是可变的，不存在总固定成本和平均固定成本函数。这样一来，长期成本就仅分为长期总成本、长期平均成本和长期边际成本。

长期总成本函数可以从扩展线推导出来，企业生产扩展线上的每一点都代表使用的全部要素的数量可以变化的条件，企业生产某一特定产量时成本最低的要素组合。

短期成本与长期成本或平均总成本的关系有两个重要特点：一是长期平均成本曲线比短期平均成本曲线平坦得多；二是长期平均成本曲线位于所有短期平均成本曲线之下，即长期平均成本曲线是短期平均成本曲线的包络线，意思是长期平均成本曲线包裹着短期平均成本曲线。

长期和短期的平均成本曲线一样，都是U形的。即在产量增加到一定点之前，两者都是下降的；当产量增加到一定点后，二者降至最低点（M点）；再进一步增加产量，两者都是上升的。

长期边际成本是长期中增加一单位产品所增加的成本。长期边际成本也是随着产量的增加先减少而后增加的，因此，长期边际成本曲线也是一条先下降而后上升的U形曲线，但它比短期边际成本曲线要平坦。

5. 厂商的收益就是厂商的销售收入。厂商的收益可分为总收益、平均收益和边际收益。在完全竞争条件下，厂商每增加一个单位的销售量引起的总收益的增加量总是等于固定不变的单位产品的卖价，所以总收益曲线是从原点出发的一条直线，其斜率为固定不变的销售价格。而边际收益总是等于平均收益。

6. 对于一个厂商而言，在确定产量时必须根据边际收益等于边际成本（$MR=MC$）的原则来确定产量或规模，因为当$MR=MC$，厂商得到的总利润最大。

【练习与思考】

一、单项选择题

1. 当AP为正值但递减时，MP是（　　）。

A. 递减的　　B. 负的

C. 零　　D. 上述任何一种皆可能

2. 等成本曲线平行向外移动表明（　　）。

A. 产量提高了

B. 成本增加了

C. 生产要素的价格按相同比例提高了

D. 生产要素的价格按不同比例提高了

3. 经济学中短期与长期划分取决于（　　）。

A. 时间长短　　B. 可否调整产量

C. 可否调整产品价格　　D. 可否调整生产规模

4. 不随产量变动而变动的成本称为（　　）。

A. 平均成本　　B. 固定成本

C. 长期成本　　D. 总成本

5. 在长期中，下列成本中哪一项是不存在的？（　　）

A. 可变成本　　B. 平均成本

C. 不变成本　　D. 隐含成本

6. 边际成本低于平均成本时（　　）。

A. 平均成本上升　　B. 平均可变成本可能上升，也可能下降

C. 总成本下降　　D. 平均可变成本上升

7. 短期平均成本曲线呈U形的原因与（　　）。

A. 规模报酬有关

B. 外部经济和不经济有关

C. 要素的边际生产率有关

D. 固定成本和可变成本所占比重有关

8. 长期平均成本曲线呈U形的原因与（　　）。

A. 规模报酬有关

B. 外部经济与不经济有关

C. 要素的边际生产率有关

D. 固定成本与可变成本所占比重有关

二、分析论述题

1. 为什么短期平均成本曲线和长期平均成本曲线都是U形曲线？

2. 什么是边际收益递减规律？如何理解这一规律？

3. 等产量线有什么特点？等产量线会不会出现斜率为正值的情况？

4. 长期边际成本曲线为什么不能是短期边际成本曲线的包络线？

三、计算题

1. 已知生产函数为 $Q=f(K, L)=KL-0.5L^2-0.32K^2$，$Q$ 表示产量，K 表示资本，L 表示劳动。令上式的 $K=10$。分别计算当总产量、平均产量和边际产量达到极大值时厂商雇用的劳动。

2. 某公司的短期总成本函数为 $STC=200+30Q$，目前其产量为500。求：

（1）该公司的不变成本；

（2）生产时的边际成本；

（3）生产时的平均不变成本。

【实践与操作】

走访一家企业的会计部门。了解以下问题：成本的概念和实际的成本由哪些因素构成？它们分别是如何计算的，是怎么发生的？与我们所学的有关知识有哪些不同？

第 6 章

厂商均衡理论

【学习目标】

1. 知识学习目标

(1) 完全竞争市场、完全垄断市场、垄断竞争市场、寡头垄断市场的概念

(2) 完全竞争市场、完全垄断市场的短期均衡

2. 能力实训目标

(1) 完全竞争厂商的短期均衡是如何实现的

(2) 垄断竞争厂商的需求曲线是怎样的

(3) 理解寡头垄断的两个模型

【案例导入】

垄断药品与无品牌药品

垄断市场上的价格完全不同于竞争市场的决定方式。对这种理论的一种自然检验是药品市场，因为这个市场有两种市场结构。当一个企业开发了一种新药时，专利法使企业垄断了这种药品的销售。但最后企业的专利过期，任何公司都可以生产并销售这种药品。此时，市场就从垄断变为竞争的。

专利过期后，药品的价格会发生什么变动呢？图 6-1 是一个典型的药品市场的情况。在这个图中，生产药品的边际成本是不变的（这对许多药品而言是接近正确的）。在专利存在期内，垄断企业通过生产边际收益等于边际成本的产量并收取大大高于边际成本的价格使利润最大化。但是，当专利到期时，生产这种药品的利润将鼓励新企业进入。随着市场变为竞争的，价格将下降到等于边际成本。

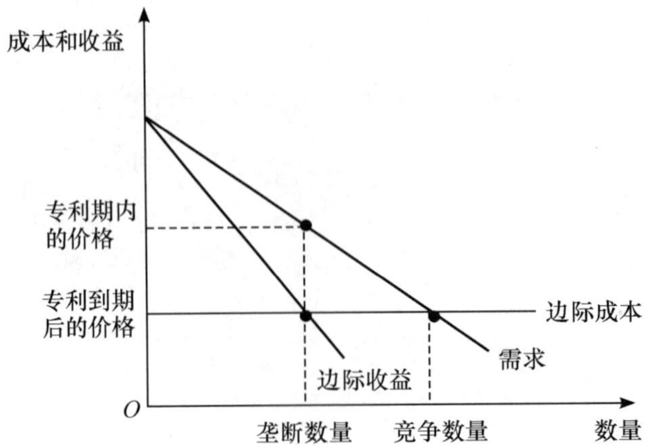

图 6-1

实际上，经验与我们的理论一致。当药品专利到期时，其他公司迅速进入并开始销售所谓的无品牌药品，这种药品的化学成分与先前垄断者的品牌产品相同。而且，正如我们的分析所预言的，竞争者生产的无品牌药品的价格大大低于垄断者收取的价格。

但是，专利到期并没有使垄断者失去全部市场势力。一些消费者仍忠于有品牌的药品，这也许是出于担心新的无品牌药品实际上与他们用了许多年的药品不一样。因此，以前的垄断者至少可以继续收取比新竞争者略高一点的价格。

6.1 市场与市场结构

厂商从事生产的主要目的是获取最大利润。厂商的利润取决于厂商的收益和成本。厂商的成本是由生产中的管理和技术方面的因素决定的。厂商的收益决定于市场上的消费者对厂商的产品的需求状况。在不同的市场条件下，厂商所面临的需求状况是有差异的，表现为厂商所面临的需求曲线的形状不一样，并会最终直接影响厂商所获得的利润量。

微观经济学中的市场是指从事某一种商品买卖的交易场所或接触点。市场可以是一个有形的买卖商品的场所，也可以是一个无形商品（如服务）交易的场所，还可以是一个利用现代化通信工具进行商品交易的接触点。任何一种商品或服务都有一个市场，有多少种商品或服务，就有多少个市场。

与市场这一概念紧密联系的另一个概念是行业。行业是指为同一个商品市场生产和提供产品的所有厂商的总体。同一种商品的市场与行业的类型是一致的。例如，完全竞争市场对应的是完全竞争的行业。

市场竞争程度的强弱是微观经济学划分市场类型的标准。影响市场竞争程度的具体因素主要有以下四点：第一，市场上厂商的数目；第二，厂商之间各自提供的产品的差别程度；第三，单个厂商对市场价格控制的程度；第四，厂商进入或退出一个行业的难易程度。

根据以上四点，市场被划分为四种类型，分别是完全竞争市场、垄断竞争市场、寡头垄断市场和完全垄断市场。其特点及区别如表 6－1 所示。

表 6－1　　四种市场类型的主要特征

	完全竞争市场	垄断竞争市场	寡头垄断市场	完全垄断市场
厂商的数目	很多	较多	几个	一个
产品差别的程度	同质	有差别	或有差别或无差别	唯一产品，且无接近替代品
对价格的控制程度	没有控制	一定程度上	较大程度上	在很大程度上控制，但常受管制
行业的门槛高低	很低	比较低	较高	相当高
接近哪种市场情况	一些农产品或证券市场	香烟、粮食市场	钢铁、汽车市场	公用事业和水、电市场

6.2 完全竞争市场上的厂商均衡

6.2.1 完全竞争市场的含义与特点

完全竞争市场也称完全纯粹竞争，是指竞争完全，不受任何阻碍和干扰，排除任何垄断可能的市场结构。从前面的市场划分情况看，该结构是无数家企业生产完全相同的产品。完全竞争市场必须满足以下四个假设条件：

（1）市场上存在大量的小规模卖者和买者。相对于市场需求而言，存在大量的卖者，每一个卖者的供应数量在总的市场供应量中所占比例足够小，以致没有一家卖者可以以高于现行市场价格的水平出售其商品；同样，相对于市场供给，存在大量买者，每一个买者的规模足够小，使得他不能以低于市场价格的水平进行购买。显然，完全竞争市场上的每一买者和卖者都只能是市场价格的被动接受者（price taker）。只有在众多小规模的卖者和买者联合行动影响市场供给或需求时，市场的均衡才会被打破。

（2）市场上的商品具有同质性。商品的同质性不仅指商品之间的质量完全一样，还包括在销售条件、商标、包装等方面是完全相同的。商品的同质性意味着消费者对不同厂商的同类商品具有中性偏好，任何一个生产者的产品都完全可以用另一个生产者的产品替代。商品的同质性决定了买者对任何一家生产者的产品所愿意支付的最高价格即是商品的现行市场价格。当所有卖者的产品价格相同时，买者最终购买哪一家的产品完全是随机的。

（3）企业进入或退出该行业的门槛很低。在完全竞争的市场结构下，各种类型的资源都可以随需求变化很容易地从一种用途移至另一种用途。新厂商进入该行业与原有厂商退出该行业都不存在任何重要的法律、社会及经济成本方面的障碍。

（4）市场中的每一个买者和卖者都掌握全部信息，即所谓信息对称。生产者确切了解产品的销售收入函数和成本函数，以及各种资源投入的价格和可用来生产产品的各种选择性技术。消费者知道其他企业产品的价格。资源所有者知道企业对资源投入的支付价格和各种有关的机会成本。决策是在确定性条件下作出的。这样，市场上的每一个消费者或生产者都可以根据自己所掌握的完全信息，确定自己的最优购买量或最优生产量，从而获得最大的经济利益。而且，也排除了由于市场信息不畅通而可能产生的一个市场同时存在几种价格的可能。

显然，理论分析上所假设的完全竞争市场的条件是很严格的。西方经济学家承认，在现实经济生活中，完全竞争的市场是不存在的，通常只是将某些农产品市场看成是比较接近的市场类型。

6.2.2 完全竞争市场上厂商的需求曲线与收益曲线

1. 完全竞争厂商的需求曲线

在任何一个商品市场中，消费者对整个行业中单个厂商所生产的商品的需求量，称为厂商所面临的需求量，而由此相对应的曲线我们称为厂商所面临的需求曲线。

整个行业所面临的需求量就是整个市场上全部消费者的需求总量，所以行业所面临的需求曲线也就是市场的需求曲线，它是一条向右下方倾斜的曲线，见图 6－2（a）。

在完全竞争市场条件下，厂商是既定价格的接受者，故单个厂商产品的供求状况不会影响整个行业的价格。在每一个既定的市场价格水平上，单个厂商总是可以把它愿意的任何数量的商品卖出去；或者说在这个厂商的眼里，市场对它的商品的需求量是无限大的，因此，在完全竞争市场条件下，厂商所面临的需求曲线是一条水平线，如图 6－2（b）所示。

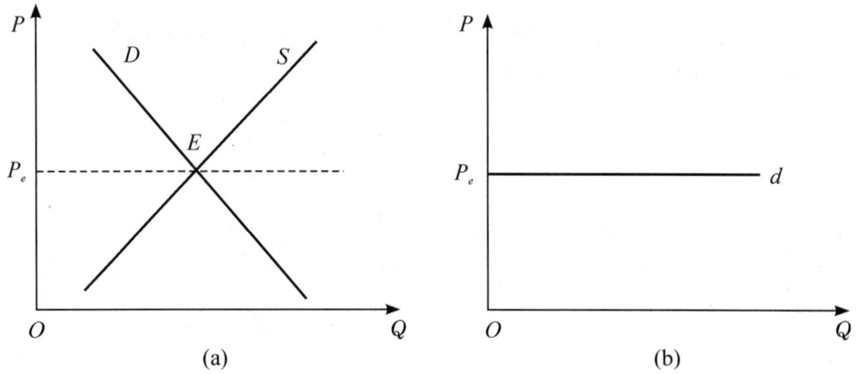

图 6－2　完全竞争市场和完全竞争厂商的需求曲线

市场价格是由某商品的市场需求曲线和市场供给曲线来决定的，这两条曲线的交点即为市场均衡价格，完全竞争市场中的厂商以此价格出售商品。在图 6－2（a）中，市场供给曲线（S）与市场需求曲线（D）的交点 E 为市场均衡点，决定了市场均衡的均衡价格为 P_e，个别厂商作为价格的接受者只能以此来出售产品。

在图 6－2（b）中，厂商的需求曲线 d 是相对于图 6－2（a）中行业市场需求曲线 D 和行业市场供给曲线 S 的交点 E 所决定的价格 P_e 而言的。如果图 6－2（a）中市场需求曲线 D 发生位移，那么就会形成新的均衡价格 E。

2. 完全竞争厂商的收益曲线

厂商的销售收入即收益，与市场上消费者对该厂商所生产的产品的需求状况有着直接的联系，所以分析厂商收益曲线必须以该厂商所面临的需求曲线为依据。在完全竞争条件下，厂商所面临的需求曲线是一条水平线。它表示单个厂商无法通过改变销售量来影响市场价格，只能被动地接受市场价格。在这样的前提下，假定某厂商所面临的既定的市场价格为 $P=2$，并由此编制的该厂商的收益表如表 6－2 所示。

表 6－2　　某完全竞争厂商的收益表

价格 P	销售量 Q	总收益 $TR=P\cdot Q$	平均收益 $AR=TR/Q$	边际收益 $MR=\Delta TR/\Delta Q$
2	100	200	2	2
2	200	400	2	2
2	300	600	2	2
2	400	800	2	2
2	500	1 000	2	2

从表 6－2 中可见，在每一个商品销售量水平，厂商都按既定的市场价格 $P=2$ 元出售商品。随着商品销售量的增加，厂商的总收益 TR 是不断增加的。但由于商品的单位销售

价格是固定不变的，这就不仅使得厂商的平均收益 AR 必然保持不变，即等于商品的单位价格为 2 元，而且使得厂商每增加一单位商品的销售所获得的边际收益 MR 也必然保持不变，且等于商品的单位价格为 2 元。这表明完全竞争厂商在任何商品销售量水平上都有：

$$AR=MR=P$$

假定市场上消费者的需求量总能得到满足，单个厂商的销售量总是等于它所面临的市场上对其产品的需求量，且商品的数量和价格可以无限分割，则可以根据表 6－2 绘制出相应的完全竞争厂商的收益曲线，如图 6－3 所示。

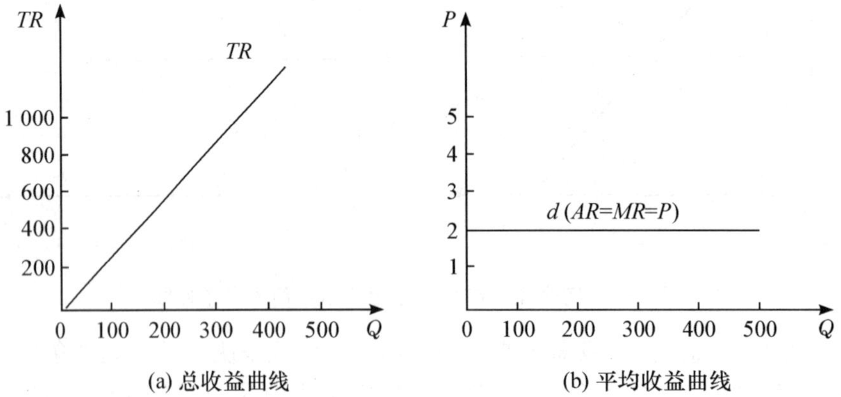

图 6－3　收益及边际收益曲线

从图 6－3 可以看出收益曲线具有这样的特征：第一，完全竞争厂商的总收益曲线 TR 是一条从原点出发的呈上升趋势的直线。其之所以呈斜率不变直线形，是因为每一销售量上的边际收益值是相应的总收益曲线的斜率，即$MR=\mathrm{d}TR/\mathrm{d}Q$，而完全竞争厂商的边际收益是不变的，它等于既定的市场价格。第二，完全竞争厂商的平均收益曲线 AR、边际收益曲线 MR 和需求曲线 d 这三条线是重叠的，它们是用同一条水平线 d 来表示的。这是因为，对于完全竞争厂商来说，在既定市场价格下的任何需求量上都有 $AR=MR=P$，而完全竞争厂商所面临的需求曲线本身就是一条由既定的市场价格水平出发的水平线。

6.2.3　完全竞争市场上厂商的短期均衡

在完全竞争市场条件下的短期生产中，不仅产品市场的价格是既定的，而且生产中的不变要素投入量是无法改变的，即厂商只能用既定的生产规模进行生产，所以厂商只有通过对产量的调整来实现 $MR=SMC$ 的利润最大化的均衡条件。厂商短期均衡时的盈亏状况可以用图 6－4 来说明。

图 6－4 中的三条成本曲线 SMC、SAC、AVC 共同代表厂商的既定的短期生产规模；厂商所面临的五条需求曲线 d_1、d_2、d_3、d_4 和 d_5 分别代表在五个不同市场价格水平下的厂商的收益状况。下面的分析将表明，对于厂商的一个既定的生产规模来说，不同的市场价格水平将直接影响厂商的短期均衡的盈亏状况。厂商的短期均衡可以分为以下五种情况：

第一种情况：平均收益大于平均总成本，即 $AR>SAC$，厂商获得利润。

当市场价格较高为 P_1，相应的厂商所面临的需求曲线为 d_1 时，根据$MR=SMC$ 的利润最大化均衡条件，厂商选择的最优产量为 Q_1。因为，在 Q_1 的产量上，SMC 曲线和

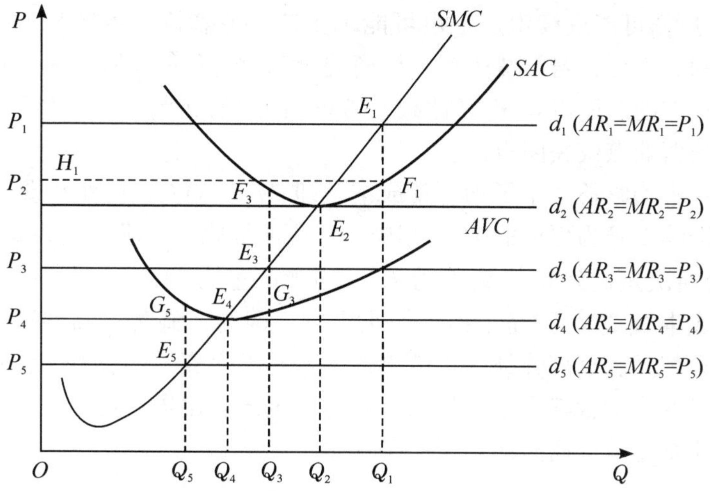

图 6-4　完全竞争厂商的短期均衡

MR_1 曲线相交于 E_1 点，E_1 点是厂商的短期均衡点。这时，厂商的平均收益为 E_1Q_1。厂商的平均总成本为 F_1Q_1，平均收益大于平均总成本，厂商在单位产品中所获得的平均利润为 E_1F_1，利润总量为 $E_1F_1 \cdot OQ_1$，相当于图形中矩形 $H_1P_1E_1F_1$ 的面积。

第二种情况：平均收益等于平均总成本，即 $AR=SAC$，厂商的利润刚好为零。

相对于第一种情况，市场价格由 P_1 下降为 P_2，厂商所面临的需求曲线相应地向下平移为 d_2 曲线，而且厂商所面临的需求曲线 d_2 恰好与短期平均总成本曲线 SAC 相切于后者的最低点 E_2，短期边际成本曲线 SMC 也经过该点。由于该点就是 SMC 曲线和 MR_2 曲线的交点，所以 E_2 点就是厂商的短期均衡点，相应的均衡产量为 Q_2。在 Q_2 的产量水平，平均收益为 E_2Q_2，平均总成本也为 E_2Q_2，厂商的利润为零，但厂商的正常利润全部实现了。由于在这一点上，厂商既无利润，又无亏损。所以，SMC 曲线与 SAC 曲线的交点 E_2 也被称为厂商的收支相抵点。

第三种情况：平均收益小于平均总成本，但仍大于平均可变成本，即 $AVC<AR<SAC$，厂商亏损，但继续生产。

当市场价格继续下降为 P_3，厂商相应所面临的需求曲线为 d_3 时，SMC 曲线和 MR_3 曲线相交所决定的短期均衡点为 E_3，均衡产量为 Q_3。在 Q_3 的产量水平，平均收益为 E_3Q_3，平均总成本为 F_3Q_3，平均收益小于平均总成本，厂商是亏损的，单位产品的亏损额为 F_3E_3，总亏损量为 $F_3E_3 \cdot OQ_3$。平均可变成本为 G_3Q_3，它小于平均收益 E_3Q_3。此时，厂商虽然亏损，但仍继续生产。因为只有这样，厂商才能在用全部收益弥补全部可变成本之后，还能弥补在短期内总是存在的不变成本的一部分。所以，在这种情况下，生产要比不生产强。

第四种情况：平均收益等于平均可变成本，即 $AR=AVC$，厂商亏损，处于生产与不生产的临界点。

当市场价格进一步下降为 P_4 时，相应的厂商所面临的需求曲线为 d_4，而且厂商所面临的需求曲线 d_4 恰好与短期平均可变成本曲线 AVC 相切于后者的最低点 E_4，短期边际成本曲线 SMC 也经过该点。在这种情况下，E_4 点就是厂商的短期均衡点。在均衡点 E_4 上，平均收益小于平均总成本，厂商是亏损的。同时，平均收益和平均可变成本相等，都

为 E_4Q_4。于是，厂商可能继续生产，也可能不生产。或者说，生产与不生产的结果对厂商来说都是一样的。因为，若继续生产，厂商的全部收益只能够弥补全部的可变成本，但不变成本仍然是存在的。所以，SMC 曲线与 AVC 曲线的交点是厂商生产与不生产的临界点，通常称为停止营业点或关闭点。

第五种情况：平均收益小于平均可变成本，即 $AR<AVC$，厂商亏损，停止生产。

当市场价格继续下降为更低的 P_5，相应的厂商所面临的需求曲线为 d_5 时，SMC 曲线和 MR_5 曲线相交所决定的短期均衡点为 E_5，均衡产量为 Q_5。这时，平均收益为 E_5Q_5，它小于平均可变成本 G_5Q_5，厂商亏损，停止生产。因为，倘若厂商继续生产的话，其全部收益连可变成本都无法全部弥补，也就更谈不上对不变成本的弥补了。而事实上，厂商只要停止生产，可变成本就降为零。显然，此时不生产要比生产强。

综上所述，完全竞争厂商短期均衡的条件是：

$$MR=SMC$$

式中，$MR=AR=P$。

在短期均衡时，厂商可以获得最大利润，可以利润为零，也可以蒙受最小亏损。

6.2.4 完全竞争市场上厂商的长期均衡

在长期生产中，所有生产要素的投入量都是可变的，完全竞争厂商是通过对全部生产要素投入量的调整，来实现利润最大化的均衡条件 $MR=LMC$ 的。

完全竞争厂商在长期内对全部生产要素的调整可以表现为两个方面：一方面表现为厂商进入或退出一个行业，这也就是行业内企业数量的调整；另一方面表现为厂商对生产规模的调整。完全竞争厂商的长期均衡就是通过这两个方面的调整实现的。所以在分析完全竞争市场上厂商的长期均衡时，首先不考虑厂商对生产规模的调整，仅仅分析由于行业内厂商数目变化这一因素对厂商长期均衡的形成所产生的影响。然后，在此基础上，再加入厂商对生产规模的调整这一因素，分析在这两个因素共同作用下的厂商的长期均衡的形成过程。

先分析由于行业内厂商数目变化对厂商长期均衡形成所起的作用。

在长期内，如果行业内的单个厂商可以获得利润，则会吸引其他新的厂商加入到该行业的生产中来。随着新厂商的加入，行业内的厂商数目增加，整个行业的供给就会增加，市场价格就会下降，市场价格会一直下降到使单个厂商的利润消失为止。相反，如果行业内的单个厂商的生产是亏损的，则行业内原有厂商中的一部分就会自动退出生产。随着原有厂商的退出，行业内厂商的数目就会减少，整个行业的供给就会减少，市场价格就会上升，市场价格会一直上升到使单个厂商的亏损消失为止。最后，由于行业中的每一个厂商都处于一种既无利润又无亏损的状态，行业内厂商的进入和退出也就停止了，于是完全竞争厂商便处于一种长期均衡状态。如图 6－5 所示。

假定某完全竞争行业中所有的企业是完全相同的，也就是假定每一个企业的生产成本和它所面临的需求状况是完全相同的。在这一假定下，图 6－5 中的 LAC 曲线与 LMC 曲线分别为该行业中单个厂商的长期平均成本和长期边际成本曲线，d_1、d_2 和 d_3 曲线分别代表单个厂商在三个不同的市场价格水平下所面临的需求曲线。在长期内，当市场价格较

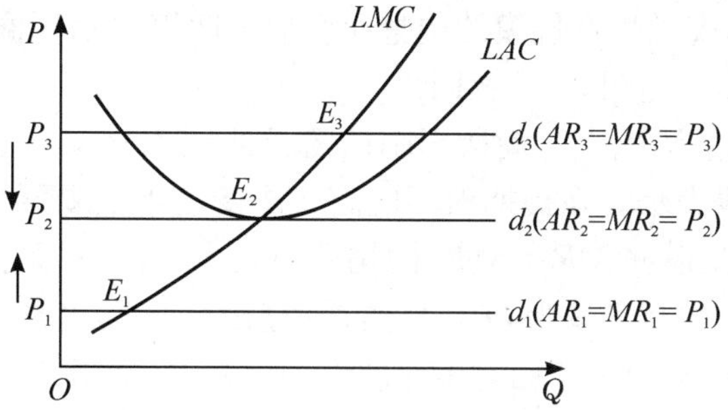

图 6-5　完全竞争厂商的长期均衡（一）

高为 P_3 时，根据 $MR=LMC$ 的利润最大化均衡条件，单个厂商在 E_3 点实现均衡，并获得利润。新的厂商因利润的刺激而加入该行业生产，这便导致行业供给增加和市场价格下降，相应地，单个厂商所面临的需求曲线 d_3 会向下平移。相反，当市场价格较低为 P_1 时，单个厂商在 E_1 点实现均衡，厂商是亏损的。在亏损的情况下，行业中原有的厂商的一部分就会退出。这会使得行业的供给减少和市场价格上升，相应地，单个厂商所面临的需求曲线 d_1 会向上平移。最后，不管是新厂商的加入，还是行业内原有厂商的退出，单个厂商所面临的需求曲线都会运动到图中 d_2 曲线的位置。在这一位置上，d_2 曲线相切于 LMC 曲线的最低点 E_2，LMC 曲线经过该点，这一点就是 $MR=LMC$ 的均衡点。在均衡点 E_2，单个企业的平均收益等于最低的长期平均成本，单个厂商在长期内既无利润又无亏损，即利润为零。此时，行业内的厂商数目也不再变化，于是单个厂商实现了长期均衡。

此时，再将厂商对生产规模的调整与行业内厂商数目的调整这两个因素结合在一起，分析完全竞争厂商的长期均衡的实现过程。

前面已经指出，长期内市场的商品价格会随着行业内厂商数目变化所引起的行业供给的变化而变化。进一步，在企业的生产经营活动中，在每一个变化了的价格水平，单个厂商都会将生产规模调整到能够与满足 $MR=LMC$ 的均衡条件的产量相适应的最优生产规模。在这样一个不断调整的过程中，单个厂商最后必然将生产规模调整到与利润为零的长期均衡所要求的产量相适应的最优生产规模水平。这一具体调整过程可用图 6-6 说明。

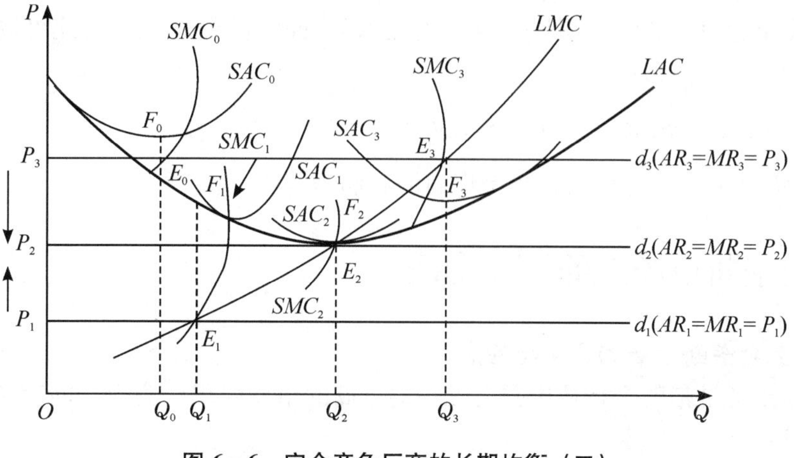

图 6-6　完全竞争厂商的长期均衡（二）

图 6－6 中，除了因表示生产规模的调整而增加了四组表示厂商生产规模的 SAC 曲线和 SMC 曲线外，其余部分与图 6－5 相同。

假定最初的市场价格为 P_3，厂商所面临的需求曲线为 d_3，厂商所拥有的生产规模用 SMC_0 曲线和 SAC_0 曲线表示。在短期内，厂商无法变动不变要素的投入，只能用既定的生产规模进行生产，因此根据 $MR=SMC$ 的均衡原则，厂商在 E_0 点实现短期均衡。在短期均衡点 E_0 上，厂商的均衡产量为 Q_0，厂商是亏损的，单位产品的亏损额为 F_0E_0。

但在长期内，情况就不同了。面对不变的市场价格 P_3 和既定的市场需求状况即 d_3 曲线，厂商可以通过对生产规模的调整，使自己的经营状况得到改善。根据 $MR=LMC$ 的均衡原则，厂商在 E_3 点实现均衡，厂商所确定的均衡产量为 Q_3。而生产 Q_3 产量的最优生产规模由 SMC_3 曲线和 SAC_3 曲线所代表，于是厂商必然会将生产规模调整到该水平，从而以尽可能低的平均总成本生产 Q_3 的产量。在均衡点 E_3 上，厂商获得了利润，单位产品的利润量为 E_3F_3。

由于单个厂商能获得利润，便有新的厂商加入到该行业的生产中来。假定行业供给的增加过猛，从而使得市场价格直降为 P_1，单个厂商所面临的需求曲线向下平移为 d_1 曲线。面对新的市场价格和市场需求状况，如果厂商继续使用 SMC_3 曲线和 SAC_3 曲线所代表的生产规模进行生产，就会蒙受很大亏损。在长期内，厂商必然会根据 $MR=LMC$ 的均衡原则，将生产规模调整到能够生产均衡点 E_1 上的均衡产量 Q_1 的最优生产规模的水平，即 SMC_1 曲线和 SAC_1 曲线所代表的生产规模。这样，厂商虽然亏损，但亏损总量却减少了。由于单个厂商的亏损，行业中原有厂商的一部分会退出，于是市场价格和厂商所面临的需求状况又会发生变化，这意味着厂商又将对生产规模作出相应的调整。

以上厂商对生产规模的不断调整过程，一直要持续到行业内的单个厂商的利润或亏损都消失为止。这就是说，在图 6－6 中，厂商最后必然在长期平均成本 LAC 曲线的最低点 E_2 实现长期均衡，相应的均衡产量为 Q_2，生产 Q_2 的最优生产规模由 SMC_2 曲线和 SAC_2 曲线所代表。在长期均衡点 E_2 上，厂商所面临的需求曲线 d_2 相切于 LAC 曲线的最低点，LMC 曲线经过该点；最优生产规模的 SAC_2 曲线与 LAC 曲线相切于两者的最低点；最优生产规模的 SMC_2 曲线也经过该点。此时，生产的平均成本降低到长期平均成本的最低点，商品的价格等于最低的长期平均成本。

总之，完全竞争厂商的长期均衡点出现在 LAC 曲线的最低点。由此可以得到完全竞争厂商长期均衡的条件为：

$$MR=LMC=SMC=LAC=SAC$$

式中，$MR=AR=P$。此时，单个厂商的利润为零。

6.3　完全垄断市场上的厂商均衡

6.3.1　完全垄断市场的含义与特点

完全垄断市场是指整个行业中只有唯一的厂商的市场组织。完全垄断市场应满足以下三个主要条件：

（1）市场上只有唯一的厂商生产和销售商品，厂商与行业完全重合，即厂商就是行业，行业就是厂商。厂商就是价格的制定者。

（2）该厂商生产和销售的商品没有任何相近的替代品，即需求的交叉弹性为零。

（3）行业的门槛极高。在这样的市场中，排除了任何的竞争因素，独家垄断厂商控制了整个行业的生产和市场销售，所以，垄断厂商可以控制和操纵市场价格。

形成垄断的原因主要有以下几种：第一，独家厂商完全控制了生产某种商品的全部资源或基本资源的供给，排除了经济中的其他厂商生产同种产品的可能性。第二，某一家厂商拥有生产某种商品的专利权。这便使得该家厂商可以在一定的时期内合法垄断该产品的生产。第三，政府的特许。政府往往在某些行业实行许可专营的政策，如铁路运输部门、邮电部门、供电供水部门等。第四，自然垄断。有些行业的生产具有这样的特点：生产的规模效益需要在一个很大的产量范围和相应巨大的资本设备的生产运行水平上才能得到充分的体现，以至于只有在整个行业的产量都由一个企业来生产时，才有可能达到这样的生产规模。而且，只要发挥这一企业在这一生产规模上的生产能力，就可以满足整个市场对产品的需求。在这类产品的生产中，行业内总会有某个厂商凭着雄厚的经济实力和其他优势，最先达到这一生产规模，从而垄断了整个行业的生产和销售。这就是自然垄断。

在现实经济生活中，垄断市场几乎是不存在的。它只是说明某种产品仅有唯一供给者，并不排斥同类产品之间的竞争。在西方经济学中，认为完全竞争市场模型的经济效率是最高的，完全垄断市场模型是经济效率最低的。

6.3.2 完全垄断市场上厂商的需求曲线与收益曲线

1. 垄断厂商的需求曲线

由于垄断行业中只有一个厂商，所以垄断厂商所面临的需求曲线就是市场的需求曲线，它是一条向右下方倾斜的曲线。假定商品市场的销售量等于市场的需求量，于是垄断厂商所面临的向右下方倾斜的需求曲线表示垄断厂商可以通过改变销售量来控制市场价格：以销售量的减少来抬高市场价格，以销售量的增加来压低市场价格。也就是说，垄断厂商的销售量和市场价格呈反方向变动。

2. 垄断厂商的收益曲线

（1）平均收益曲线——垄断厂商的平均收益曲线和需求曲线重叠，都是一条向右下方倾斜的曲线，用公式表示即：

$$AR=TR(Q)/Q=Q\cdot P(Q)/Q=P(Q)$$

（2）边际收益曲线——完全垄断厂商的边际收益曲线 MR 位于平均收益曲线 AR 的左下方，且 MR 曲线也是向右下方倾斜的曲线，每一销售量上的 MR 值就是相应的 TR 曲线的斜率。

（3）总收益曲线——$TR(Q)=Q\cdot P(Q)$。由于每一销售量上的 MR 值就是相应的 TR 曲线的斜率。所以 TR 曲线是先增后减的曲线，即：当 $MR>0$ 时，TR 曲线的斜率为正；当 $MR<0$ 时，TR 曲线的斜率为负；当 $MR=0$ 时，TR 曲线达到最大值。

厂商所面临的需求状况直接影响厂商的收益。表 6－3 是某垄断厂商的收益表。从表中可见，垄断厂商的平均收益 AR 等于商品的价格 P，平均收益 AR 也是不断下降的，垄断厂商的总收益 TR 是先增后减，垄断厂商的边际收益 MR 亦呈不断下降的趋势。总收益

TR 和边际收益 MR 之间的关系是：MR 为正时，TR 是上升的；MR 为负时，TR 是下降的。此外，在每一个销售量上，边际收益都小于平均收益，即 $MR<AR$，原因在于：根据前面所提到的边际量和平均量的关系，只要平均量下降，边际量就总是小于平均量。所以，在商品价格即平均收益 AR 不断下降的同时，必有 $MR<AR$。

表 6-3　某垄断厂商的收益表

商品销售量(Q)	1	2	3	4	5	6	7	8	9	10	11	12
商品价格（P）	11	10	9	8	7	6	5	4	3	2	1	0
平均收益(AR)	11	10	9	8	7	6	5	4	3	2	1	0
总收益(TR)	11	20	27	32	35	36	35	32	27	20	11	0
边际收益(MR)	11	9	7	5	3	1	−1	−3	−5	−7	−9	−11

图 6-7 是垄断厂商的收益曲线图，该图体现了上面所分析的垄断厂商的平均收益、边际收益和总收益相互之间的关系。图中的横轴表示商品的需求量即销售量 Q，纵轴表示商品的价格 P。图中的垄断厂商的收益曲线表现出这样的特征：(1) 厂商的平均收益曲线 AR 与需求曲线 d 重叠，它们是同一条向右下方倾斜的曲线，这表示在每个销售量上厂商的平均收益都等于商品的价格。(2) 厂商的边际收益曲线 MR 也是向右下方倾斜的，且位于平均收益曲线 AR 的左下方。这表示在每个销售量上厂商的边际收益都小于平均收益。(3) 厂商的总收益曲线 TR 是先上升，达到最高点以后再下降。因为，在每一个销售量上的 MR 都是相应的 TR 曲线的斜率，所以，当 MR 为正时，TR 曲线的斜率为正（即 TR 曲线是上升的）；当 MR 为负时，TR 曲线的斜率为负（即 TR 曲线是下降的）；当 MR 为零时，TR 曲线的斜率为零（即 TR 曲线达到极值）。

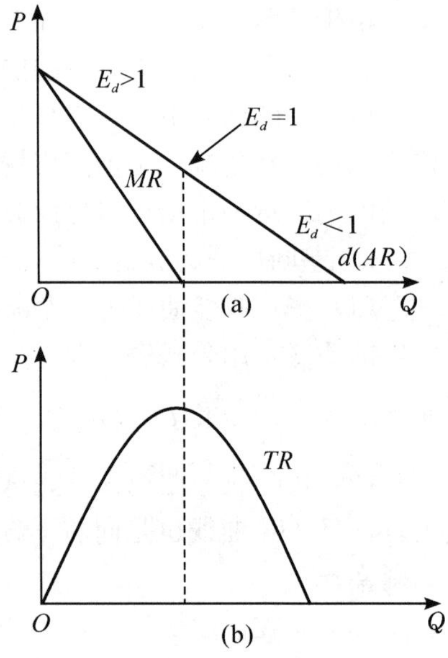

图 6-7　完全垄断厂商的收益曲线

从图 6-7 可得出这样的结论：(1) 当垄断厂商所面临的向右下方倾斜的需求曲线 d 为直线时，边际收益曲线 MR 也是呈向右下方倾斜的直线形。(2) d 曲线和 MR 曲线在纵轴上的截距是相等的，并且 MR 曲线在横轴上的截距是 d 曲线在横轴上的截距的一半，即 MR 曲线平分由纵轴到需求曲线 d 之间的任何一条水平线。该结论证明过程如下：

如果垄断市场的需求函数是线性的，垄断厂商所面临的需求曲线也是直线形的，则假定线性的反需求函数为：

$$P=a-bQ$$

式中，a、b 为常数，且 a、$b>0$，由上式可得：

$$TR(Q)=PQ=aQ-bQ^2$$
$$MR(Q)=\mathrm{d}TR(Q)/\mathrm{d}Q=a-2bQ$$

根据上面的式子可求得需求曲线和边际收益曲线的斜率为：

$$\mathrm{d}P/\mathrm{d}Q=-b$$
$$\mathrm{d}MR/\mathrm{d}Q=-2b$$

3. 边际收益、价格、需求的价格弹性三者之间的关系

产品需求的价格弹性与该价格上边际收益之间的关系是经济学中最重要的关系之一，通过简单的微分可以把这个关系推导出来。图 6－7 说明了产品数量、价格、弹性指标、边际收益和总收益之间的关系。总收益（TR）等于价格（P）乘以销售量（Q），边际收益（MR）是由降低价格而增加一个单位的销售量所带来的总收益的变化，相当于总收益对销售量的一阶导数。即：

$$MR=\frac{\mathrm{d}(TR)}{\mathrm{d}Q}=\frac{\mathrm{d}(P\cdot Q)}{\mathrm{d}Q}=P+Q\cdot\frac{\mathrm{d}P}{\mathrm{d}Q}$$

这一方程可以写为：

$$MR=P\left(1+\frac{Q}{P}\cdot\frac{\mathrm{d}P}{\mathrm{d}Q}\right)$$

又因为：$\frac{Q}{P}\cdot\frac{\mathrm{d}P}{\mathrm{d}Q}=-\frac{1}{E_d}$

所以，$MR=P\left(1-\frac{1}{E_d}\right)$

可见，当 $E_d>1$ 时，有 $MR>0$，TR 曲线斜率为正，这说明厂商的总收益 TR 与商品的销售量呈同方向的变动；

当 $E_d<1$ 时，有 $MR<0$，TR 曲线斜率为负，这说明厂商的总收益 TR 与商品的销售量呈反方向的变动；

当 $E_d=1$ 时，有 $MR=0$，TR 曲线斜率为零，总收益达到极值，这说明厂商的总收益 TR 不受商品销售量变化的影响。

6.3.3 完全垄断市场上厂商的短期均衡

垄断厂商为了获得最大的利润，也必须遵循 $MR=MC$ 的原则。在短期内，垄断厂商无法改变不变要素投入量，垄断厂商是在既定的生产规模下通过对产量和价格的同时调整，来实现 $MR=SMC$ 的利润最大化原则的。这可用图 6－8 来说明。图 6－8 中的边际成本曲线和平均成本曲线代表垄断厂商给定的生产规模，需求曲线和边际收益曲线代表垄断厂商的需求和收益状况。垄断厂商根据 $MR=SMC$ 的均衡条件，将产量和价格分别调整到 P_0 和 Q_0 的水平。

短期均衡的情况：

（1）当 $AR>SAC$ 时，垄断厂商获得超额利润，超额利润为矩形 P_0MNB。在图 6－8 中，仍然根据 $MR=SMC$ 的厂商利润最大化的原则，E 点为 MR 曲线、SMC 曲线的交点，即为厂商最大利润的均衡点，与 E 点对应的产量为 Q_0，与需求曲线对应的均衡价格为 P_0。在短期均衡点 E 上，垄断厂商的平均收益为 MQ_0，平均成本为 NQ_0，厂商的平均收益大于平均成本：$MQ_0-NQ_0=MN$，垄断厂商获得超额利润，面积为 P_0BNM（图中阴影部分面积）。由于在完全垄断市场条件下，完全垄断厂商的规模较大，可以获得规模效益，因而平均成本较低，所以图 6－8 中超额利润的存在情况，可以认为在短期中是具有代表性的均衡。

（2）当 $AR=SAC$ 时，垄断厂商的经济利润为零，但获得全部的正常利润。如图 6－9 所示。图 6－9 代表了厂商获得超额利润为零，但仍可获得正常的利润的状态。也就是说在正常情况下，厂商的超额利润虽为零，但企业家的经营管理劳动仍有正常的回报。图中

E 点为 MR 曲线、SMC 曲线的交点，即为厂商最大利润的均衡点，与 E 点对应的产量为 Q_0，与需求曲线对应的均衡价格为 P_0。在短期均衡点 E 上，垄断厂商的平均收益为 MQ_0，平均成本为 MQ_0，厂商的平均收益等于平均成本。所以垄断厂商的总收益等于总成本，均为面积 OP_0MQ_0，超额利润为零。

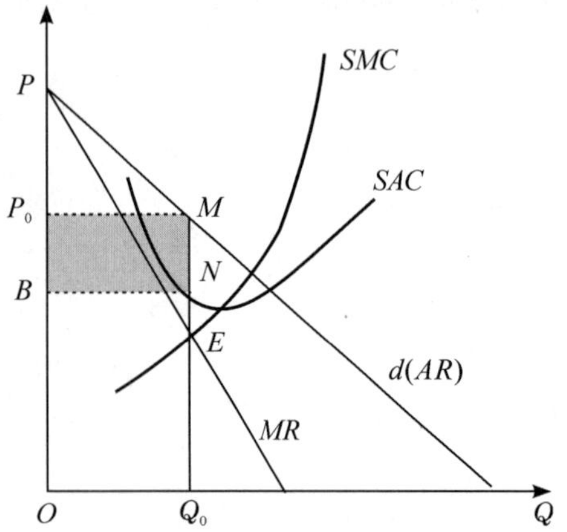

图 6-8　完全垄断厂商获得超额利润

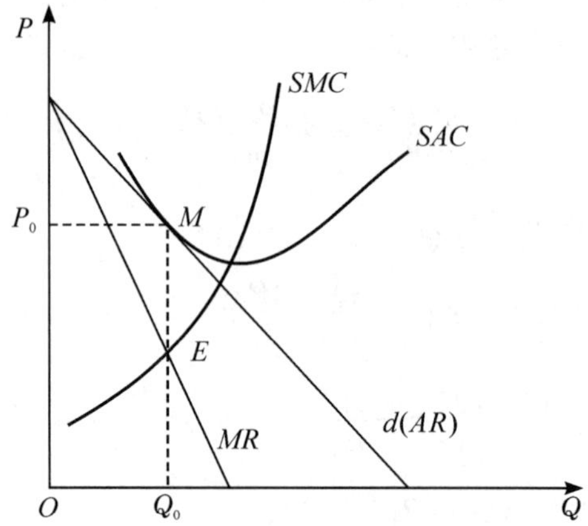

图 6-9　完全垄断厂商获得正常利润

（3）当 $AVC<AR<SAC$ 时，垄断厂商亏损，但亏损最小，均衡产量为 Q_0 时，企业的亏损额相当于图 6-10 中矩形 P_0BMN 的面积。

在图 6-10 中，E 点为厂商利润最大化的均衡点，相应的产量和价格为 Q_0、P_0，在图中，厂商是亏损的，厂商的平均成本 MQ_0 大于平均收益 NQ_0，单位产品的亏损额为 MN，矩形 P_0BMN 即为厂商亏损的最小面积（图中阴影部分面积）。但由于 $AR>AVC$，垄断厂商将继续生产，因为其获利还可在一定程度上弥补平均可变成本。

（4）$AR<AVC$，垄断厂商停止生产。$AR=AVC$ 时的均衡点，即 N 点是垄断厂商的停止营业点。如图 6-11 所示。

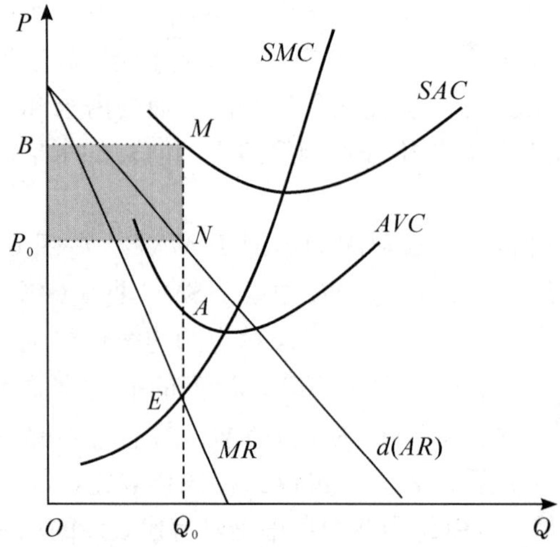

图 6-10　完全垄断厂商亏损但仍继续生产

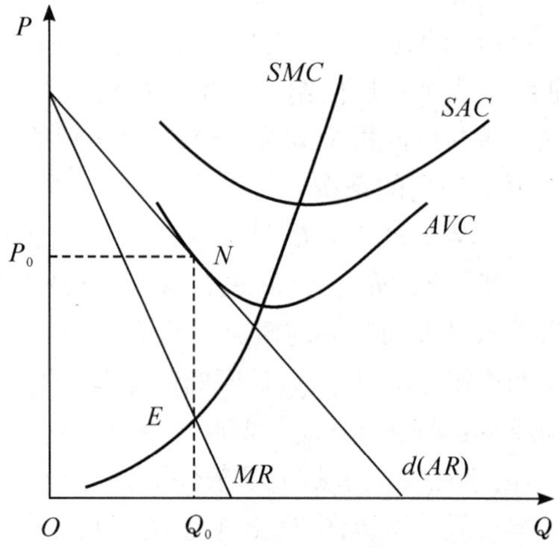

图 6-11　完全垄断厂商停止生产

综上所述，完全垄断厂商短期均衡条件为 $MR=SMC$。完全垄断厂商在短期均衡点上可以获得最大利润，可以利润为零，也可以蒙受最小损失。

6.3.4 完全垄断市场上厂商的长期均衡

垄断厂商长期均衡是指垄断厂商通过调整生产规模以实现利润最大化的均衡。垄断厂商在长期内可以调整全部生产要素的投入量即生产规模，从而实现最大的利润。垄断厂商排除了其他厂商加入的可能性，因此，与完全竞争厂商不同，如果垄断厂商在短期内获得利润，那么，它的利润在长期内不会因为新厂商的加入而消失，垄断厂商在长期内是可以保持利润的。

垄断厂商在长期内对生产的调整一般可以有三种可能的结果：第一种结果，垄断厂商在短期内是亏损的，但在长期中，又不存在一个可以使它获得利润（或至少使亏损为零）的生产规模，于是该厂商退出生产；第二种结果，垄断厂商在短期内是亏损的，在长期内，它通过对最优生产规模的选择，摆脱了亏损的状况，甚至获得利润；第三种结果，垄断厂商在短期内利用既定的生产规模获得了利润，在长期中，它通过对生产规模的调整，使自己获得更大的利润。至于第一种情况，不需要再分析。对第二种情况和第三种情况的分析是相似的。下面利用图 6-12 对第三种情况进行分析。

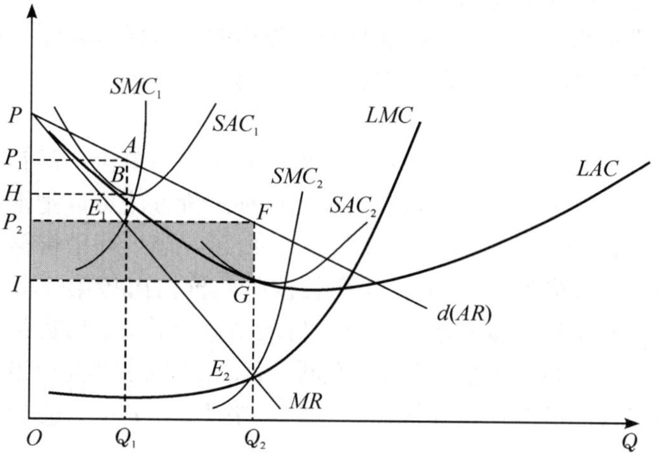

图 6-12 完全垄断厂商获得正常利润

图 6-12 中，d 曲线和 MR 曲线分别表示垄断厂商所面临的市场需求曲线和边际收益曲线，LAC 曲线和 LMC 曲线分别为垄断厂商的长期平均成本曲线和长期边际成本曲线。

假定开始时垄断厂商是在由 SAC_1 曲线和 SMC_1 曲线所代表的生产规模上进行生产。在短期内，垄断厂商只能按照 $MR=SMC$ 的原则，在现有的生产规模上将产量和价格分别调整到 Q_1 和 P_1。在短期均衡点 E_1 上，垄断厂商获得的利润为图中矩形 HP_1AB 的面积。

在长期中，垄断厂商通过生产规模的调整，进一步增大利润。按照 $MR=LMC$ 的长期均衡原则，垄断厂商的长期均衡点为 E_2，长期均衡产量和均衡价格分别为 Q_2 和 P_2，垄断厂商所选择的相应的最优生产规模由 SAC_2 曲线和 SMC_2 曲线所代表。此时，垄断厂商获得了更大的利润，其利润量相当于图中的阴影部分矩形 IP_2FG 的面积。

由此可见，垄断厂商之所以能在长期内获得更大的利润，其原因在于长期内企业的生产规模是可变的和市场对新加入厂商几乎是完全关闭的。

如图 6-12 所示，在垄断厂商的 $MR=LMC$ 长期均衡产量上，代表最优生产规模的 SAC_2 曲线和 LAC 曲线相切，相应的 SMC 曲线、LMC 曲线和 MR 曲线相交于一点。所以，垄断厂商的长期均衡条件为：

$$MR = LMC = SMC$$

垄断厂商在长期均衡点上可以获得利润。

最后，由于垄断厂商所面临的需求曲线就是市场需求曲线，垄断厂商的供给量就是全行业的供给量，所以上述所分析的垄断厂商的短期和长期均衡价格和均衡产量的决定，就是垄断市场的短期和长期均衡价格和均衡产量的决定。

6.3.5 垄断厂商的差别定价

在某些情况下，垄断厂商会对同一种商品收取不同的价格，这种做法往往会增加垄断厂商的利润。以不同的价格销售同一种商品，被称为价格歧视。垄断厂商实行价格歧视，必须具备以下的基本条件：

（1）市场的消费者具有不同的偏好，且这些不同的偏好可以区分开。这样厂商才有可能对不同的消费者或消费群体收取不同的价格。

（2）不同的消费者或不同的销售市场是相互隔离的。这样就排除了中间商由低价处买进商品，转手又在高价处出售商品而从中获利的情况。

1. 一级价格差别

一级价格差别又称为完全的价格差别。如果厂商对每一单位产品都按消费者所愿意支付的最高价格出售，这就是一级价格差别。采用这种定价方法可以把消费者剩余全部转化为垄断厂商的超额利润。一级价格差别如图 6－13 所示：当厂商销售第一单位产品 Q_1 时，消费者愿意支付的最高价格为 P_1，于是厂商就按照此价格出售第一单位产品。当厂商销售第二单位产品时，厂商又按照消费者愿意支付的最高价格 P_2 出售第二单位产品。以此类推，直到厂商销售量为 Q_m 为止。这时，垄断厂商得到的总收益相当于图中的阴影部分面积。如果厂商不实行价格差别，都按照统一的价格 P_m 出售 Q_m 的产量时，总收益仅为矩形 OP_mBQ_m 的面积。

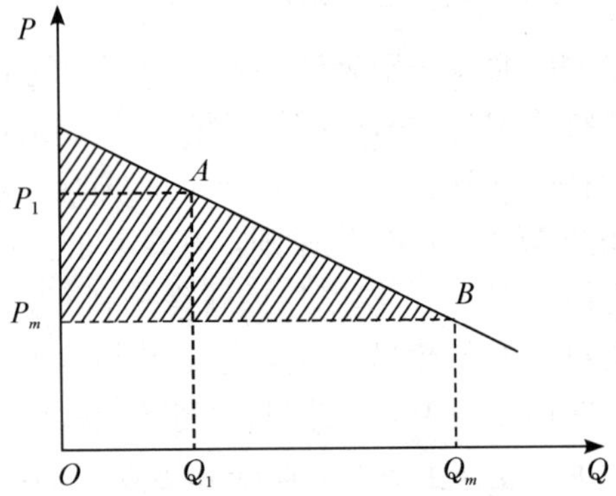

图 6－13　一级价格差别

2. 二级价格差别

二级价格差别是指垄断厂商对一定数量（比如每 10 个一组）的同种产品收取一种价格，对另外一定数量的该产品收取另一种价格。

二级价格差别多出现在社会公用事业中。实行二级价格差别时，厂商得到部分的消费者剩余，而不是全部。

在图 6－14 中，垄断者规定了三个不同的价格水平。在第一个消费段上，垄断者规定的价格最高为 P_1；但消费者数量增加到第二个消费段时，价格下降到 P_2；当消费数量再增加到第三个消费段时，价格便下降到更低的 P_3。

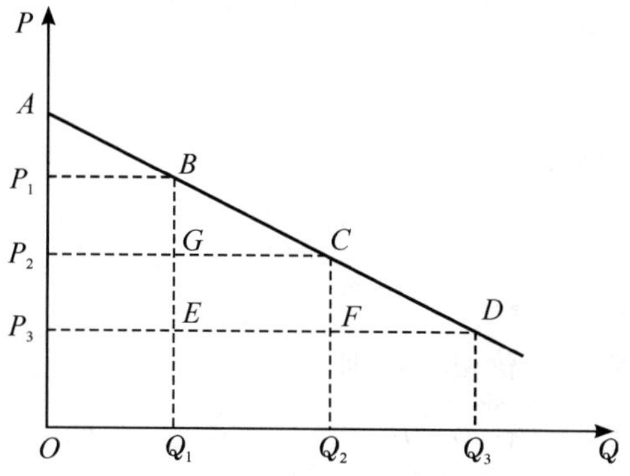

图 6－14　二级价格差别

如果不存在价格差别，则垄断厂商的总收益相当于矩形 OP_3DQ_3 的面积，消费者剩余相当于 ΔAP_3D 的面积。如果实行二级价格差别，则垄断厂商的总收益的增加量（即利润的增加量）相当于矩形 P_3P_1BE 加矩形 $EGCF$ 的面积，这一面积恰好就是消费者剩余的损失量，而消费者剩余仅为 ΔAP_1B、ΔBGC 和 ΔCFD 面积之和。由此可见，实行二级价格差别的垄断厂商利润就会增加，部分消费者剩余被垄断者占有。

二级价格差别与一级价格差别的区别：

(1) 一级价格差别的实质是逐个定价，逐个出售；而二级价格差别的实质是分批定价，分批出售。

(2) 一级价格差别是对每个消费者收取不同的价格；而二级价格差别的价格表是对所有的买者。

3. 三级价格差别

三级价格差别是指厂商对不同市场的不同消费者实行不同的价格，它可以将高价市场的消费者剩余转化为超额利润。此时，厂商根据 $MR_1=MR_2=MC$ 的原则来确定产量。两个分割市场的产品定价由它们的弹性决定。

如前所述，$MR=P\ (1-1/\ Ed)$，即

$$MR_1=P_1(1-1/\ E_{d1}),\ MR_2=P_2(1-1/E_{d2})$$

当 $MR_1=MR_2$ 时，$P_1/P_2=\ (1-1/\ E_{d2})\ /\ (1-1/\ E_{d1})$，只要知道了两个分割市场的需求价格弹性，则两个市场的产品价格比就可以确定了。

[例] 假定某垄断厂商的产品在两个分割的市场出售，产品成本函数和需求函数分别为：$TC=Q^2+10Q$，$Q_1=32-0.4P_1$，$Q_2=18-0.1P_2$。

(1) 若两个市场实行差别价格，利润最大化时两个市场的售价、销售量和利润各为多少？

(2) 若两个市场只能卖一个价格，利润最大化时售价、销售量和利润各为多少？

解：(1) $MC=2Q+10$，$P_1=80-2.5Q_1$，$P_2=180-10Q_2$

则 $MR_1 = 80 - 5Q_1$

$MR_2 = 180 - 20Q_2$

根据利润最大化时 $MR_1 = MR_2 = MC$ 得：

$80 - 5Q_1 = 2Q + 10$

$180 - 20Q_2 = 2Q + 10$

$Q = Q_1 + Q_2$

得：$Q_1 = 8$，$Q_2 = 7$，$Q = 15$

$P_1 = 60$，$P_2 = 110$

利润 $= P_1 \cdot Q_1 + P_2 \cdot Q_2 - TC = 875$

（2）若两个市场只能卖一个价格 P，则

$Q_1 = 32 - 0.4P_1, Q_2 = 18 - 0.1P_2$

$Q_1 + Q_2 = Q = 50 - 0.5P$，即 $P = 100 - 2Q$

$TR = PQ = Q(100 - 2Q) = 100Q - 2Q^2$ 则，$MR = 100 - 4Q$

根据 $MR = MC$，有 $100 - 4Q = 2Q + 10$，所以 $Q = 15$，$P = 70$

则，$Q_1 = 32 - 0.4P = 32 - 0.4 \times 70 = 4$

$Q_2 = 18 - 0.1P = 18 - 0.1 \times 70 = 11$

利润 $= P \cdot Q - TC = 70 \times 15 - (15^2 + 10 \times 15) = 675$

6.4 垄断竞争市场上的厂商均衡

6.4.1 垄断竞争市场的含义与特点

完全竞争市场和垄断市场是理论分析中的两种极端的市场组织。在现实经济生活中，通常存在的是垄断竞争市场和寡头市场。其中，垄断竞争市场与完全竞争市场比较接近。

垄断竞争是指一个市场中有许多厂商生产和销售有差别的同种产品。与此对应，西方经济学家提出了生产集团的概念。即市场上大量的生产非常接近的同种产品的厂商的总和称为生产集团。例如，汽车加油站集团、快餐食品集团、理发店集团等。垄断竞争市场应同时具备三个条件：

（1）足够多的买者和卖者。垄断竞争条件下，各个行业中的厂商一般都是中小企业，对市场的影响程度是有限的，不能对市场进行控制。另一方面，由于产品的差异性，各厂商之间存在着激烈的竞争。

（2）同种产品之间存在差别。这种差别是指同一种类的产品在包装、品牌以及售后服务等方面的差别。正是由于这种差别的存在，使得各厂商都成为某种意义上的垄断者；同时，又由于各种产品之间存在某种程度的可替代性，所以各种差别产品之间又形成了竞争。

（3）行业的门槛比较低，企业可以比较自由地进出市场。每一个企业的规模也不是太大，所需的资本不是很多，因而要进出市场没有多大的障碍。但也不是完全的自由进出，

还是需要一定的资本量，不是任何一家企业都可以随时进出市场。

在现实生活中，垄断竞争的市场组织在零售业和服务业中是很普遍的。服装业、纺织业、食品加工业是全国范围内的垄断竞争行业；快餐业、副食业、鞋帽业是在地方层次上的垄断竞争行业。这些企业数量多、产量少，但其产品和劳务是有差别的。

6.4.2 垄断竞争市场上厂商的需求曲线和收益曲线

1. 垄断竞争市场厂商的需求曲线

在垄断竞争条件下，厂商在一定程度上可以控制自己产品的价格，也就是说厂商可以通过提高或降低有差别产品的销量来影响市场中商品的价格，导致垄断竞争厂商产品的需求曲线是一条倾斜线。同时，垄断竞争厂商的商品具有替代性，这就使得垄断竞争厂商所面临的需求曲线具有相当大的弹性。因此，垄断竞争厂商向右下方倾斜的需求曲线是比较平坦的，相对比较接近完全竞争厂商的水平形状需求曲线。在垄断竞争条件下，厂商所面临的需求曲线有两种，通常被称为 d 需求曲线和 D 需求曲线，见图 6－15。

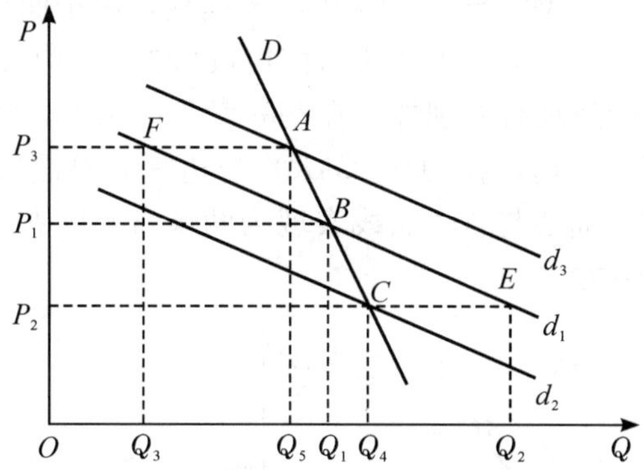

图 6－15 垄断竞争厂商的需求曲线

（1）图 6－15 中，d 需求曲线表示在垄断竞争市场条件下，某一行业中的某一厂商变动产品销售价格，而同一行业中其他厂商的产品价格保持不变时，该厂商的销售价格和销售量之间的关系。设某厂商甲初始生产时，价格和产品分别为 P_1、Q_1，即处于厂商所面临的需求曲线 d_1 的 B 点之上。假设甲厂把价格由 P_1 降至 P_2，其销售量相应由 Q_1 增加到 Q_2，因此，厂商甲所预料的生产沿着 d_1 曲线的 B 点移至 E 点。同理，如果假设厂商将价格由 P_1 升至 P_3，其他垄断竞争厂商对此并无反应，厂商会预期到其产品销量将由 Q_1 降至 Q_3，也就是厂商甲所预料的生产沿着 d_1 曲线的 B 点移至 F 点。厂商在垄断竞争条件下，生产沿着曲线 d 上下移动，其前提条件是：垄断竞争厂商甲自主决定价格，并且其他垄断竞争厂商对此毫无反应。由此，我们通常称 d 曲线为预期需求曲线，或垄断竞争厂商的主观需求曲线。

（2）图 6－15 中，D 需求曲线表示在垄断竞争市场条件下，某一行业中的厂商乙调整自己产品的销售价格，在激烈的市场竞争作用下，同一行业中的其他厂商发生相应变化，该厂商的产品价格和销售量之间的关系。如果垄断竞争厂商乙将价格由 P_1 降至 P_2，行业中其他所有厂商产量价格都随之跌至 P_2 水平，于是厂商乙的销售量仅会由 Q_1 增至 Q_4，而不是厂商乙预期的 Q_2，这是因为厂商乙在降价后，其他厂商也相应降价，所以仅有部分消费者被厂商乙所吸引。可见，垄断竞争厂商降价的结果是使自己的销售量沿着 D 需求曲线由 B 点运动到 C 点。同时，d_1 需求曲线也相应从 B 点沿着 D 需求曲线运动到 C 点，即平移到 d_2 需求曲线的位置。d_2 需求曲线表示当整个行业将价格固定在新的价格水平 P_2 后，该垄断竞争厂商单独变动价格时在各个价格水平下的预期销售量。

同样道理，当厂商乙把价格由 P_1 升高至 P_3 时，其销售量由 Q_1 减少至 Q_5，而不是预期的 Q_3。可见，垄断竞争厂商提价的结果是使自己的实际销售量沿着 D 需求曲线由 B 点运动到 A 点。相应地，d_1 需求曲线也沿着 D 需求曲线从 B 点运动到 A 点，即平移到 d_3 需求曲线的位置。d_3 需求曲线表示当整个行业将价格固定在新的价格水平 P_3 后，该垄断竞争厂商单独变动价格时在各个价格水平下的预期销售量。

D 需求曲线反映了行业内其他厂商的行为对于个别厂商调整价格所引起的市场需求量的变动。在垄断竞争市场上，D 曲线可以被视为厂商的长期需求曲线。

2. 垄断竞争市场的成本和收益曲线

在垄断竞争条件下，单个厂商的成本变动情况与完全竞争条件下成本变动的情况大体相似，如图 6-16（a）所示，MC 与 AC 均为 U 形曲线，两条曲线交于 AC 曲线的最低处 E 点。在垄断竞争条件下，某行业中单个厂商对自己的产品均具有一定意义上的垄断因素，并且各个厂商之间的产品具有差别性。在垄断竞争市场上，随着产品产量的增加，其价格不断下降，因而厂商的平均收益曲线（AR）与边际收益曲线（MR）也将不断减少。如图 6-16（b）所示，MR 曲线与 AR 曲线表现为两条自左向右下方倾斜的曲线，且 MR 曲线始终位于 AR 曲线的下方。

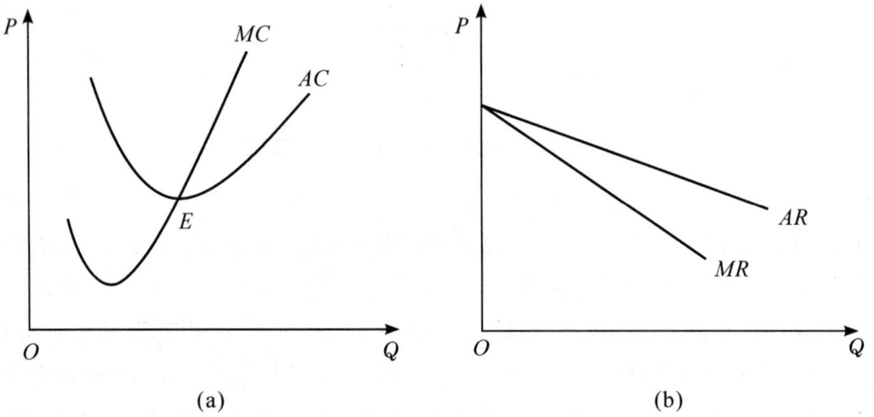

图 6-16 垄断竞争厂商的成本与收益曲线

6.4.3 垄断竞争市场上厂商的短期均衡

在短期内，垄断竞争厂商是在现有的生产规模下通过对产量和价格的同时调整，来实现 $MR=MC$ 的均衡条件。

在图 6-17（a）中，MR_1 是相对于 d_1 的厂商边际收益曲线，MR_2 是相对于 d_2 的厂商边际收益曲线。假设在生产初期，产品的售价和产量分别为 P_0 和 Q_0，即厂商在 D 曲线与 d_1 曲线相交的 A 点进行生产。但在该点 $MC \neq MR$，于是垄断竞争厂商将生产由 A 点沿着 d_1 需求曲线向均衡点 B 调整，即将价格由 P_0 降为 P_1，将产量增加到 Q_1。

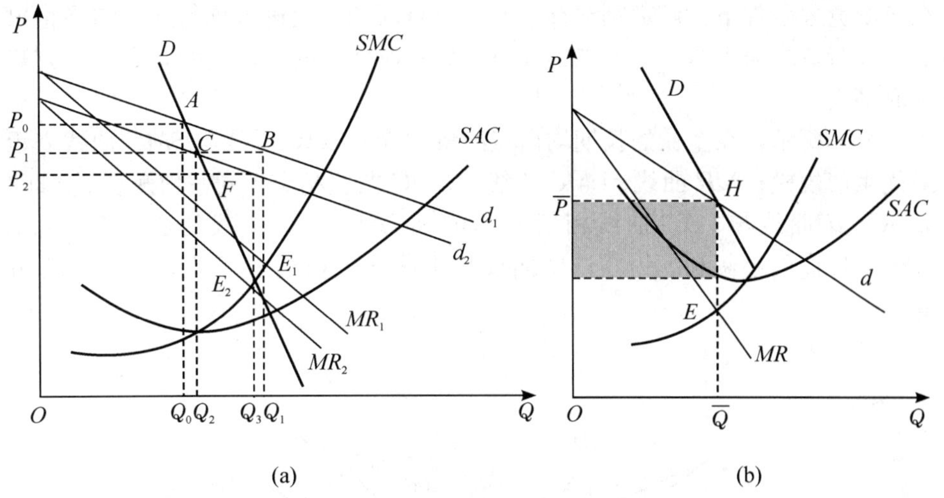

图 6-17　垄断竞争厂商的短期均衡

然而，由于该行业内每一个企业所面临的情况都是相同的，而且每个企业都是在假定自己改变价格而其他企业不会改变价格的条件下采取了相同的行动，即都把价格降为 P_1，都计划生产 Q_1 的产量。于是事实上，当整个市场的价格下降为 P_1 时，每个企业的产量都毫无例外是 Q_2，而不是 Q_1。相应地，每个企业的 d_1 曲线也都沿着 D 曲线运动到了 d_2 曲线的位置。所以，首次降价的结果是使该企业的经营情况由 A 点沿着 D 曲线运动到了 C 点。

在 C 点位置上，d_2 曲线与 D 曲线相交，相应的边际收益曲线为 MR_2。显然，在 C 点，该厂商的产品价格 P_1 和产量 Q_2 仍然不符合在新的市场价格水平下 $MR_2=SMC$ 的均衡点 E_2 上的价格 P_2 和产量 Q_3 的要求。因此，该企业又会再一次降价。与第一次降价相似，企业将沿着 D 曲线由 C 点运动到 F 点。相应地，d_2 曲线将向下平移，并与 D 曲线相交于 F 点［图 6-17（a）中从略］。以此类推，企业为实现 $MR=SMC$ 的利润最大化的原则，会继续降低价格，d 曲线会沿着 D 曲线不断向下平移，并在每一个新的市场价格水平与 D 曲线相交。

上述过程一直要持续到该企业没有理由再继续降价为止，即一直要持续到企业所追求的 $MR=SMC$ 的均衡条件实现为止。如图 6-17（b）所示，企业连续降价的行为的最终结果，将使得 d 曲线和 D 曲线相交点 H 上的产量和价格，恰好是 $MR=SMC$ 时的均衡点 E 所要求的产量 $\overline{Q}$ 和价格 $\overline{P}$。此时，企业便实现了短期均衡，并获得了利润，利润量相当于图 6-17（b）中阴影部分矩形的面积。当然，垄断竞争厂商在短期均衡点上并非一定能获得最大的利润，也可能是最小的亏损。这取决于均衡价格是大于还是小于 SAC。在企业亏损时，只要均衡价格大于 AVC，企业在短期内总是继续生产的；只要均衡价格小于 AVC，企业在短期内就停止生产。

垄断竞争厂商短期均衡的条件是：$MR=SMC$。在短期均衡的产量上，必定存在一个 d 曲线和 D 曲线的交点，它意味着市场上的供求是相等的。此时，垄断竞争厂商可能获得最大利润，可能利润为零，也可能蒙受最小损失。

6.4.4　垄断竞争市场上厂商的长期均衡

在垄断竞争条件下，厂商的长期均衡是通过新厂商的进入或原有厂商之间的竞争来实现的。在垄断竞争条件下，超额利润存在时，将有新的厂商进入该行业，结果将出现供应量的增加。在行业中需求水平不变的情况下，厂商所面临的需求曲线将向左下方移动，直到超额利润消失。

如图 6－18 所示，在企业的长期均衡点产量 $\bar{Q}$ 上，SAC 曲线与 SMC 曲线表示生产 $\bar{Q}$ 产量的最优生产规模；MR 曲线、LMC 曲线和 SMC 曲线相交于同一均衡点 E，即有 $MR=SMC=LMC$；d 曲线与 LAC 曲线相切于 LAC 曲线与 SAC 曲线的切点 K，即有 $AR=LAC=SAC$，厂商的超额利润为零；D 曲线与 d 曲线也相交于 K 点，即意味着市场上的供求相等。

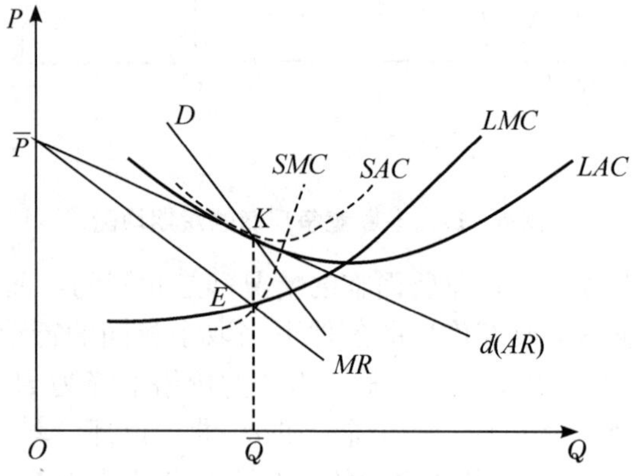

图 6－18　垄断竞争厂商的长期均衡

总之，垄断竞争市场长期均衡条件为：

$$MR=SMC=LMC$$
$$AR=LAC=SAC$$

在长期均衡产量上，垄断竞争厂商的利润为零，且存在一个 d 需求曲线和 D 需求曲线的交点。

6.5　寡头垄断市场上的厂商均衡

6.5.1　寡头垄断市场概述

1. 寡头垄断市场的含义与特点

寡头垄断市场又称为寡头市场，是指少数几家厂商控制整个市场信息及产品的生产和销售的市场组织。寡头垄断被认为是较为普遍的市场组织。西方国家中不少行业都表现出寡头垄断的特点，例如美国的汽车业、电气设备业、罐头行业等，都被几家企业所控制。寡头垄断具有这样的市场特点：（1）厂商的数量很少；（2）厂商之间存在相互依存性；（3）厂商进入或退出行业非常困难；（4）非价格竞争非常激烈。

寡头市场与其他市场类型相比较存在一个最显著的特征，即寡头之间的相互依存性。由于寡头垄断行业中只有少数几家厂商，因此每家厂商就不得不考虑其他厂商的行动，因为每个厂商的利益都要受到其他厂商行动的影响。某个厂商的价格及产量的变动、新的研究开发计划及广告等行动都会对其他厂商的利益产生影响，其他厂商就不会不对这些行动作出反应。如果不假定其他厂商可能作出的反应是什么，预测厂商采取某个行动（如改变价格）后的销售量是不可能的。厂商的销售量不仅取决于它的价格，而且还取决于其他厂商对其改变价格的行动作出的反应。

2. 寡头垄断市场的成因与分类

形成寡头垄断市场的主要成因有：某些产品的生产必须在相当大的生产规模上进行才能达到最好的经济效益；行业中几家企业对生产所需的基本生产资源的供给的控制；政府的扶植和支持等。由此可见，寡头垄断市场的成因和垄断市场是很相似的，只是在程度上有所差别而已。寡头垄断市场是比较接近垄断市场的一种市场组织。

寡头行业可按不同方式分类。根据产品特征，可以分为纯粹寡头行业和差别寡头行业两类。在纯粹寡头行业中，厂商生产的产品没有差别，如钢铁、水泥等；在差别寡头行业中，厂商生产的产品是有差别的，如汽车、冰箱等。此外，寡头行业还可按厂商的行动方式分为有勾结行为和独立行为等不同类型。

6.5.2 寡头垄断模型

1. 古诺模型

古诺模型是早期的寡头垄断模型，由法国经济学家古诺在1838年提出。古诺模型通常被作为寡头垄断理论分析的出发点，它是一个只有两个寡头垄断厂商的简单模型，也被称为“双头模型”。古诺模型的结论可以很容易地推广到三个或三个以上的寡头厂商的情况中。

该模型假设：

（1）市场上只有A与B两个厂商，生产和销售完全相同的产品；

（2）生产成本为零；

（3）它们共同面临的市场的需求曲线是线性；

（4）两个厂商都是在已知对方产量的基础上，各自确定能给自己带来最大利润的产量。

在图6-19中，D曲线是两个寡头共同面临的线性的市场需求曲线，两个厂商共同分配市场的过程如下：

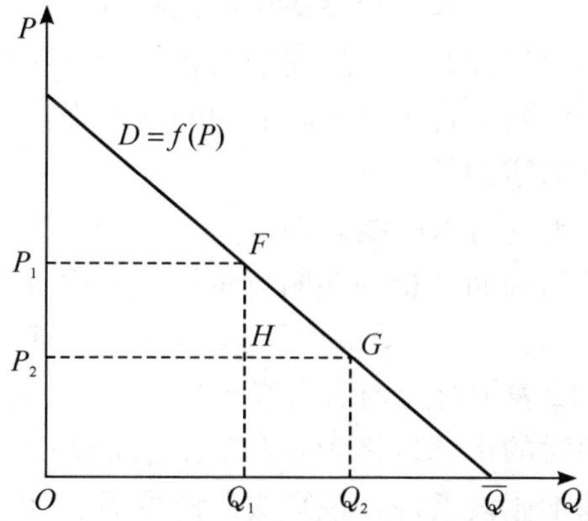

图6-19 古诺模型示意图

在第一轮中，A厂商进入市场。它将产量定为市场总容量（市场需求量）的一半 $\overline{Q}/2$，即 OQ_1，相应的价格为 OP_1，从而实现利润最大化（利润就是矩形 OQ_1FP_1 的面积）。

然后B厂商进入市场。B厂商会盯住A厂商剩下的市场空间（即 $Q_1\overline{Q}$），而生产这部分市场容量的1/2，即 Q_1Q_2。此时市场总供给量已达到 OQ_2，因而价格相应地由 P_1 降至 P_2。B厂商的总利润是矩形 Q_1Q_2GH 的面积，A厂商的利润由于B厂商的进入而下降到 OQ_1HP_2。

在第二轮中，A厂商又根据B厂商加入后自己所面临的市场容量，即3/4的 $O\overline{Q}$ 来重新调整自己的产量，以实现利润最大化。A厂商会将产量调整到自己所面临的市场空间的1/2，即市场总容量的3/8。与上一轮相比，A厂商的产量减少了（1/8）$O\overline{Q}$。然后，B厂商进入，A厂商在本轮留给B厂商的市场容量为（5/8）$O\overline{Q}$，于是B厂商的产量为（5/16）$O\overline{Q}$。与上一轮相比，B厂商的产量增加了（1/16）$O\overline{Q}$。

在这样一轮复一轮的过程中，A厂商的产量会逐渐减少，B厂商的产量会逐渐增加，最后达到A、B两个厂商的产量都相等的均衡状态。在均衡状态中，A、B两个厂商的产量都为市场总容量的1/3，即每个厂商的产量为（1/3）$O\overline{Q}$，行业的总产量为（2/3）$O\overline{Q}$。

A厂商的均衡产量为：

$$O\overline{Q}(1/2-1/8-1/32-\cdots)=(1/3)O\overline{Q}$$

B厂商的均衡产量为：

$$O\overline{Q}(1/4+1/16+1/64+\cdots)=(1/3)O\overline{Q}$$

行业均衡的总产量为：

$$(1/3)O\overline{Q}+(1/3)O\overline{Q}=(2/3)O\overline{Q}$$

2. 斯威齐模型

斯威齐模型也被称为弯折的需求曲线模型。该模型由美国经济学家斯威齐于1939年提出，这一模型可用来解释一些寡头市场上的价格刚性现象。

该模型的基本假设条件是：如果一个寡头厂商提高价格，行业中的其他寡头厂商都不会跟着改变自己的价格，因而提价的寡头厂商的销售量会减少很多；如果一个寡头厂商降低价格，行业中的其他寡头厂商会将价格下降到相同的水平，以避免销售份额的减少，因而降价的寡头厂商的销售量的增加是有限的。

现用图6-20来说明弯折的需求曲线。图6-20中有某寡头厂商的一条 dd 需求曲线和一条 DD 需求曲线，它们与前面分析的垄断竞争厂商所面临的两条需求曲线的含义是相同的。dd 需求曲线表示该寡头厂商变动价格而其他寡头厂商保持价格不变时的该寡头厂商的需求状况，DD 需求曲线表示行业内所有寡头厂商都以相同方式改变价格时的该寡头厂商的需求状况。假定开始时的市场价格为 dd 需求曲线和 DD 需求曲线的交点 B 所决定的 $\overline{P}$，那么根据该模型的基本假设条件，该寡头厂商由 B 点出发，提价所面临的需求曲线是 dd 需求曲线上的 dB 段，降价所面临的需求曲线是 DD 需求曲线上的 BD 段，于是这两段共同构成的该寡头厂商的需求曲线为 dBD。显然，这是一条弯折的需求曲线，折点

是 B 点。这条弯折的需求曲线表示该寡头厂商从 B 点出发，在各个价格水平所面临的市场需求量。

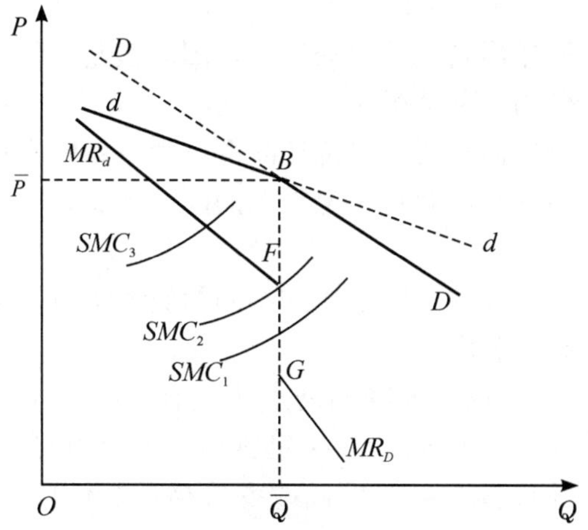

图 6-20　弯折的需求曲线模型

由弯折的需求曲线可以得到间断的边际收益曲线。图 6-20 中与需求曲线 dB 段所对应的边际收益曲线为 MR_d，与需求曲线 BD 段所对应的边际收益曲线为 MR_D，两者结合在一起，便构成了寡头厂商的间断的边际收益曲线，其间断部分为垂直虚线 FG。

【本章小结】

1. 在完全竞争市场条件下，厂商所面临的需求曲线、平均收益曲线以及边际收益曲线这三条线重合。完全竞争厂商的短期均衡存在着五种不同的情况。这五种情况的均衡点都是根据 $MR=MC$ 的原则确定。

(1) 当平均收益大于平均总成本，即 $AR>SAC$，厂商获得超额利润；

(2) 当平均收益等于平均总成本，即 $AR=SAC$，厂商的超额利润刚好为零，获得正常利润；

(3) 当平均收益小于平均总成本，但仍大于平均可变成本，即 $AVC<AR<SAC$，厂商亏损，但继续生产；

(4) 当平均收益等于平均可变成本，即 $AR=AVC$，厂商亏损，处于生产与不生产的临界点；

(5) 当平均收益小于平均可变成本，即 $AR<AVC$，厂商亏损，停止生产。

厂商实现长期均衡的条件为 $MR=LMC=SMC=LAC=SAC$，由于市场对行业规模的调整和厂商通过对自身生产规模的不断调整，会达到 $AR=LAC$，既无超额利润也无亏损，实现均衡。

2. 在完全垄断市场条件下，厂商的平均收益曲线与需求曲线 d 重合，是一条向右下方倾斜的曲线，厂商的边际收益曲线 MR 也向右下方倾斜，并且始终处于 AR 曲线的下方。完全垄断厂商的短期均衡存在四种情况：

(1) 当 $AR>SAC$ 时，垄断厂商获得超额利润；

(2) 当 $AR=SAC$ 时，垄断厂商的经济利润为零，但获得全部的正常利润；

(3) 当 $AVC<AR<SAC$ 时，垄断厂商亏损，但亏损最小；

(4) 当 $AR<AVC$，停止生产。

垄断厂商的长期均衡条件为：$MR=LMC=SMC$，垄断厂商根据这个原则，逐渐调整其生产规模，由于垄断厂商排斥其他厂商的进入，因而垄断厂商在长期内获得最大利润。

垄断厂商的差别定价分为三种情况：

(1) 一级价格差别，指厂商对每一单位产品都按消费者所愿意支付的最高价格出售。

(2) 二级价格差别，指垄断厂商对一定数量的同种产品收取一种价格，对另外一定数量的该产品收取另一种价格。

(3) 三级价格差别，指厂商对不同市场的不同消费者实行不同的价格，它可以将高价市场的消费者剩余转化为超额利润。

3. 在垄断竞争条件下，厂商所面临的需求曲线有两种，通常被称为 d 需求曲线和 D 需求曲线。市场中某一垄断竞争厂商自主决定价格，并且其他垄断竞争厂商对此毫无反应，则为 d 需求曲线；如果市场中某一厂商改变价格，其他厂商也随之变化，则为 D 需求曲线。

在短期内，垄断竞争厂商是在现有的生产规模下通过对产量和价格的同时调整，来实现 $MR=MC$ 的均衡条件。

垄断竞争市场长期均衡条件为：$MR=SMC=LMC$，由于新厂商的进入，超额利润不断减少，当 $AR=LAC=SAC$ 时，厂商的经济利润为零，实现长期均衡。

4. 寡头市场条件下，寡头间的相互依存性使寡头们的行为具有博弈的特点，对这种行为进行全面的理论分析具有较大的难度。古诺建立的双寡头模型和斯威齐建立的弯折的需求曲线模型是经常被引用的两个模型。

【练习与思考】

一、单项选择题

1. 在完全竞争市场上，厂商短期的均衡条件是(　　)。

A. $P=AR$　　B. $P=MR$　　C. $P=MC$　　D. $P=AC$

2. 在一般情况下，厂商得到的价格若低于以下哪种成本就停止营业？(　　)

A. 平均成本　　B. 平均可变成本

C. 边际成本　　D. 平均固定成本

3. 对完全垄断厂商来说，(　　)。

A. 提高价格一定能增加收益

B. 降低价格一定会减少收益

C. 提高价格未必能增加收益，降低价格未必会减少收益

D. 以上都不正确

4. 完全垄断厂商的总收益与价格同时下降的前提条件是(　　)。

A. $E_d>1$　　B. $E_d<1$　　C. $E_d=1$　　D. $E_d=0$

5. 垄断厂商的利润极大时，(　　)。

A. $P=MR=MC$　　B. $P>MR=AC$

C. $P>MR=MC$　　D. $P>MC=AC$

6. 当一个完全竞争行业实现长期均衡时，(　　)。

A. 每个企业的显明成本和隐含成本都得到补偿

B. 每个企业的经济利润都为零

C. 行业中没有任何厂商再进入

D. 以上说法都对

7. 假如一个完全竞争厂商的收益不能弥补可变成本，为了减少损失，它应该(　　)。

A. 减少生产　　B. 增加生产

C. 提高价格　　D. 停止生产

8. 完全垄断厂商的长期均衡条件是(　　)。

A. $MR=MC$　　B. $MR=SMC=LMC$

C. $MR=SMC=LMC=SAC$　　D. $MR=SMC=LMC=SAC=LAC$

二、分析论述题

1. 为什么完全竞争中厂商不愿为产品做广告？

2. 完全竞争市场条件下，为什么行业中所有厂商的经济利润在长期均衡时都会为零？这是否意味着厂商的生产变得没有意义？

3. 为什么有时发生亏损的厂商会选择继续生产而不是关闭？

4. 成为垄断者的厂商可以任意定价，这种说法对吗？

5. 完全垄断行业中的企业和完全竞争企业的需求曲线和边际收益曲线的形状有何区别？

三、计算题

1. 已知某完全竞争行业中的单个厂商的短期成本函数为 $STC=0.1Q^3-2Q^2+15Q+10$。试求：当市场上产品的价格为 $P=55$ 时，厂商的短期均衡产量和利润。

2. 一家完全垄断企业，它的总成本函数为：$TC=\frac{1}{3}Q^3-2Q^2+50Q$，它的需求曲线为 $P=950-2Q$。如果该企业谋求利润最大化，应如何确定它的最优价格和产量？此时的总利润为多少？

3. 已知完全竞争市场的需求函数为 $D=6\,300-400P$，短期市场供给函数为 $S=3\,000+150P$，单个企业在 LAC 曲线最低点的价格为 6，产量为 50，单个企业的成本规模不变。

(1) 求市场的短期均衡价格和产量。

(2) 判断 (1) 中的市场是否同时处于长期均衡，并求行业内的厂商数量。

【实践与操作】

请找出一些处在不同市场结构的产品，比较它们的特点与市场地位。厂商是如何决定它们的价格的？采用了哪些利润最大化策略？

第 7 章
分配理论

【学习目标】

1. 知识学习目标

(1) 生产要素价格的均衡

(2) 工资、利率、地租的决定以及利润理论

(3) 洛伦茨曲线和基尼系数

2. 能力实训目标

(1) 生产要素均衡价格的决定原则

(2) 劳动供给的特殊性

【案例导入】

19 世纪法国经济学家萨伊曾提出了一个“三位一体”的公式，这就是：劳动—工资；资本—利息；土地—地租。以后英国经济学家马歇尔又在此基础上增加了企业家才能—利润，被称为“四位一体”公式。这个公式概括了经济学分配理论的核心，即在生产中，工人提供了劳动，获得了工资；资本家提供了资本，获得了利息；地主提供了土地，获得了地租；企业家提供了企业家才能，获得了利润。

简言之，各种生产要素都根据自己在生产中所作出的贡献而获得了相应的报酬。各种生产要素所获得的报酬就是生产要素的价格。所以，分配理论就是要解决生产要素的价格决定问题，生产要素的价格与产品一样，是由供求关系决定的。这就是说，生产要素的需求与供给决定了生产要素的价格。因此，分配理论就是价格理论在分配问题上的应用，分配是由价格决定的。

7.1 生产要素价格的决定

7.1.1 生产要素的需求

1. 生产要素需求的特点

与消费品需求相比较，生产要素的需求表现为不同的特点：

(1) 生产要素的需求者是生产者而不是消费者。

(2) 生产要素的需求是“引致需求”或“派生需求”。生产要素的购买者不是为了满足自身需要，而是为了生产可供出售的产品才购买的，因此，生产要素的需求是由对最终产品的需求中间接引导出来的，经济学家把它称为引致需求或派生需求。

(3) 厂商对生产要素的需求的目的是用它生产出各种产品，追求利润的需求。

(4) 对生产要素的需求是一种联合需求或相互依存的需求。

2. 影响生产要素需求的主要因素

(1) 市场对产品的需求及产品的价格。所生产产品的价格高低决定了生产者的收入，生产要素所生产出的产品价格越高，生产者得到的收入越多，对要素的需求也就越大；反之则越小。

(2) 生产技术状况。对生产要素的需求还受生产技术状况的影响。因为生产要素往往不是单独发生作用而是相互发生作用的，要素的不同组合以及要素的替代品和互补品价格变动会对不同的要素需求产生较大影响。

(3) 生产要素本身价格的高低。生产要素本身价格高，则生产成本高；价格低，则生产成本低。在比较成本与收入后，生产者才能决定对生产要素的需求；另一方面，在生产过程中，生产要素大都是可相互替代使用的，故其他生产要素的价格也会影响对此生产要素的需求。因此，在其他情况不变的情况下，生产要素的需求与其自身价格呈减函数的关系。

3. 分析生产要素需求时应注意的问题

(1) 产品市场结构的类型是完全竞争还是不完全竞争。

(2) 一家厂商对生产要素的需求与整个行业对生产要素需求的联系与区别。

(3) 只有一种生产要素变动与多种生产要素变动的情况。

(4) 生产要素本身的市场结构是完全竞争的还是不完全竞争的。

在本章以下的分析中，我们只说明在不同产品结构市场上，当生产要素为完全竞争时一家厂商对一种生产要素的需求。

4. 完全竞争厂商的生产要素需求

这里假定，完全竞争厂商只使用一种生产要素、生产单一产品、追求最大限度的利润。利润最大化要求任何经济活动的边际收益和边际成本必须相等。这一点不仅适用于产品数量的决定，而且也适用于要素使用量的决定。只不过对于不同的经济活动，它们的边际收益和边际成本的含义有所不同。而由于不同的含义，边际收益和边际成本又有不同的名称。

(1) 生产要素的边际收益——边际产品价值。为了分析生产要素的边际产品价值，首先要引出边际生产力的概念。

边际生产力是指厂商每增加一单位生产要素投入所增加的生产力。生产要素的边际生产力可用边际产品价值（VMP）来表示。边际产品价值是生产要素的边际产品（MP）和产品价格（P）的乘积。

$$VMP = MP \cdot P \tag{7-1}$$

式中，边际产品是指每增加使用一个单位生产要素所增加的产品，即$MP=\Delta Q/\Delta L$或$\Delta Q/\Delta C$。

例如，某种款式衣服的单价为 50 元，假如增加一个工人每天可以多生产 5 件衣服，则边际产品价值为 250 元。

从式（7-1）中可以看出，边际产品价值是反映总收益增量与生产要素投入增量之间的关系，即反映单位生产要素投入增量所引起总收益增量的变化，该结论可以用下式证明：

$$VMP=\frac{\Delta Q}{\Delta L}\cdot P=\frac{\Delta QP}{\Delta L} \tag{7-2}$$

这里要注意边际产品价值和边际产品、边际收益的区别。边际产品反映要素投入和产品之间的实物关系，即反映增加单位要素投入，增加多少产品。边际收益反映销售数量和收益之间的关系，即反映增加销售单位产品所增加的总收益，所以边际收益通常是对产量而言的；而边际产品价值则是对要素而言的。厂商的边际产品和边际产品价值，如表 7-1 和图 7-1 所示。

表 7-1　　厂商的边际产品和边际产品价值

要素数量(L)	边际产品(MP)	产品价格(P)	总收益($TR=Q\cdot P$)	边际产品价值($VMP=MP\cdot P$)
1	10	3	30	30
2	9	3	57	27
3	8	3	81	24
4	7	3	102	21
5	6	3	120	18
6	5	3	135	15
7	4	3	147	12
8	3	3	156	9
9	2	3	162	6
10	1	3	165	3

在表 7-1 中，第二列边际产品是根据边际收益递减规律假定的；第四列总收益是按 $TR=Q\cdot P$ 计算的，是第二列的累计数和价格相乘而得，因为我们首先研究的是完全竞争的市场结构，所以假定产品价格为常量 3；按公式 $VMP=MP\cdot P$ 计算边际产品价值，如第五列，从表中数字可看出，边际产品价值随要素使用量的增加也是递减的。

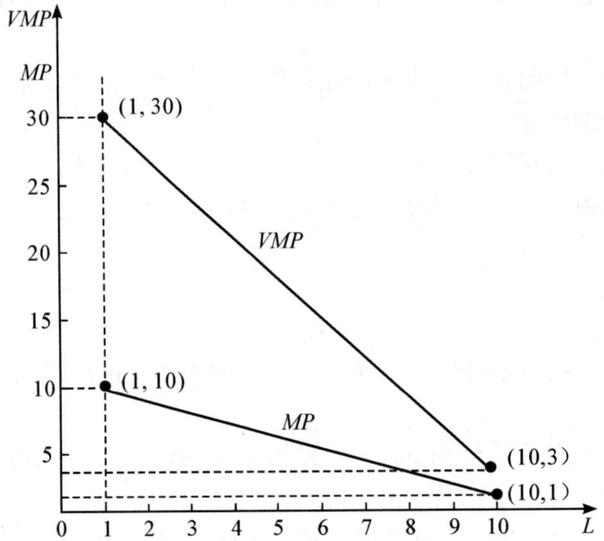

图 7-1　厂商的边际产品和边际产品价值

在图 7－1 中，横轴代表生产要素 L，纵轴代表边际产品 MP 和边际产品价值 VMP。边际产品曲线和边际产品价值曲线是根据表 7－1 中的数据画出来的。两条向右下方倾斜的曲线表明，边际产品和边际产品价值都是随着生产要素增加而不断下降。边际产品价值曲线的位置取决于边际产品和价格的变动。图 7－1 中，若 $P>1$，边际产品价值曲线在边际产品上边；若 $P<1$，则在下边。

（2）生产要素的边际成本——要素价格。根据成本理论，将边际成本定义为每增加单位产量增加的成本，即 $MC=\Delta C/\Delta Q$。显然，边际成本反映成本是产量的函数。而这里研究生产要素的边际成本，是表明成本是生产要素的函数。生产要素的边际成本，按其定义应为增加单位生产要素所增加的成本总额，而使用生产要素支出的成本总额应等于生产要素数量和生产要素单位价格的乘积，假定生产要素为劳动，用 C 表示生产要素的价格总额，用 W 表示生产要素价格即工资，则 $C=W\cdot L$。这时生产要素的边际成本可用下式表示：

$$\frac{\mathrm{d}C(L)}{\mathrm{d}L}=\frac{\mathrm{d}W\cdot L}{\mathrm{d}L} \tag{7-3}$$

因为在完全竞争市场的条件下，生产要素价格是一个常量，对上式以 L 为自变量求导得：

$$\frac{\mathrm{d}C(L)}{\mathrm{d}L}=W \tag{7-4}$$

按上述边际收益等于边际成本，厂商使用生产要素最优的原则应为

$$VMP=W \tag{7-5}$$

$$MP\cdot P=W \tag{7-6}$$

式（7－5）表示完全竞争厂商使用生产要素最优数量的条件是边际产品价值和生产要素价格相等。式（7－5）中的 $VMP=W$，可以用图 7－2 来表示。

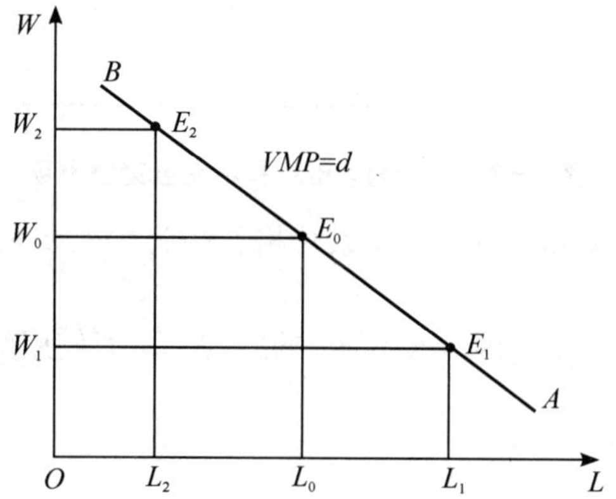

图 7－2　完全竞争厂商的要素需求曲线

在图 7－2 中，横轴代表生产要素投入量 L，假定为单位劳动数量，纵轴代表生产要素价格 W，AB 线为边际产品价值曲线，W_1、W_0、W_2 为价格线，AB 和 W_0 的交点为 E_0，在该交点处 $VMP=W_0$，对应的 L_0 为生产要素最优使用量，即厂商获得最大利润的生产

要素使用量。这就表明在生产要素价格为 W_0 时，厂商需要使用的生产要素为 L_0。同理，生产要素价格为 W_1 时，厂商使用生产要素为 L_1；当生产要素价格为 W_2 时，厂商使用生产要素为 L_2。图7－2中，E_1、E_0 和 E_2 点全在边际产品价值 VMP 曲线上，所以 VMP 曲线就是厂商对生产要素的需求曲线 d，即 $VMP=d$。

5. 不完全竞争市场上的生产要素需求

在不完全竞争市场上，对一个厂商来说价格是变化的。因此，边际收益不等于价格。但厂商对生产要素的需求仍取决于 $MR=MC$。

（1）分析生产要素的边际收益——边际收益产品。在分析不完全竞争市场上生产要素边际生产力时，可用边际收益产品指标。边际收益产品 MRP 是边际产量和边际收益的乘积，即为 $MP \cdot MR$，其经济含义也是反映生产要素投入增量和由其引起的总收益增量的关系。这一点从下式可以看出：

$$MRP=MP \cdot MR=\frac{\Delta Q}{\Delta L} \cdot \frac{\Delta TR}{\Delta Q}=\frac{\Delta TR}{\Delta L} \tag{7-7}$$

如果产品市场是不完全竞争市场，则厂商面对的边际收益会低于价格与平均收益，所以边际收益产品也会小于边际产品价值。如图 7－3 所示，其中 MRP 就是不完全竞争市场的需求曲线。

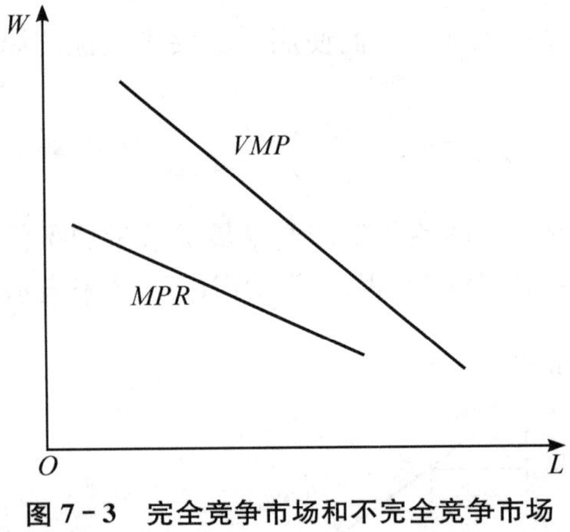

图 7－3　完全竞争市场和不完全竞争市场

（2）分析生产要素的边际成本——要素价格。因为生产要素市场在完全竞争条件下，生产要素价格是一个常量。

按边际收益等于边际成本，即 $MR=MC$ 的原则，厂商使用生产要素最优的原则为

$$MRP=W \tag{7-8}$$

$$MP \cdot MR=W \tag{7-9}$$

式（7－9）表明，不完全竞争厂商使用生产要素最优数量的条件是边际收益产品和生产要素价格相等。

7.1.2　生产要素的供给

西方经济学家认为，生产要素的所有者在提供生产要素为厂商使用时，考虑的是由此

能够获得最大的净收益，正如厂商使用生产要素时考虑的是获得最大利润一样。因此，生产要素的供给曲线同任何商品的供给曲线一样，在完全竞争的要素市场上，由于单个卖者和买者的生产要素供给量与需求量的变化不会影响要素价格，因此厂商可将供给视为既定价格下无穷大，具有完全弹性，它所面临的要素供给曲线是一条水平线。又由于要素价格既定，故每增加一单位要素所增加的成本即边际要素成本 MC_L 不变，等于要素价格。所以，$AC_L = MC_L = W_0$。如图 7-4 所示。

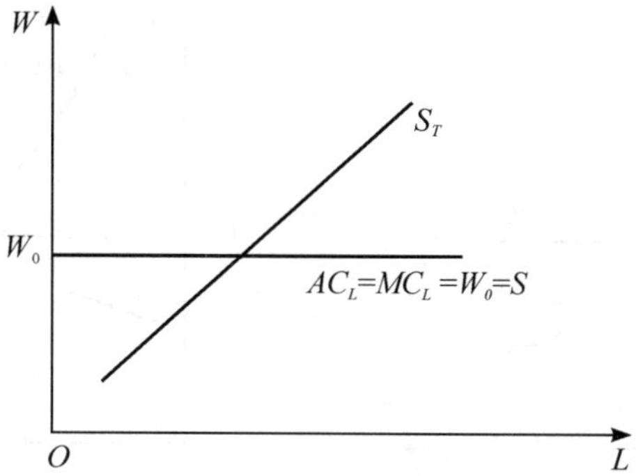

图 7-4　厂商和市场的生产要素供给曲线

图 7-4 中，要素边际成本曲线 MC_L 与平均要素成本曲线 AC_L 完全重合，恰好等于要素价格曲线 W，就是厂商的要素供给曲线 S，它表示既定的要素价格和厂商面临的要素供给量之间的数量关系。该曲线呈水平状态，表明按照既定的要素价格，厂商能够得到它所需要的任何数量的要素。

在要素市场上，由于单个厂商所购买的要素数量在要素供给总量中所占比例甚小，因此要素供给具有完全弹性，厂商能按照既定的要素价格购买到任何数量的要素。如果所有厂商都来购买某种要素，则会形成一个较大的购买量，从而可能使要素市场价格提高，这就使整个市场不能按既定价格买到想要购买的要素量。这样，市场要素供给曲线就不能是一条水平线，而在大多数情况下，是一条向右上方倾斜的曲线，如图 7-4 中的 S_T，S_T 的斜率为正，表明要素供给量与要素价格之间是同方向变动关系。但生产要素是各种各样的，不同生产要素供给具有不同特点，在本书以后的内容中对此将展开讨论。

7.1.3　生产要素价格的决定

在完全竞争市场上，由于厂商的要素需求曲线是生产要素的边际产品价值曲线 VMP，要素的供给曲线是 MC_L（或与它相等的平均成本曲线 AC_L），所以厂商的要素均衡条件是

$$VMP = MC_L = W \tag{7-10}$$

式（7-10）表明，厂商要素的均衡条件是边际产品价值等于边际要素成本或平均要素成本。当边际产品价值等于边际要素成本时，厂商利润达到最大值。可见厂商的要素均衡是利润最大化的均衡，如图 7-5 所示。

图 7-5 中，横轴代表生产要素 L，纵轴代表生产要素价格 W，厂商的边际产品价值 VMP 和要素价格曲线交点为 E，这一点就是生产要素的均衡点，它决定了均衡价格 W_0

和均衡要素数量 L_0。同时 L_0 为厂商最优生产要素使用量。

市场的要素均衡取决于市场的生产要素供给和需求的均衡，如图 7－6 所示。图 7－6 中，坐标含义同图 7－5，要素市场供给曲线 S_T 与要素市场需求曲线 VMP_T 相交于 E_0 点，这一均衡点所确定的要素价格 W_0 与要素使用量 L_0 分别是均衡要素价格和要素市场最优使用量。

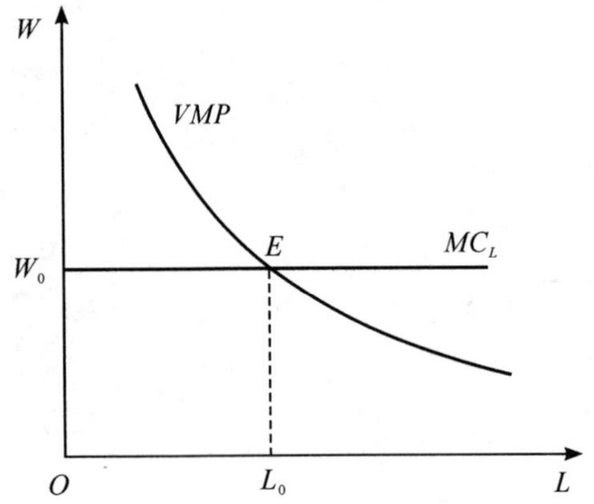

图 7－5 生产要素的厂商均衡

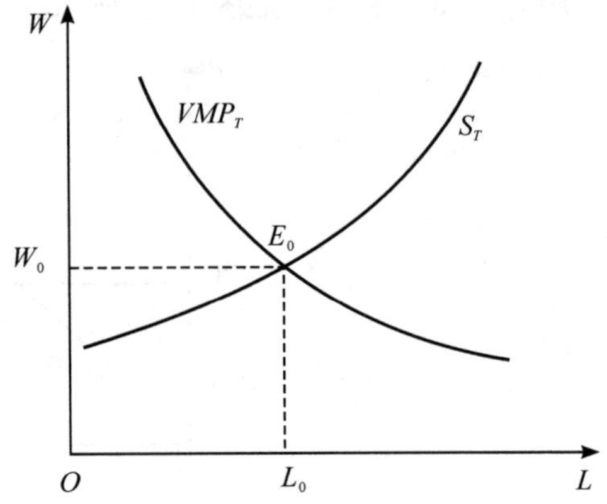

图 7－6 生产要素的市场均衡

7.2 工资、利息、地租、利润

7.2.1 劳动与工资

西方经济学认为，工资是劳动这一生产要素所支付的价格，它用工资率，即劳动者单位时间内所得的工资收入来表示，工资率的高低是在劳动力市场上形成的。

工资依据计算方式可分为计时工资和计件工资；依据支付手段可分为货币工资和实物工资；依据购买力可分为名义工资和实际工资。

在完全竞争的市场条件下，无论是劳动力的买方或是卖方都不存在对劳动的垄断。一个完全竞争劳动力市场应该满足这样的条件：在市场上存在大量的劳动力买者和卖者，因而任何单个的劳动供给者和需求者都不能影响劳动的价格；所有的劳动都是同质无差别的；市场上所有的劳动力对于企业都是相同的；进出劳动力市场无障碍，每个供求者都不可能形成各自的垄断。因此，在完全竞争市场上，工资完全是由劳动的供求关系所决定的。

1. 完全竞争市场上劳动的需求

厂商对劳动的需求取决于多种因素，例如市场对产品的需求、劳动的价格、劳动在生产中的重要性等。但劳动的需求主要还是取决于劳动的边际生产力，即边际产品价值 VMP_L。在其他条件不变的情况下，边际产品价值是递减的。所以劳动的需求曲线是一条向右下方倾斜的曲线，表明劳动的需求量与工资呈反方向变动。如图 7－7 所示，在该图中横轴代表劳动的需求量，纵轴代表工资水平，VMP_L 为劳动的需求曲线，即 D_L。

2. 完全竞争市场上劳动的供给

影响劳动供给的因素很多，例如总人口中能够参加工作的劳动者人数、劳动者的年龄

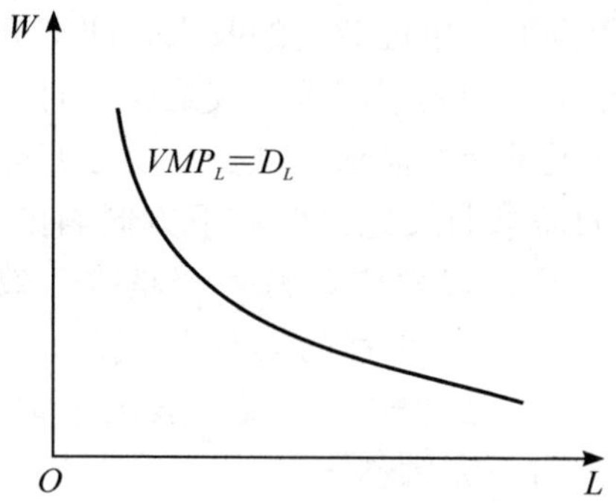

图 7－7　劳动的需求曲线

和性别构成、工作条件、传统风俗等。但我们一般假定其他因素既定不变，只将劳动供给者看作劳动价格——工资率的函数。我们知道，每一天可供个人支配的时间是 24 小时，但任何人都不可能把全部时间提供给劳动市场，总需要闲暇。劳动和闲暇都能给人们带来效用，因为提供劳动获得工资报酬，以此购买商品和劳务，便能满足需要，给劳动者带来一定效用，而休息、学习、娱乐、家庭活动等也能满足劳动者的享受需要。

人们要对属于自己支配的时间，在劳动与闲暇之间进行选择，其选择的原则是效用最大化。劳动者能把多少时间用于闲暇，主要考虑闲暇的机会成本——小时工资率。小时工资率是劳动者享受闲暇的代价，它代表享受 1 小时闲暇必须牺牲 1 小时工资所能买到的商品和劳务的量。小时工资率越高，即闲暇的机会成本越高，劳动者会多选择劳动、少选择闲暇；反之，小时工资率越低，即闲暇的机会成本越低，劳动者会少选择劳动、多选择闲暇。劳动和闲暇时间的最优选择，即理想的均衡就是 1 小时闲暇的边际效用等于 1 小时劳动所能购买的商品和劳务的边际效用。

劳动的供给有自己的特殊规律，劳动供给曲线具有一段向后弯曲的部分。当工资较低时，随着工资的上升，消费者将减少闲暇、增加劳动供给量，此阶段的劳动供给曲线向右上方倾斜，但当工资涨到 W_1 时，消费者的劳动供给量达到最大，若继续增加工资，劳动供给量反而减少，于是供给曲线开始向后弯曲，如图 7－8 所示。

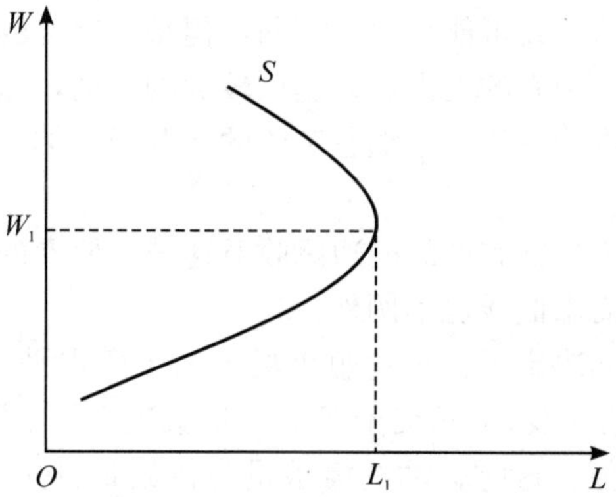

图 7－8　劳动供给曲线

劳动供给曲线为什么会向后弯曲？我们换一个角度来研究劳动供给、劳动价格（工资）以及闲暇之间的关系。首先，劳动的价格即工资是闲暇的机会成本——增加一单位的闲暇，意味着失去本来可以得到的一单位劳动的收入，即工资，于是也可以将工资看成闲暇的价格；其次，可以将劳动供给和闲暇需求看成是反方向变化关系，因为在时间资源有限的条件下，劳动供给的增加就是闲暇需求的减少，反之亦然。

对正常商品而言，它们的需求曲线总是向右下方倾斜的，即需求量随要素价格上升而下降，其原因有两个：一个是替代效应，另一个是收入效应。正常商品价格上涨后，由于替代效应，消费者转而购买相对便宜的其他替代品；由于收入效应，消费者相对“更穷”一些，因而减少对正常商品的购买。就一般的正常商品而言，替代效应和收入效应共同作用使其需求曲线向右下方倾斜。

现在我们将闲暇作为一种商品来研究它的替代效应和收入效应。替代效应是指工资率上升时，即闲暇的价格上升时，劳动者的闲暇时间会造成相对大的牺牲，因而人们愿意用劳动代替闲暇，从而增加劳动量的供给。所以，替代效应使得闲暇需求量与闲暇价格呈反方向变化。

工资上升后，意味着实际收入的上升，而收入的上升表明人们的生活水平已达到相当高的程度，促使消费者进一步多消费闲暇这种商品。所以，工资上升后，增加劳动供给以提高收入给劳动者带来的效用，可能小于闲暇给劳动者带来的效用。或者说，工资率越高，个人越有条件享受更多的娱乐，越不愿意增加劳动的供给。因此，由于收入效应，闲暇需求量与闲暇价格的变化方向相同。

由此可见，两种效用对劳动供给的作用相反。对劳动者来说，工资提高以后究竟是提高劳动量还是减少劳动量，取决于两种效用相互作用的结果。通常，工资率水平较低时，提高工资率水平，可导致劳动供给的增加；当工资率水平达到一定程度后，提高工资率，反而会引起劳动供给的减少。于是，劳动供给曲线在较高的工资率水平上开始向后弯曲。也就是当替代效应大于收入效应时，闲暇需求量随价格上升而下降，即劳动供给量随价格的上升而上升；当收入效应大于替代效应时，则闲暇需求量随价格的上升而上升，也就是劳动的供给量随着价格的上升而下降，这就意味着劳动供给曲线向后弯曲。

3．完全竞争市场上工资的决定

将所有单个劳动者的劳动供给曲线水平相加，即得到整个市场的劳动供给曲线，尽管许多单个劳动者的劳动供给曲线可能会向后弯曲，但整个市场的供给曲线却不一定也是如此。在较高的工资水平上，现有的工人也许提供较少的劳动，但高工资也会吸引新的工人进来，因而总的市场劳动供给一般还是随着工资的上升而增加，从而市场劳动供给曲线仍然是向右上方倾斜的。

由于要素的边际生产力递减和产品的边际收益递减，要素的市场需求曲线通常是向右下方倾斜的，劳动的市场需求曲线也不例外。

劳动的需求与供给共同决定了完全竞争市场上的工资水平，如图 7－9 所示。劳动的需求曲线 D_L 与劳动的供给曲线 S_L 相交于 E 点，这就决定了工资水平为 W_0，这一工资水平等于劳动的边际产品价值。这时劳动的需求量与供给量都是 L_0。如果劳动市场未实现充分就业，充分就业的劳动量为 L_1，当劳动的需求大于供给时，工资会上升，从而增加劳动的供给，减少劳动的需求；当劳动的需求小于供给时，工资会下降，从而减少劳动的供给，增加劳动的需求。正如价格的调节使商品市场实现供求相等一样，工资的调节也使劳动市场实现供求相等，并保证充分就业。

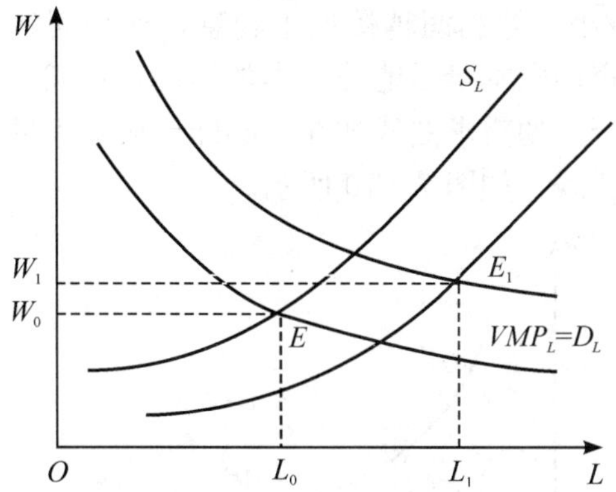

图 7－9　完全竞争市场工资的决定

7.2.2　资本与利息

资本是生产要素的一种，使用者必须支付代价，即利息，因此利息是资本这种生产要素的价格。但利息与工资计算的方式不同，它不是用货币的绝对值来表示，而是用利息率来表示。利息率简称利率，是一定时期内利息额与贷出资本额的比率，它体现了资本增值的程度。例如，货币资本为 2 万元，利息一年为 2 000 元，则利息率为 10%，若利息一年为 3 000 元，则利息率为 15%。这 10%和 15%就是货币资本一年内提供生产性服务的报酬，即这一货币资本的价格。

为什么要给资本支付利息？经济学家从以下几方面进行解释：

（1）时间偏好和跨期选择。假设李明一家每个月收入为 16 000 元，在支付一般正常开销后，每个月大约剩余 5 000 元。到月底，李明一家必须考虑如何处理这 5 000 元，他们可以把钱花光，也可以考虑把钱存起来，还可以把钱积累起来后拿去买房子。对大多数人来说，面对同样的商品和劳务，目前的消费应该比未来的消费带来更大的效用，我们称为"时间偏好"。因为李明一家忍耐目前消费，留到以后消费，因此会把钱先存到银行，所以李明家提供了一些资金，成为资本的供给者。而由于他们拖后消费，降低了目前的效用，因此必须给予某些补偿，这种补偿就是利息。

（2）承担风险与利息。不论是把资金放在银行还是去投资，都会产生风险。因此为使这些风险能得到补偿，资金供给者应该获得一些报酬，这些报酬就是利息。

（3）迂回生产与资本净生产力。迂回生产就是先生产生产资料，然后用这些生产资料去生产消费品。迂回生产提高了生产效率，而且迂回生产的过程越长，生产效率越高。例如，原始人直接去打猎是直接生产，当原始人先制造弓箭后用弓箭去打猎时就是迂回生产。用弓箭打猎比直接打猎的效率要高。现代生产的特点就在于迂回生产。而要实现迂回生产就必须要有资本。所以说，资本使迂回生产成为可能，从而提高了生产效率。这种由于资本而提高的生产效率就是资本的净生产力。资本具有净生产力是资本能带来利息的根源。

1．资本的需求

资本的需求主要是企业投资的需求，因此，可以用投资来代表资本的需求。企业投资的目的是实现利润最大化，这样投资就取决于资本的边际生产力即边际产品价值 *VMP*。若 *VMP* 与利息差额越大，即 *VMP* 越是高于利息，纯利润就越高，企业也愿意投资；反之，*VMP* 与利息的差额越小，即利润越接近于利息，纯利润就越低，企业也就越不愿意投资。这样，厂商用于投资的资本量是能使资本的边际产品价值 *VMP* 恰好等于借贷资本的利率。因此单个厂商对资本的需求曲线加在一起即形成资本的市场需求曲线，它是一条由左上方向右下方倾斜的曲线，如图 7-10 所示。

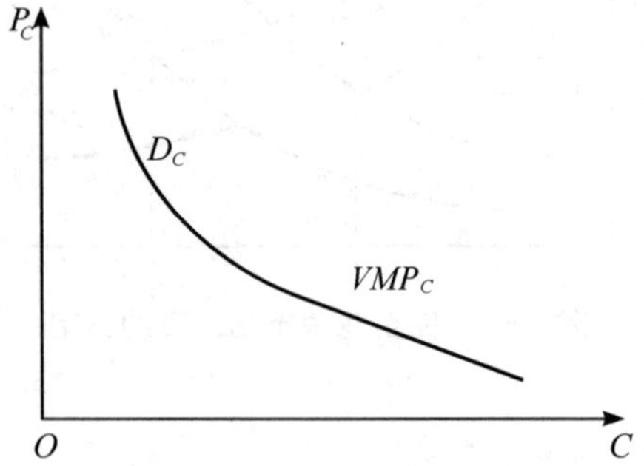

图 7-10　资本的需求曲线

图 7-10 中，横轴表示资本量 C，纵轴表示资本利率 P_C。D_C 表示资本需求曲线，在完全竞争的条件下，资本的需求曲线就是资本的边际产品价值曲线。

2. 资本的供给

资本的供给主要是储蓄，因此可以用储蓄来代表资本的供给。借贷资本的供给成本是人们对限期消费的减少或等待，利息就是对这种减少或等待的报酬。利息越高，限期消费的代价越大，资本所有者越愿意把更多的收入用于未来消费，从而资本积累和资本供给量增加。所以资本的供给和利率呈同方向变动，资本的供给曲线是一条向右上方倾斜的曲线，如图 7-11 所示。

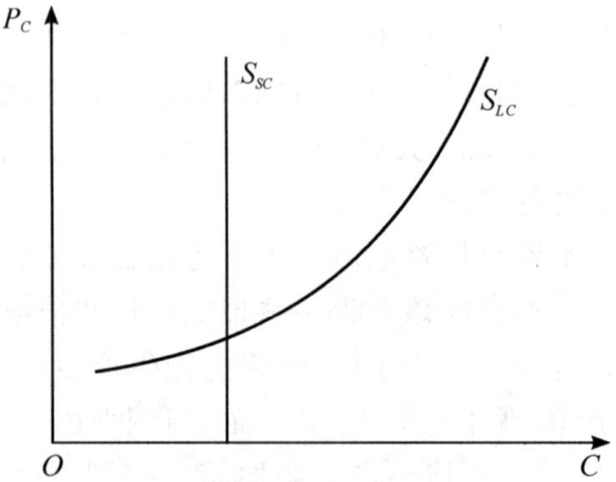

图 7-11　资本的供给

S_{SC}代表短期资本供给量，是一条垂直于横轴的直线，表明一国在一定时点上资本供给数量是一个固定的数量。S_{LC}代表长期资本供给量，是一条向右上方倾斜的曲线，表明长期资本供给会随着储蓄的增加而增长。

3. 利息率的决定

按照均衡价格论的解释，利息率是由资本的需求和供给均衡状态决定，即由资本的需求曲线和供给曲线的交点确定，如图 7-12 所示。

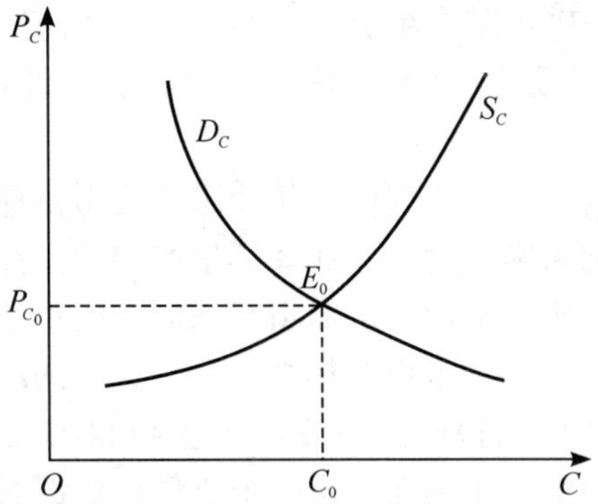

图 7－12　利息率的决定

图 7－12 中，横轴代表资本量，纵轴代表利息率，D_C 为资本的需求曲线，S_C 为资本的供给曲线，这两条曲线相交于均衡点 E_0，E_0 点决定均衡利息率 P_{C_0}、均衡资本量 C_0。这说明，厂商愿意以 P_{C_0} 的利息率借入资本量 C_0，借贷资本家也愿意以 P_{C_0} 的利息率贷出 C_0 的资本量，资本的供求恰好达到均衡状态。

在市场经济中，通过利率的调节作用，资本市场实现了均衡。当资本的需求大于供给时，利息率会上升，从而减少资本的需求、增加资本的供给。当资本的需求小于供给时，利息率会下降，从而增加资本的需求、减少资本的供给。所以，利息率的调节会使资本市场处于均衡状态。但如果政府干预，也会使资本的供求失去平衡。

4. 利率在经济中的作用

在国民经济的稳定和发展中，利率作为一种经济杠杆发挥着重要的调节作用。

(1) 利率变动对储蓄的影响。因为消费可以分为即期消费和远期消费，在居民收入一定的情况下，即期消费和远期消费互相转化。利息作为对推迟消费的补偿，只有当利率超过物价上涨一定幅度时，人们才会减少即期消费，以期获得更大的远期消费。利率越高，人们推迟消费的愿望就越强烈，储蓄就越多；利率越低，储蓄就越少，过低的利率，甚至会导致人们竞相提取存款，使储蓄额下降。

利率变动除了影响储蓄总量外，还能影响储蓄的构成，即影响储蓄者是采用金融资产储蓄还是采用实物资产储蓄，是用货币还是用债券、股票储蓄。其主要原因在于各种资产的收益和风险不一致。

(2) 利率变动对投资的影响。投资是经济发展的主要因素和原动力，利率变动不仅影响投资总量，还会影响投资结构和投资效益。

企业投资有一个先决条件：投资的预期收益率必须大于或者等于资金的利率。当企业的预期收益低于企业的贷款利息时，企业不仅无利可图，而且还要亏本，企业将停止贷款。而且利率越高，企业自有资金的机会成本也越大，相应也要求有更高的收益率，因而也会抑制投资规模。同理，利率降低时，企业能接受的预期收益率降低，使得投资规模扩大。所以，利率与投资之间有相当大的关系。

(3) 利率变动对物价的影响。在商品经济中，利率变动与物价变动之间有着密切的关系。当政府采取扩张性的货币政策时，货币供给的增加使物价趋于上升，而通过证券市场上的财富效应，使证券价格上升、利率下降。因此，松的货币政策导致价格和利率的反方向变化。当政府采取扩张性财政政策时，商品市场收支活动加大，相应的货币交易需求增加，物价趋于上升，在货币存量既定的情况下，用于购买证券的投资余额减少，从而使证券价格下跌、利率上升。因此，扩张性财政政策导致物价和利率的同方向变化。

利率变动不仅通过影响银行信贷规模，从而影响货币供应量来影响物价，还可以通过对商品的生产和供应的影响来影响物价。如降低生产某种商品的企业贷款利率，使企业效益增加，生产扩大，商品供应量增加，从而引起该商品的价格下跌。

(4) 提高资金使用效益。每一个企业都必须考虑经营的结果，在通常情况下，产品成本和税金是相对稳定的。如果销售收入不变，企业利润的大小主要取决于支付利息的多少。在利率，特别是差别利率的作用下，每一个负债企业都必须加强经营管理，加速资金周转，努力节约资金的使用和占用，取得最大经济效益。

当然，要充分发挥利率的杠杆作用，需要一些基本调价：一是利率确实反映了资金市场的供求关系；二是资金的供求能够反映社会的投资水平。只有这样，利率才能作为调配资源的手段。

7.2.3 土地与地租

经济学上的土地，泛指一切自然资源，具体讲包括地面、矿藏、地下水和河流、湖泊等。土地数量既不能增加也不能减少，因而是固定不变的，它不会随着土地价格的变化而变化。地租是土地这种生产要素的价格，是在一定时期内利用土地的生产力的代价，它是对土地这一要素提供的服务的报酬。

1. 土地的供给

就一个国家或地区而言，土地的供给量是固定不变的，其供给曲线为一条垂直线，完全无弹性，如图 7-13 所示。图中，横轴表示土地的数量，纵轴表示土地的报酬即地租，S_{N_0} 为土地供给数量曲线，土地供给量为 N_0。

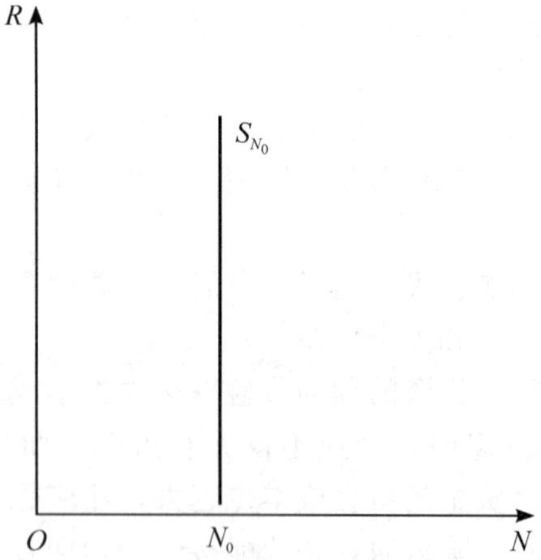

图 7-13 国家或地区的土地供给

上述垂直的土地供给曲线是仅就一个国家或地区的全部土地而言，倘若改为从某行业的角度看土地供给，则土地使用数量或供给量会随着地租水平的变化而变化。例如，当土地用来建住宅可以产生较高的效益、获得较高地租时，用于种植或其他用途的土地就会转用于建住宅。因此，从一个行业的角度看，土地的供给可变，与使用土地的机会成本有关，某用途上收益较高，而土地用在其他用途上收益较低，该用途上土地供给量会增加，因而土地供给曲线向右上方倾斜，如图 7－14 所示。

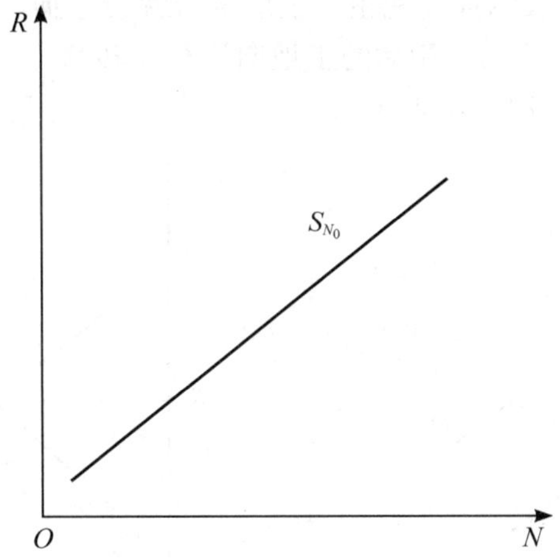

图 7－14　行业的土地供给

2. 土地的需求

土地的需求是指土地租用者对应于一定的地租所愿意租用的土地数量。根据生产要素需求原理，厂商使用土地所愿意支付的价格取决于土地的边际生产力，即土地的边际产品价值 VMP，土地的边际生产力是递减的，所以，土地的需求曲线是一条由左上方向右下方倾斜的曲线。把各个厂商的土地需求曲线加在一起，便会形成同一形状的土地市场的需求曲线，如图 7－15 所示。

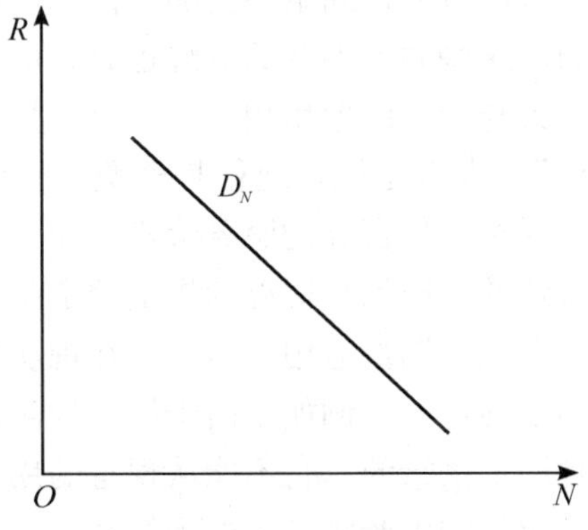

图 7－15　土地的需求

3. 地租的决定及变动趋势

地租是由土地的需求量与供给量共同决定的，如图 7－16 所示。在图中，横轴代表土地量，纵轴代表地租。图 7－16（a）中 S_{N_0} 为一个国家或地区的土地供给曲线，ON_0 表示土地的固定供给量，D_{N_0} 表示土地的需求曲线，S_{N_0} 与 D_{N_0} 相交于 E_0，决定了地租为 R_0。随着经济的发展、人口数量的增加、城市化和工业化的发展，以及对农产品需求的增加，对土地的需求也不断增加，即土地需求曲线发生位移，如图 7－16（a）中 D_{N_0} 上移为

D_{N_1}。因此，地租呈上升趋势，在图中，新土地需求曲线与 D_{N_1} 土地供给曲线相交于 E_1，形成新的均衡点，地租随之上涨到 R_1。

图 7－16（b）反映了行业地租的决定，由于行业土地的供给是有弹性的，供给曲线是向右上方倾斜的曲线 S_{N_0}，表示提高地租，土地供给就会增加，其原因在于较高的地租产生了一种吸引力，使原来用于其他用途的土地向该行业转移。土地的供给曲线 S_{N_0} 和土地的需求曲线 D_{N_0} 相交于 E_0，决定了地租为 R_0。

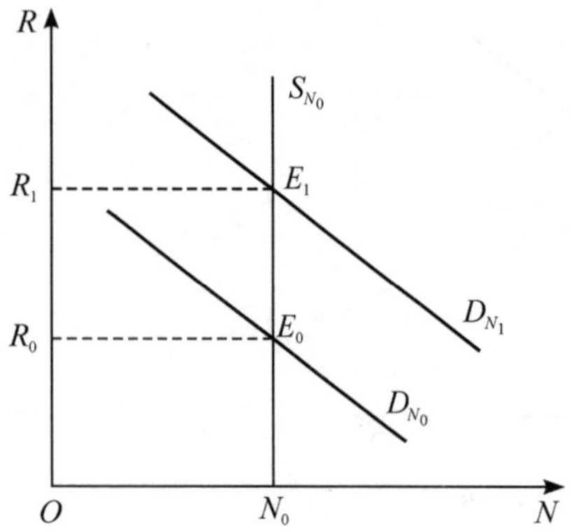

(a) 国家或地区地租的决定

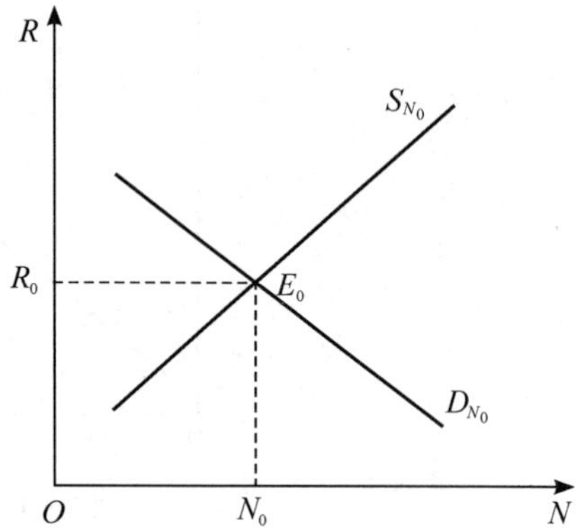

(b) 行业地租的决定

图 7－16　地租决定

4. 租金、准租金和经济租金

（1）租金。从地租的定义来看，地租是当土地供给固定时的土地服务价格，因而地租只与固定不变的土地有关。但在很多情况下，不仅土地可以看成是固定不变的，而且有许多其他资源在某些情况下，也可以看成是固定不变的，例如某些人的特殊天赋才能，像土地一样，其供给是自然固定的。这些固定不变的资源也有相应的服务价格，这种服务价格显然与土地的地租非常类似。为与特殊的地租相区别，可以把这种供给同样固定不变的一般资源的服务价格叫做“租金”。也就是说，地租是资源为土地时的租金，而租金则是一般化的地租。租金有时被用来泛指一般资源的服务价格，而不管该资源的供给如何。

（2）准租金。租金以及特殊的地租均与资源的供给固定不变相联系。这里的固定不变显然对（经济学意义上的）短期和长期都适用。但是，在现实生活中，有些生产要素尽管在长期中可变，但在短期中却是固定的。例如，由于厂商的生产规模在短期不能变动，其固定生产要素对厂商来说就是固定供给的；它不能从现有的用途中退出而转到收益较高的其他用途中去，也不能从其他相似的生产要素中得到补充。这些要素的服务价格在某种程度上也类似于租金，通常被称为“准租金”。所谓准租金，就是对供给量暂时固定的生产要素的支付，即固定生产要素的收益。

准租金可用厂商的短期成本曲线来加以分析，如图 7－17 所示。图中 MC、AC、AVC 分别表示厂商的边际成本、平均成本和平均可变成本。假定产品价格为 P_0，则厂商将生产 Q_0。这时的可变总成本为矩形 $OGBQ_0$ 的面积，它代表了厂商对为生产 Q_0 所需的可变生产要素量而必须作出的支付。固定要素得到的则是剩余部分 $GBCP_0$，这就是准租金。

如果从准租金 $GBCP_0$ 中减去固定总成本 $GBED$，则得到经济利润 $DECP_0$。可见，准

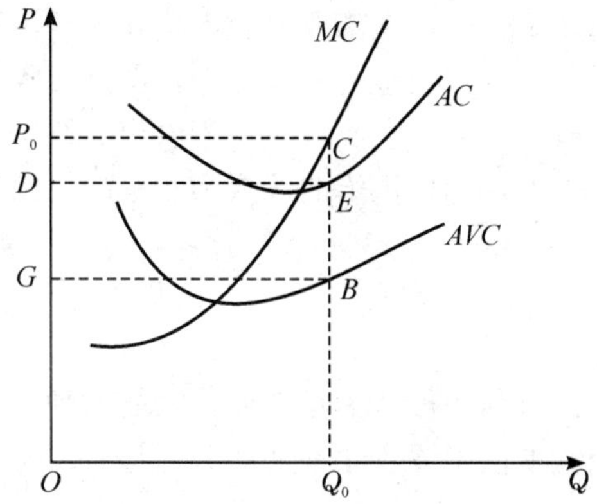

图 7-17　准租金

租金为固定总成本与经济利润之和。当经济利润为 0 时，准租金便等于固定总成本。当然，准租金也可能小于固定总成本——当厂商亏损时。

（3）经济租金。租金是固定供给要素的服务价格，固定供给意味着，要素价格的下降不会减少该要素的供给量。或者更进一步，要素收入的减少不会减少该要素的供给量。可见，也可以将租金看成是这样一种要素收入：其数量的减少不会引起要素供给量的减少。有许多要素的收入尽管从整体上看不同于租金，但其收入的一部分却可能类似于租金，亦即如果从该要素的全部收入中减去这一部分并不会影响要素的供给。我们将这一部分要素收入叫做"经济租金"。通俗来讲，经济租金就是从要素的所有收入中，减去那部分不会影响要素总供给的要素收入的一部分要素收入。或者说是支付给任何生产要素的报酬中，超过该要素的生产性服务得以被供应出来所必须加以补偿的余额（经济租金＝要素收入－机会成本）。例如，一个企业经理的年收入是 15 万元，如果他从事自己的次优职业，年收入将为 10 万元，这位经理的经济租金就是 5 万元。

经济租金的几何解释类似于所谓的生产者剩余，参见图 7-18。图中要素供给曲线 S 以上、要素价格 R_0 以下区域 AR_0E 为经济租金。要素的全部收入为 OR_0EQ_0。但按照要素供给曲线，要素所有者为提供 Q_0 的要素量所愿意接受的最低要素收入却是 $OAEQ_0$。因此，AR_0E 部分是要素的"超额"收益，即使去掉，也不会影响要素的供给量。

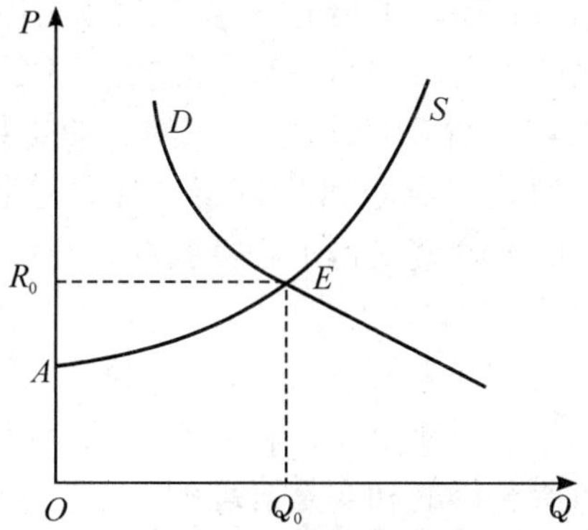

图 7-18　经济租金

经济租金的大小显然取决于要素供给曲线的形状。供给曲线越是陡峭，经济租金部分就越大。特别是，当供给曲线垂直时，全部要素收入均变为经济租金，它恰好等于租金或地租。由此可见，租金实际上是经济租金的一种特例，即当要素供给曲线垂直时的经济租金，而经济租金则是更为一般的概念，它不仅适用于供给曲线垂直的情况，也适用于不垂直的一般情况。在另一个极端上，如果供给曲线成为水平的，则经济租金便完全消失。

7.2.4 利润理论

1. 正常利润

在现代西方经济学中，正常利润被认为是企业家才能这种生产要素的报酬，它包括在成本之中。企业家在任何经营单位发挥企业家才能时，都可以得到正常利润，这种利润一般大于零，不可能为负值。

正常利润是吸引有经营管理能力的人进入一个行业所必需的，它是厂商长期均衡状态时企业家所希望得到的报酬。假定所有的企业家才能都是一样的，要他们留在一个行业中，就必须都能赚到正常利润。因此正常利润就成为该行业中的企业家必须得到的最起码的转移收益，否则他就会转移到其他行业中去。如果一个行业出现超过正常利润的利润，必然吸引新厂商进入，直到超额利润消失为止；如果一个行业存在亏损，会使原有厂商部分退出该行业，行业的供给减少，价格上涨，直到厂商获得正常利润，达到均衡为止。在这样的利润水平下，新厂商无意进入该行业，原厂商也无意退出该行业，因此正常利润成为成本的一部分。

2. 超额利润

超额利润是指利润中超过正常利润的部分。西方经济学中“利润”一词，实际指的就是超额利润，又叫经济利润或纯粹利润，它不同于正常利润，它是总收入减去一切显明成本和隐含成本的剩余。

利润的决定不同于工资、地租和利息，其他生产要素的价格是按照双方事前达成的协议支付的，而利润是一个可以变动的余额，它可以为正值、负值或者零，利润为零意味着亏损。

超额利润有不同的来源，从而就有不同的性质。西方经济学家有以下几种解释：

(1) 创新与利润。依熊彼特的说法，企业的创新活动包括五种情况：新产品的发明；新技术的应用；新市场的开拓；新原料供给的发现；新经济组织形式的采用。

这五种形式的创新都可以产生超额利润。新产品的发明可以使这种产品的价格高于其成本，从而产生超额利润。采用一种新的方法和新的企业组织形式，都可以提高生产效率、降低成本，获得一种原料的新来源也可以降低成本。这样，产品在按市场价格出售时，由于成本低于同类产品的成本，就获得了超额利润。开辟一个新市场同样也可以通过提高价格而获得超额利润。

创新可以带来超额利润，但当别人模仿后，超额利润就逐渐消失，当大多数人都模仿后，超额利润就不存在。但创新会不断出现，新的创新又会带来新的超额利润。总之，创新是社会进步的动力，由创新所获得的利润是合理的。

(2) 风险与利润。经济学家奈特认为，企业的利润主要是承担风险的报酬。投资人投下巨额资金，把生产要素进行组合，希望能生产产品，然后销售到市场上赚取利润。但从生产开始到获得利润为止的漫长过程中，厂商必须面对各种各样的不确定性即风险。包括生产过程中可能产生的风险、销售过程中的市场风险、市场上同业竞争带来的风险以及其他各种风险，如天灾与政治风险等。等到厂商经历过这些大大小小的风险之后，它才可以开始享受其利润。这样，投资者的利润和风险是分不开的，利润就是投资者承担经济的不确定性和风险的报酬。同时，许多具有风险的生产或事业也是社会所需要的，风险需要有人承担，因此由承担风险而产生的超额利润也是合理的。

（3）垄断与利润。由垄断而产生的超额利润，又称垄断利润。垄断的形式可以分为两种：卖方垄断和买方垄断。

卖方垄断又称垄断或专卖，指对某种产品出售权的垄断。垄断者可以抬高销售价格以损害消费者利益而获得超额利润。在厂商均衡理论中分析的垄断竞争的短期均衡、完全垄断的短期与长期均衡，以及寡头垄断下的超额利润，就是这种情况。

买方垄断也称专买，指对某种产品或生产要素购买权的垄断。在这种情况下，垄断者可以压低收购价格，以损害生产者或生产要素供给者的利益而获得超额利润。

垄断所带来的超额利润是垄断者对消费者、生产者或生产要素供给者的剥削，是不合理的。这种超额利润也是市场竞争不完全的结果。

总之，利润不仅是厂商从事生产经营活动的动机，也是评价其生产经营好坏的标准，它既影响着整个社会资源的充分利用，也影响到整个社会的收入分配。正是利润的刺激与吸引，才使企业家创新、冒险，进行资源的重新配置。从行业的角度看，利润的出现是一种信号，表示社会要扩充这个产业；亏损也是一种信号，表示社会需收缩这个产业。企业家总是追求利润，避免亏损的。

7.3 平等与效率

7.3.1 洛伦茨曲线和基尼系数

1. 洛伦茨曲线

洛伦茨曲线是用来衡量社会收入分配平均程度的曲线。将一国总人口按收入由低到高排队分成若干组，其累计百分比放在坐标的横轴上，各组得到的收入在总收入中的累计百分比放在纵轴上。然后，找出各个累计百分比的一一对应关系点并连接起来，就得到这一曲线。

根据表 7-2 中的资料，画出图 7-19，图中横轴表示人口累计百分比，纵轴为收入累计百分比，然后将这两个累计百分比的一一对应关系点连接起来，就得到图中的一条 *ODL* 曲线，这就是洛伦茨曲线，线上的任何一点表示占总人口的一定百分比的人口拥有的收入在总收入中所占的比例。

表 7-2　　假定某国的收入分配资料

人口累积	收入累积
0%	0%
20%	3%
40%	8%
60%	20%
80%	45%
100%	100%

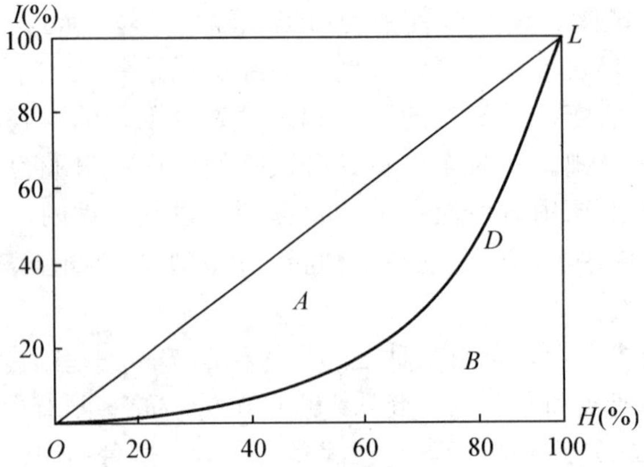

图 7-19　洛伦茨曲线

从图 7-19 可以得出三条结论：

(1) 如果任一人口的百分比均等于收入累计百分比，如 20%的人口占 20%的收入，40%的人口占 40%的收入，80%的人口占 80%的收入等，显然，这时洛伦茨曲线为正方形对角线 OL，这是完全平等的收入分配。

(2) 如果所有收入都集中在一个人手中，其余人口一无所有，显然这时洛伦茨曲线为图中对角线下三角形的两个直角边，即为 OHL，这是完全不平等的收入分配。

(3) 现实的洛伦茨曲线为 ODL，洛伦茨曲线的弯曲程度反映分配的平等程度，洛伦茨曲线弯曲程度越大，距离绝对不平等线越近，收入分配越不平等；反之，洛伦茨曲线弯曲程度越小，收入分配越平等。

2. 基尼系数

基尼系数是根据洛伦茨曲线提出的一个衡量收入分配平等程度的指标，可以把洛伦茨曲线与收入分配绝对平均线之间形成的面积称为平等面积 A，可以把洛伦茨曲线与收入分配绝对不平均曲线之间形成的面积称为不平等面积 B，则

$$\text{基尼系数}=\frac{A}{A+B}$$

当 $A=0$ 时，基尼系数为 0，表明社会收入分配处于绝对平等；当 $B=0$ 时，基尼系数$=1$，表明社会收入分配处于绝对不平等。现实经济社会中是 $0<$基尼系数<1。基尼系数越大，社会收入分配越不平等；反之，基尼系数越小，社会收入分配越平等。

按国际上通用的标准，基尼系数小于 0.2，表明社会收入分配绝对平均；基尼系数为 0.2～0.3，表示比较平均；基尼系数为 0.3～0.4，表示基本合理；基尼系数为 0.4～0.5，表示收入差距较大；基尼系数为 0.5 以上，表示收入差距悬殊。

3. 洛伦茨曲线和基尼系数的比较

洛伦茨曲线和基尼系数作为一种统计分析工具，都能在一定程度上反映一国的收入分配状况和收入分配政策的效应，但两者各有其优缺点。

洛伦茨曲线是国际上用来测量收入分配差距的重要方法，具有形象、直观、生动的优点，但它不能用一个确切的数值来表示收入差距的总体水平。

基尼系数计算的是洛伦茨曲线与绝对平均线所围成的面积，同 45°线与 90°线所围成的

面积的比值，是国际上最流行的指标。其优点是：以一个数值来反映居民收入分配的总体公平程度，便于对各国居民收入公平程度进行国际比较。其缺点是：仅以基尼系数本身看不出个别阶层的收入变动情况，基尼系数对低收入阶层的收入比重变化反应不敏感。在实际运用中采用的具体计算方法多种多样，而不同方法所要求的数据又不同，因而出现不同的计算结果，给收入分配公平程度的判断带来困难。各个国家的经济制度和经济条件不同，其收入分配受多种因素的影响，而且相同的基尼系数所反映的分配平均程度也不能一概而论，必须进行综合分析。

7.3.2 平等与效率

1. 平等与效率的交替关系

平等是指社会成员收入的均等化，效率是指资源的有效配置，两者都是微观经济政策目标。在一般情况下，两者是相互矛盾的。要保证收入的均等，就会影响效率；要保证效率，就难以做到平等，两者难两全。这一矛盾被称为平等与效率的交替，即在平等与效率之间有一种互为交替的关系。

造成平等与效率交替关系的主要原因是：从政治和社会制度上看，社会要求实现所有公民都享有平等权利；但从经济制度上看，市场是根据经济效率向生产要素供给者提供报酬，这些报酬构成人们的收入。但市场经济是按照贡献标准进行分配，由于每个人的能力与资产以及机遇不同，必然使收入差距悬殊，甚至是贫富对立。这种收入分配上的不平等，实质上是市场经济下人们通过竞争追求效率的结果。因此，要使社会保持高效率，实现资源最优配置，就难以实现收入分配均等化。

2. 平等与效率的顺序分析

倘若平等与效率均为社会经济运行所追求的目标，那么在顺序安排上，两者又孰先孰后呢？

（1）效率优先论。主张经济效率优先论的经济学家认为：

1）效率是同市场竞争机制从而同自由选择联系在一起的。一般认为：没有自由选择，就无所谓分析市场竞争与经济效率。因此，将效率放在优先的顺序选择，就等于将自由选择放在优先的顺序上。

2）效率是指资源的有效配置，因而是同经济增长联系在一起的。这是因为："经济增长并不单纯地决定于储蓄和可供投资资源的供给，而且必定关键性地决定于如何生产性地使用这些资源，配置效率是生产性地使用资源的主要因素。"

3）效率本身便意味着公平。这是因为：经济效率来源于个人主观努力程度，效率本身反映了人的勤奋与否。如果不重视效率而一味地强调收入分配的平等，其实质则是对人的勤奋的否定、对经济惰性的鼓励。因此，将效率放在优先发展顺序上。

（2）平等优先论。认为在平等与效率的交替之中，平等应放在优先顺序的地位，理由有：

1）平等被认为是一种"天赋权利"，经济竞争所引致的收入分配不平等就是对这种"天赋权利"的侵犯。

2）经济效率本身不仅不意味着公平，相反，它却来自不公平这种经济现实。这是因为：其一，在市场经济运行中，各人拥有的经济工具不一样，占有的经济资源不一样，这样就势必造成有人效率高、有人效率低；其二，社会中每个人的生活经历不一，有的有机会受到良好的教育，所以其经济效率相对较高，而那些未能有机会受教育的人，其经济效率就相对较低，因此经济效率也并不一定是个人勤奋的结果；其三，市场本身由于垄断的存在而并不是公平的，因此它并不完全按个人的勤奋给予报酬。

7.3.3 收入分配政策

在市场经济中，是按效率优先的市场原则进行个人收入分配的，收入悬殊在所难免，因为市场经济本身没有自发实现平等的机制。因此，就要通过政府的收入分配政策来缓和收入分配不公平的现象，从而在一定程度上实现收入分配平等化。

1. 加强税收调节

税收政策的目的在于通过税收手段来缩小收入差距，政策手段主要是个人所得税，它通过累进所得税制度来调节社会成员收入分配的不平等状况。

累进所得税制就是根据收入的高低确定不同的税率，对高收入者按高税率征税，对低收入者按低税率征税，如美国根据收入的高低分 14 级累进税率，中国分 7 级超额累进税率。这种累进所得税由于无法转嫁，有利于纠正社会成员之间收入分配不平等的状况，从而有助于实现收入的平等化。但高额的个人所得税有两种效应：一是替代效应，即由于税收增加，人们每小时的可支配收入减少，人们就会产生劳动不值得的想法，企图用闲暇来替代劳动，使劳动减少；二是收入效应，即由于现在的可支配收入因征税而减少，可能会做出这样的选择：要维持原来的生活水平，就要加倍努力工作。税收调节的两种效应是相反的，究竟哪种效应占上风，很难做出简单的断定。较为恰当的所得税政策是既能造成收入效应占上风，而又不致因所得税的征收而使劳动者的工作积极性减退，以寻求平等与效率的合理组合。

2. 优化社会福利政策

税收通过对富人征收重税来实现收入分配平等化，而社会福利政策则是要通过给穷人补助来实现收入平等化，从而最终实现社会收入平等化目标。从西方国家的情况来看，社会福利政策主要有这样一些内容：

（1）各种形式的社会保障与社会福利。包括：失业救济金制度，即对失业人员按一定标准发放能使其维持生活的补助金；老年人年金制度，即对退休人员按一定标准发放年金；残疾人员保险制度，即对失去工作能力的人按一定标准发放补助金；对未成年子女家庭的补助；对收入低于一定标准的家庭和个人的补助。这些补助金主要是货币形式，也有发放食品券等实物形式的。其资金来源或者是个人或企业缴纳的保险金，或者是政府的税收。

（2）创造就业机会。一般来说，对劳动力保持一种高需求，可以较好地解决由失业所带来的贫困问题。这是因为：其一，就业机会增加，即使个人收入不算太高，由于家庭成员中参加工作的人数多了，平均收入也会因之而提高；其二，就业的本身只要不是硬性的安插，便能说明社会生产力的发展。因此，只要能不断地创造出就业机会，就可以实现机会均等，也可以使社会贫困的程度较快地得到改善。

（3）医疗保险与医疗援助。医疗保险包括住院费用保险、医疗费用以及出院后部分护理费用的保险。这种保险主要由保险金支付。医疗援助则是政府出钱资助医疗卫生事业，使每个人都得到良好的医疗服务。

(4) 加强教育事业的发展。通过发展教育事业可以使人们具备从事劳动的能力。这是因为：一部分人因从小缺乏受教育的机会，无能力从事有较高收入的工作；有一部分人由于所学习的专业过于狭窄，一旦专业不对口，就会发生诸如失业的劳动力不得其用的现象。

(5) 各种保护劳动者的立法。包括最低工资法和最高工时法。这些都有利于增进劳动者的收入，改善他们的工作与生活条件，从而也降低了收入分配不平等程度。

(6) 改善住宅条件。包括：以低房租向穷人出租国家兴建的住宅；对私人出租的房屋实行房租限制；资助无房者建房，如提供低利息的贷款，或低价出售国家建造的住宅；实行住房房租补贴等。这种政策改善了穷人的住房条件，也有利于实现收入分配平等化。

3. 改善市场环境

人们的经济收入是一种要素收入，只要市场是有竞争力的，那么竞争的力量便会把人们的收入保证在合理的水平之上。但是，有些要素市场带有明显的垄断性。在这些市场中的人，靠垄断的权力而赚取经济租金性质的收入。要改变诸如这种现象，可行的办法之一便是在有条件注入竞争因素的情况下，采取切实有效的措施打破垄断。参与市场的人数多了，要素收入的分配就会趋于平等。

4. 增强劳动力的流动性

劳动力的流动包括跨部门、跨地区的劳动力流动和人们在社会等级的变动的垂直流动。现代经济学认为：增强劳动力的流动性既有利于创造平等的机会，又能鼓励人们的上进心，有利于经济效率；反之，假定堵塞劳动力流动的渠道，则会造成既无效率又无平等的格局，甚至会引致经济大幅度波动与社会动乱。

【本章小结】

1. 厂商对生产要素的需求具有引致性、派生性和联合性，对生产要素的需求目的是实现利润最大化，因此厂商应遵循 $MR=MC$ 的原则决定生产要素的使用量。厂商的边际收益就是边际生产力，可用边际产品价值（VMP）来表示。在不完全竞争市场用边际收益产品（MRP）表示，边际成本就是生产要素价格。

2. 工资是劳动这一生产要素所支付的价格，它用工资率，即劳动者单位时间内所得的工资收入来表示，工资率的高低是在劳动力市场上形成的。劳动的供给有自己的特殊规律，劳动供给曲线是一条向右上方弯曲的曲线。

3. 利息是资本这种生产要素的价格。短期资本供给量是一条垂直于横轴的直线，表明一国在一定时点上资本供给数量是一个固定的数量。长期资本供给量是一条向右上方倾斜的曲线，表明长期资本供给会随着储蓄的增加而增长。

4. 地租是土地这种生产要素的价格，就一个国家或地区而言，土地的供给量是固定不变的，其供给曲线为一条垂直线，完全无弹性。土地的需求曲线是一条由左上方向右下方倾斜的曲线。地租是由土地的需求量与供给量共同决定的。准租金就是对供给量暂时固定的生产要素的支付，即固定生产要素的收益。经济租金就是从要素的所有收入中，减去那部分不会影响要素总供给的要素收入的一部分要素收入。

5. 在现代西方经济学中，正常利润被认为是企业家才能这种生产要素的报酬，它包括在成本之中。企业家在任何经营单位发挥企业家才能时，都可以得到正常利润，这种利润一般大于零，不可能为负值。

超额利润是指利润中超过正常利润的部分。西方经济学中的利润一词，实际指的就是超额利润，又叫经济利润或纯粹利润，它不同于正常利润，它是总收入减去一切显明成本和隐含成本的剩余。

6. 洛伦茨曲线是用来衡量社会收入分配评价程度的曲线。基尼系数是根据洛伦茨曲线提出的一个衡量收入分配平等程度的指标。洛伦茨曲线和基尼系数作为一种统计分析工具，都能在一定程度上反映一国的收入分配状况和收入分配政策的效应。

7. 平等是指社会成员收入的均等化，效率是指资源的有效配置，两者都是微观经济政策目标。政府可以通过加强税收调节、优化社会福利政策、改善市场环境、增强劳动力的流动性这些措施来缓和收入分配不公平的现象，从而在一定程度上实现收入分配平等化。

【练习与思考】

一、单项选择题

1. 在完全竞争的要素市场上，市场要素供给曲线是一条（　　）。

A. 水平线　　B. 垂直线

C. 向右上方倾斜的曲线　　D. 向右下方倾斜的曲线

2. 生产要素的需求曲线之所以向右下方倾斜，是因为（　　）。

A. 要素的边际产品价值递减

B. 要素生产的产品的边际效用递减

C. 要素参加生产的规模报酬递减

D. 以上均不正确

3. 劳动的供给曲线是一条（　　）。

A. 向右上方倾斜的曲线　　B. 向后弯曲的曲线

C. 向右下方倾斜的曲线　　D. 与横轴平行的曲线

4. 工资率导致的替代效应是指（　　）。

A. 工作同样长的时间可以得到更多的收入

B. 工作较短的时间也可以得到同样的收入

C. 工人宁愿工作更长的时间，用收入带来的享受替代闲暇带来的享受

D. 以上均正确

5. 随着工资水平的提高，（　　）。

A. 劳动的供给量会一起增加

B. 劳动的供给量逐渐减少

C. 劳动的供给量先增加，但工资提高到一定水平后，劳动的供给量不仅不会增加反而会减少

D. 劳动的供给量增加到一定程度后就不会增加也不会减少

6. 土地的供给曲线是一条（　　）。

A. 向右上方倾斜的曲线　　B. 向右下方倾斜的曲线

C. 与横轴平行的线　　　　　　　　D. 与横轴垂直的线

7. 假设某歌星的年薪为 10 万元，但若他从事其他职业，最多只能得到 3 万元，那么该歌星所获得的经济地租为（　　）。

A. 10 万元　　　B. 7 万元　　　C. 3 万元　　　D. 不可确定

8. 正常利润是（　　）。

A. 经济利润的一部分　　　　　　B. 经济成本的一部分

C. 隐含成本的一部分　　　　　　D. B 和 C 都对

9. 基尼系数越小，收入分配越（　　）；基尼系数越大，收入分配越（　　）。

A. 不平均；平均　　　　　　　　B. 平均；不平均

C. 不平均；不平均　　　　　　　D. 平均；平均

10. 衡量社会收入分配公平程度的曲线是（　　）。

A. 洛伦茨曲线　　　　　　　　　B. 菲利普斯曲线

C. 契约线　　　　　　　　　　　D. 工资曲线

二、分析论述题

1. 生产要素的价格决定与一般商品的价格决定有什么不同?

2. 完全竞争条件下，生产要素市场是如何达到均衡的? 其均衡的条件是什么?

3. 劳动的供给曲线是如何确定的? 为什么?

4. 如何区分地租和经济租金?

5. 洛伦茨曲线和基尼系数是如何体现收入分配的平等程度的?

三、计算题

1. 假定对劳动的市场需求曲线为 $D_L=-10W+150$，劳动的供给曲线为 $S_L=20W$，其中：S_L 为劳动市场供给人数，D_L 为劳动市场需求人数，W 为每日工资。试求：在这一市场中，劳动与工资的均衡水平是多少?

2. 在产品和要素市场中完全竞争产生雇用一个劳动日的价格是 20 元，厂商的生产情况如表 7－3 所示。假设每个产品的价格是 10 元。问：该厂商应雇用多少个劳动日?

表 7－3

劳动日效	3	4	5	6	7	8
产出数	6	11	15	18	20	21

3. 假设某厂商只把劳动作为可变要素，其生产函数为 $Q=-0.01L^3+L^2+36L$，Q 为该厂商每天的产量，L 为工人的日劳动小时数。所有市场均为完全竞争的，单位产品价格为 0.01 美元，小时工资率为 4.80 美元。试求当厂商利润极大时：

（1）厂商每天将投入多少劳动小时?

（2）如果厂商每天支付的固定成本为 50 美元，厂商每天生产的纯利润为多少?

四、案例分析题

生产率与工资

经济学的一个重要原理是：我们的生活水平取决于我们生产物品与劳务的能力。我们现在可以说明这个原理如何在劳动市场上发挥作用。特别是，我们的劳动需求分析表明，工资等于用劳动的边际产量值衡量的生产率。简言之，生产率高的工人，得到的工资高；生产率低的工人，得到的工资低。

这个结论对理解为什么现在工人比前几代工人状况变好是至关重要的。表 7－4 列出了美国生产率增长与工资增长（根据通货膨胀进行了调整）的一些数据。从 1959 年到 1997 年，用每小时产量衡量的生产率每年增长 1.8%左右，按这个增长率，生产率每 40 年翻一番。在此期间，工资增长的比率为 1.7%左右。

表 7－4　　　　美国生产率与工资增长

时期	生产率增长率（%）	工资增长率（%）
1959—1997 年	1.8	1.7
1959—1997 年	2.9	2.9
1973—1997 年	1.1	1.0

注：这里的生产率增长用非农业部门每小时产量年度变动率来衡量。工资增长用非农业部门每小时实际报酬年度变动率来衡量。这些用生产率来衡量平均生产率——产量除以劳动量，而不是衡量边际生产率，但可认为与边际生产率是密切地同时变动的。

资料来源：Economic Report of President 1999，Table B49，p. 384.

表 7－4 还说明从 1973 年开始，生产率增长放慢，从每年 2.9%下降为 1.1%。生产率这种 1.8%的放慢与工资增长放慢了 1.9%是一致的。由于生产率放慢，20 世纪 80 年代和 90 年代的工人没有经历像他们父母时生活水平那样快的增长。生产率增长放慢 1.8%看来并不大，但在许多年中累积的结果，即使增长率微小的变动也是重要的。如果自从 1973 年以来生产率和工资像以前那样同比率增长，那么，工人现在的收入应该比他们现有的高出 50%。

问题：

请谈谈你对生产率与工资两者关系的看法。

【实践与操作】

参观生产要素市场。分析劳动力市场、金融市场等的特点，调研这些市场人才的使用状况及利益分配情况，用经济学原理分析原因，同时说明市场经济为什么会导致收入分配的两极分化。

【拓展阅读】

小米连创新高！雷军位居福布斯中国富豪榜第 6 位

小米集团上市首日开盘破发，但在一片不看好声中，股价反而走出连续上涨行情，今日股价盘中再涨超 5%，根据港交所统计，小米最新市值为 4 900 多亿港元，折合 600 多亿美元。小米股价上市以来累涨近 30%。

而雷军的身家也随之水涨船高，首次突破 200 亿美元。在福布斯中国富豪排行榜上，仅次于腾讯马化腾、阿里马云、恒大许家印、万达王健林、碧桂园杨惠妍，居于第 6 位。

有市场观点指出，经简单复盘，上周五个交易日内，小米股价盘中并无发现回调幅度较深的行情，换手充分有序，筹码稳定性强，而且出现收盘涨幅超过 10%的交易日就有两个，在香港市场大市值蓝筹股中表现最为突出。当下，无论是日均成交金额及换手率，还是从五日累计涨幅的角度出发，小米集团实际上已经在引领整个大市值蓝筹股的行情，成为龙头股。

值得注意的是，小米上市后因触发了恒生指数公司编制指数的特殊条件，成为港股市场历史上被纳入恒生综指用时最短的公司之一。因为根据香港恒生指数公司的指数编制文件的相关规定，只要新上市股票在首个交易日市值位列现有恒生综合指数成分股的前10%，该股票会在上市之后第10个交易日，被纳入恒生综合指数及其他分类指数。

当然对于小米目前的估值定价，机构之间仍存分歧。

投行麦格理日前发表研究报告称，看好小米的竞争性和商业模式，认为对比其他手机设备商，小米更能对其用户货币化，并与互联网和电商同业相近，目标价30元，相当于预测市盈率35倍，2018—2020年每股盈利年均复合增长40%，评级“跑赢大市”。该行认为，用户人数是公司货币化最重要的资产，也是小米与其他手机同业的最大区别。小米能够通过互联网服务实现货币化，如广告、网上游戏、APPs、IoT等互联网服务，占去年毛利的39%，估计2018—2020年占比可升至42%、45%及49%。

而光大证券认为，预计小米手机及IoT产品销售额有望快速成长，平台优势也存在中长期变现潜力；但就现阶段来看，公司互联网变现能力仍待提升，基于分部估值法，给予目标价15港元，首次给予“减持”评级。

资料来源：东方财富网，2018-07-18.

模块四

经济主体3——政府决策

第8章

市场失灵与政府干预

【学习目标】

1. 知识学习目标

(1) 市场失灵的概念

(2) 市场失灵的原因

(3) 明确公共物品、外部影响、不完全信息等的概念及特征

(4) 政府的作用

2. 能力实训目标

(1) 对市场失灵的各种因素的分析

(2) 对公共物品、外部影响、不完全信息的认识

(3) 对政府干预措施的理解

(4) 市场因素与政府干预的结合效果

【案例导入】

为什么黄牛没有绝种?

在整个历史上，许多动物物种都遭受了灭绝的威胁。当欧洲人第一次到达北美洲时，这个大陆上野牛的数量超过了6 000万头。但在19世纪猎杀野牛之风盛行，以至于到1900年在政府开始保护动物之前，这种动物只剩400头了。在现在的一些非洲国家，由于偷猎者为取得象牙而捕杀大象，大象面临着类似的困境。

但并不是所有具有商业价值的动物都面临着这种威胁。例如，黄牛是一种有价值的食物来源，但没有一个人担心黄牛将很快绝种。实际上，对牛肉的大量需求看来保证了这种动物延续地繁衍。

为什么象牙的商业价值威胁到大象，而牛肉的商业价值却是黄牛的护身符呢？原因是大象是公有资源，而黄牛是私人物品。大象自由自在地漫步而不属于任何人。每个偷猎者都有尽可能地猎杀他们所能找到的大象的激励。由于偷猎者人数众多，每个偷猎者很少有保护大象种群的激励。与此相比，黄牛生活在私人所有的牧场上。每个牧场主都尽极大的努力来维持自己牧场上的牛群，因为他能从这种努力中得到利益。

政府试图用两种方法解决大象的问题。一些国家，例如，肯尼亚、坦桑尼亚和乌干达，已经把猎杀大象并出售象牙作为违法行为。但这些法律一直很难得到实施，大象仍在继续减少。另一些国家，例如，博茨瓦纳、马拉维、纳米比亚和津巴布韦，通过允许人们捕杀大象，但只能捕杀作为自己财产的大象而使大象成为私人物品。地主现在有保护自己土地上大象的激励，结果大象数量开始增加了。由于私有制和利润动机在起作用，非洲大

象在某一天也会像黄牛一样安全地摆脱被灭绝的厄运。

8.1 市场失灵

所谓市场失灵，是指在资本配置方面因为存在许多因素阻碍市场按理想方式运行而出现的低效率。也就是说，即使在市场机制可以发挥作用的领域，也可能由于种种原因出现市场机制运转不理想的状况，需要依靠市场以外的力量对已经“失灵”的市场加以调整。市场失灵的主要原因有：公共物品、外部影响、垄断及不完全信息。

8.1.1 公共物品

1. 物品与私人物品

经济学中的物品（goods）按照其在市场中的表现分为私人物品和公共物品。西方经济学主要论述的是私人物品。私人物品是那种数量将随任何人对它的消费增加而减少的物品。它在消费上具有两个特点：一是竞争性；二是排他性。

2. 公共物品的概念

公共物品则是具有极端正外部性的特殊物品，是指那些不能依靠市场力量实现有效生产和分配的物品。与私人物品相比较，公共物品的特性表现为消费的非竞争性和非排他性。

3. 公共物品的判别和准公共物品理论

某些物品具有完全的非竞争性和非排他性，但这只是比较极端的情况，实际上不同物品的非竞争性与非排他性程度是不同的。根据非竞争性与非排他性的程度，人们又进一步划分了纯公共物品、准公共物品和公共资源。

8.1.2 外部影响

1. 外部影响的概念

所谓外部影响，指一个人或一个厂商的活动对其他人或其他厂商的外部影响，或称溢出效应。这种效应是在有关各方不发生交换的意义上，价格体系受到的影响是外来的。或者说，存在没有经济补偿的经济交易。

2. 外部影响的分类

（1）生产的外部经济。当一个生产者采取的经济行为对他人产生了有利的影响，而自己却不能从中得到报酬时，便产生了生产的外部经济。

（2）消费的外部经济。当一个消费者采取的行动对他人产生了有利的影响，而自己却不能从中得到补偿时，便产生了消费的外部经济。

（3）生产的外部不经济。当一个生产者采取的行为使他人付出了代价而又未给他人以补偿时，便产生了生产的外部不经济。

（4）消费的外部不经济。当一个消费者采取的行动使他人付出了代价而又未给他人以补偿时，便产生了消费的外部不经济。

8.1.3 垄断

1. 垄断与低效率

只要市场不是完全竞争的，只要厂商面临的需求曲线不是一条水平线，而是向右下方倾斜，则厂商的利润最大化原则就是边际收益等于边际成本，而不是价格等于边际成本。当价格大于边际成本时，就出现了低效率的资源配置状态。而由于协议的各种困难，潜在的帕累托改进难以得到实现，于是整个经济便偏离了帕累托最优状态，存在于低效率之中。

2. 限制垄断

由于垄断导致市场失灵，政府应该承担起限制垄断、促进竞争的经济职能。如前所述，垄断有两种类型：一种是自然垄断，另一种是市场垄断。政府对垄断的限制也有两种类型：一种是对自然垄断的限制，另一种是对市场垄断的限制。

政府对自然垄断的限制采取对企业实行管制的方式。政府对企业的管制有两种方式：一种是价格管制，另一种是进入管制。

3. 反托拉斯法

政府对垄断的更加强烈的反应是制定反垄断法或反托拉斯法。19 世纪末 20 世纪初，美国企业界出现了第一次大兼并，结果形成了一大批经济实力雄厚的大企业。这些大企业被叫做垄断厂商或托拉斯。美国的反托拉斯法规定，限制贸易的协议或共谋、垄断或企图垄断市场、兼并、排他性规定、价格歧视、不正当的竞争或欺诈行为等，都是非法的。

8.1.4 不完全信息

1. 信息的不完全性

完全竞争模型的一个重要假定是完全信息，即市场的供求双方对于所交换的商品具有充分的信息。完全信息的假定（以及其他一些关于完全竞争市场的假定）保证了帕累托最优状态的实现。

上述关于完全信息的假定并不符合现实。在现实经济中，信息常常是不完全的，甚至是很不完全的。在这里，信息不完全不仅是指那种绝对意义上的不完全，即由于认识能力的限制，人们不可能知道在任何时候、任何地方发生的或将要发生的任何情况，而且是指“相对”意义上的不完全，即市场经济本身不能够生产出足够的信息并有效地配置它们。

信息不完全带来许多问题。市场机制本身可以解决其中的一部分。但是，在很多情况下，市场的价格机制并不能够解决或者至少是不能够有效地解决不完全信息问题。

2. 信息调控

市场的价格机制并不能够解决或者至少是不能够有效地解决不完全信息问题。在这种情况下，就需要政府在信息方面进行调控。信息调控的目的主要是保证消费者和生产者能够得到充分的和正确的市场信息，即增加市场的“透明度”，以便他们能够作出正确的选择。

8.2 市场失灵与政府干预

8.2.1 市场机制解决公共物品与外部性的局限

1. 市场机制解决公共物品的局限

公共物品的非竞争性意味着边际成本几乎等于零，可是边际收益为零则意味着产品应该免费提供，而公共物品的非排他性决定了公共物品也不适宜由私人生产。因此，公共物品的特性使得其较难通过市场由私人提供。

2. 市场机制解决外部性的局限

各种形式的外部性的存在造成了一个严重后果，即资源的市场配置将偏离帕累托最优状态，“看不见的手”在外部性面前失去了作用。

8.2.2 政府的作用

在现实中，政府也一直在以各种形式干预着经济。在当今的现实经济生活中，几乎任何经济活动都有政府的参与。

一般说来，经济学家们认为，在经济方面，政府主要有四个方面的职能：第一，提高效率；第二，促进平等；第三，促进宏观经济的稳定和经济增长；第四，制定和执行国际经济政策。

政府为承担微观经济中的经济职能所使用的政策工具主要有三种：第一，税收；第二，政府支出；第三，管制。

1. 政府对解决公共物品的作用

如果说一般企业是生产私人物品的组织，那么政府则应该是提供公共物品的机构；而且政府的主要职责就是提供社会所需要的公共物品，即它应该提供保证社会经济正常而又有效运行的基本条件，而不是去经营一般企业能够生产的私人物品。

2. 政府对解决外部性的作用

（1）使用税收和津贴。

（2）使用企业合并的方法。

（3）使用规定财产权的办法。

上述对付外部影响的第三种办法，即规定财产权的政策，可以看成是更加一般化的所谓科斯定理的特例。

8.3 风险、信息不对称与市场行为

8.3.1 不确定与风险

一般来说，人们总是想要避免消费和收入的不确定性。当我们想要避开风险和不确定性时，我们就是在进行“风险规避”（risk-averse）。

人们一般都不愿冒风险。在其他条件相同的情况下，相对不确定的消费水平来说，人们更喜欢做有把握的事情。

也就是说，同样的平均值下人们愿意要不确定性小的结果。由于这个原因，降低消费

不确定性的活动会导致经济福利的改善。

8.3.2 信息不对称下的道德危险与逆向选择

1. 信息不对称

由于市场信息不对称，会出现许多不确定性和风险。市场信息不对称的两个重要因素为“逆向选择”和“道德危险”。当这些因素存在时，市场可能会给出错误的信号，破坏激励机制，甚至有时会不存在市场。

信息不对称是指在交易过程中，一方对交易对象的质量、性能等内在属性比另一方更为了解。信息不对称可以导致市场失效。具体来说，这种市场失效主要表现在以下几方面：

（1）使市场机制难以发挥作用，经济运行效率大大降低。

（2）使市场交易量减少，甚至使交易无法进行。

（3）使产品质量下降，甚至毁掉了许多名牌。

2. 道德危险与逆向选择

（1）道德危险（moral hazard）。道德危险是指在交易或合约关系形成后，由于甲（乙）方的行为难以被乙（甲）方所察知，甲（乙）方有可能做出损害乙（甲）方而从中渔利的选择。正因为如此，道德危险问题有时又被称为隐藏行为（hidden action）问题。

（2）逆向选择（adverse selection）。从广义上说，逆向选择是指在交易或合约关系形成前，由于双方拥有的信息不对称，交易对象或合约条款的质量受控于拥有较多信息的一方，其结果对拥有较少信息的一方极为不利。从狭义上看，是一种违背交易者交易愿望的市场淘汰过程。

8.3.3 信息不对称下的市场行为

1. 道德危险的防范

具体防范措施是：要强化监督；要实施一定的激励或惩罚措施；要在双方或各方间建立起一种物质利益相容机制；改变产权结构或组织形式。

（1）强化监督。一是事前监督；二是过程监督；三是事后监督。

（2）激励措施。激励措施分为两类，一类是正激励，另一类是负激励，负激励相当于惩罚。

（3）抵押制度。为防止滋生道德危险或机会主义行为，很多行业实行不同形式的抵押制度。抵押物通常为货币和资产两大类。

（4）利益相容机制。利益相容机制是指在交易或合约执行过程中，通过一定的制度安排，来化解双方或各方的物质利益冲突，以便使各方的物质利益趋于一致。这主要从成本和收益两个角度入手。

2. 逆向选择的校正

（1）信号显示（signaling）。信号显示是指拥有较多信息的一方，率先通过实际行动向对方发出一个或一组信息，以令对方了解自己真实状况的一个行为过程。

（2）甄别机制（screening）。甄别机制是指拥有较少信息的一方，通过采取某些措施将对方区别开来，从而达到去粗取精的目的。

3. 信息不完全下的市场行为

（1）信息不完全与商品市场。当消费者掌握的市场信息不完全时，他们对商品的需求量就可能不随价格的下降而增加，而是相反，随价格的下降而减少。这时，就出现了所谓的“逆向选择”问题。

(2) 信息不完全与保险市场。同样，在生产者的信息不完全的条件下，提高商品的价格也不一定能够刺激该商品的供给。

(3) 信息不完全与劳动市场。在招聘者所给出的工资水平与应聘者的平均效率之间存在着一个同方向变化的关系：平均效率随着工资水平的下降而下降，反之亦然。

招聘者在招聘时不仅要考虑所支付的工资水平，而且要考虑应聘者的工作效率。工资和效率这两个指标可以综合在一起构成一个新的指标，即每单位工资水平上的效率。这个指标可以叫做“工资效率”。

【本章小结】

1. 市场主体的经济行为有的会产生外部性问题。外部性分为正外部性（外部经济）和负外部性（外部不经济）。不管是生产行为还是消费行为都存在外部性。

2. 外部性的存在会影响资源的配置效率。生产或消费的外部不经济使市场产量大于社会最适量（社会希望的产量），生产或消费的外部经济使市场产量小于社会最适量。

3. 外部问题可以通过税收、补贴、企业合并、产权界定和市场协商以及政府管制等方式，使其在一定程度上予以克服。

4. 解决外部性问题需要一定成本，成本到底应由谁承担，经济学家运用边际分析方法，根据边际利益与边际费用相等原理给出费用负担的不同情况。

5. 公共物品是指在消费和使用上不具有竞争性和排他性特征的物品。完全满足非竞争性和非排他性特征的物品被称为纯公共物品，如空气、国防、环保等。两个特征只居其一的物品被称为非纯公共物品，它分为两类：(1) 共有资源，如捕鱼海域、共有地、不收费但拥挤的道路；(2) 自然垄断物品，如有线电视、养老金、收费但不拥挤的道路。

6. 公共物品不能由市场提供。政府是大部分公共物品的供给者。公共物品的选择即公共选择由投票来决定。投票并不总能解决公共物品的生产分配问题。市场存在失灵，政府也存在失灵，经济学家不否认政府干预的必要性，而是尽力探讨干预的程度和方式，寻找更有效的方式去弥补市场的不足并不断地修正政府失灵。

7. 垄断也会导致市场低效率，在垄断中，市场机制不能起作用，只有通过政府来加以调节和管制。

8. 市场机制在解决公共物品与外部性的局限性要通过政府来解决，即是政府的职能。

9. 在信息不对称下会产生道德危险与逆向选择，通过信号显示和甄别机制来解决逆向选择的问题，通过强化监督和激励措施对道德危险加以防范。

10. 信息不对称下的商品市场、保险市场和劳动市场的行为选择。

【练习与思考】

一、选择题

1. 某一经济活动存在外部不经济是指该活动的（　　）。

A. 私人成本大于社会成本　　B. 私人成本小于社会成本

C. 私人成本大于社会利益　　D. 私人利益小于社会利益

2. 如果上游工厂污染了下游居民的饮水，按科斯定理，（　　），问题即可妥善地解决。

A. 不管财产权是否明确，只要交易成本为零

B. 只要财产权明确，且交易成本为零

C. 只要财产权明确，不管交易成本有多大

D. 不论财产权是否明确，交易成本是否为零

3. 某项生产活动存在外部不经济时，其产量（　　）帕累托最优产量。

A. 大于　　B. 等于

C. 小于　　D. 以上三种情况都有可能

4. 政府提供的物品（　　）公共物品。

A. 一定是　　B. 不都是

C. 大部分是　　D. 少部分是

5. 行业中出现垄断的原因是（　　）。

A. 物质技术条件　　B. 人为和法律的因素

C. 自然因素　　D. 以上都有可能

6. 对自然垄断行业的管制，一般不只采取（　　）。

A. 价格管制　　B. 价格和数量管制

C. 补贴或税收　　D. 国家直接经营

7. 公共物品具有（　　）特征，使其有别于私人物品。

A. 非排他性　　B. 非竞争性　　C. 排他性　　D. 竞争性

8. 矫正外部经济影响的政策有（　　）。

A. 税收和补贴政策　　B. 企业合并

C. 明确产权和谈判　　D. 以上都是

二、名词解释题

市场失灵　　反托拉斯法　　公共物品　　外部影响　　信息不对称　　风险

道德危险　　逆向选择

三、分析论述题

1. 垄断是如何造成市场失灵的？

2. 外部影响的存在是如何干扰市场对资源的配置的？

3. 为什么公共物品不能靠市场来提供？

4. 你认为出现环境污染的原因是什么？应当如何理解？

四、案例分析题

案例 1：美国电报电话公司的拆分

长期以来，美国电报电话公司（AT&T）垄断着美国的电话通讯业务，为几乎所有的消费者提供长途电话和地方电话服务。1984 年，美国政府决定依照反垄断法的有关规定拆分美国电报电话公司，由贝尔公司承担地方电话业务，而长途电话市场则由美国电报电话公司、MCI 等多家公司竞争。

在改革初期，人们抱怨与原来相比拨打长途电话非常烦琐，因为要多拨一个代码。但

同时，人们也开始注意到租用电话的费用在降低，长途电话费用下降了近一半，多种服务也相应地出现了。

我国也出台了电信行业的重组方案，试图通过竞争来降低价格，提高服务水平。

问题：

1. 美国政府为什么要对美国电报电话公司进行拆分？
2. 你能对我国的电信行业的拆分做出评价吗？

案例 2：买卖污染许可证

随着现代工业社会的发展，环境问题日益严重，在许多国家，为了追求经济的增长出现了严重的河流和空气的污染、热带雨林大面积的消失和破坏，许多自然资源面临枯竭，人们的生活环境日趋恶化。这一问题越来越引起了人们的重视，许多国家都制定了明确的法律来保护环境，同时采取各种措施来控制环境污染的进一步加剧。

大多数环境管制都是通过限制企业或个人排放污染物，但是这种方法并不是很有效，它并不适合所有的排放，并且，它只是政府的一种强制管制，并没有考虑到排放量和治污成本之间的关系，没有考虑到激励因素，所以在一定程度上，可能会产生低效率。

1990 年，美国政府在环境控制计划中，宣布了一种用以控制二氧化硫这一最有害的环境污染物的全新方法。在 1990 年空气洁净修正法案中，美国政府发行了一定数量的许可证控制全国每年二氧化硫的排放量，到 20 世纪 90 年代结束，排放量应当减少到 1990 年的 50%。这一计划的创新之处就在于许可证可以自由交易。电力产业得到污染许可证，并被允许拿它像小麦一样进行买卖。那些能以较低成本降低硫化物排放的厂商会卖出它们的许可证。另外一些需要为新工厂争取更多额度许可证或没有减少排放余地的厂商会发现，比起安装昂贵的控污设备来说，购买许可证或许更经济一些。

排污许可证的买卖产生了非常良好的效果。最初，美国政府计划在开始几年，许可证的价格应在每吨二氧化硫 300 美元左右。然而到了 1997 年，市场价格下降到每吨仅 60～80 美元。成功的原因之一是这一计划给了厂商足够的创新激励，厂商发现使用低硫煤比早先预想的要容易，而且更便宜。这个重要的试验为那些主张环境政策应以市场手段为基础的经济学家们提供了强有力的支持。

问题：

1. 解释什么是外部经济和外部不经济。
2. 外部影响会导致资源配置失当，说明外部经济和外部不经济导致资源配置失当的情况。
3. 结合上面的资料说明纠正外部影响造成资源配置失当的政策。

【实践与操作】

举例说明市场失灵的原因。在垄断、公共物品、外部性和信息不对称等情况下，市场主体是如何作出决策的？政府是如何干预的？

第 9 章
国民收入核算

【学习目标】

1. 知识学习目标

（1）国内生产总值的概念

（2）国内生产总值的计算方法

（3）国内生产总值支出法的构成

（4）国内生产总值分配法的构成

2. 能力实训目标

（1）国内生产总值的理解

（2）GDP、NDP、NI、PI、PDI之间的联系与区别

（3）GDP与GNP的区别

（4）国内生产总值与人均国内生产总值的意义

【案例导入】

国内生产总值（GDP）的统计

GDP，即国内生产总值，是经济学中最重要的一组大写字母。它是其他经济指标之母，是一个季度中发布的最重要的统计数据。对许多人来说，GDP都是必读的，因为它是经济总体走向的最好的晴雨表。预测人员小心地对它进行分析，寻找经济走向的蛛丝马迹。CEO们借助它编制计划，作出用工决策，预测销售增长。短期资本经营者通过研究GDP来改进投资策略。政府官员把GDP看作关于他们自己政策实施效果的成绩单。由于这样或那样的原因，人们对季度GDP的期望最高。表9-1是我国2010—2016年的GDP数据。

表9-1　　中国2010—2016年GDP和人均GDP

年份	GDP（亿元）	GDP指数（1978年=100）	人均GDP（元）	人均GDP指数（1978年=100）
2010	413 030.3	2 073.1	30 876	1 481.8
2011	489 300.6	2 270.8	36 403	1 615.4
2012	540 367.4	2 449.2	40 007	1 733.8
2013	595 244.4	2 639.2	43 852	1 859.1
2014	643 974.0	2 831.8	47 203	1 984.7
2015	689 052.1	3 027.2	50 251	2 110.9
2016	743 585.5	3 230.6	53 935	2 240.6

资料来源：中国统计年鉴.

中国的年度GDP初步核算数一般在次年1月20日左右发布，年度GDP最终核实数在隔年的1月份发布。年度GDP初步核算数在年度国民经济运行情况新闻发布会、国家统计局网站、《中国经济景气月报》上公布；年度GDP最终核实数在国家统计局网站以国家统计局公告的形式发布；同时，年度GDP最终核实数还在隔年的《中国统计摘要》和《中国统计年鉴》上公布。

中国的季度GDP初步核算数一般于季后15日左右发布，具体日期参考当年《国家统计局主要统计信息发布日程表》。中国的季度GDP在季度国民经济运行情况新闻发布会、国家统计局官方网站（www.stats.gov.cn)、《中国经济景气月报》上公布；季度GDP最终核实数在国家统计数据库（http://data.stats.gov.cn/)、《中国经济景气月报》上公布。按照国家统计局最新改革的GDP核算和数据发布制度规定，中国季度GDP核算分为初步核算和最终核实两个步骤。

通常，年度GDP最终核实后，要对季度数据进行修订，称为常规修订；在开展全国经济普查，发现对GDP数据有较大影响的新的基础资料，或计算方法及分类标准发生变化后而对年度GDP历史数据进行修订后，也要对季度GDP历史数据进行相应修订，称为全面修订。在中国，季度GDP以生产法为基础进行核算，年度GDP采用生产法和支出法这两种方法进行核算。

9.1 国内生产总值及其核算方法

9.1.1 国内生产总值（GDP）的概念

GDP指在一个国家领土内某一时期（一般为一年）内所生产的所有最终产品和所提供服务的价值总和。GDP是衡量经济活动的基本变量之一。

（1）最终产品及其价值。最终产品是指在一定时期内生产的并由最后使用者购买的产品和劳务。最终产品的价值如表9-2所示。

表9-2　　最终产品的价值

生产阶段	产品价值	中间产品成本	增值
种棉花	13		13
纺纱	25	13	12
织布	40	25	15
制衣	70	40	30
总计	148	78	70

（2）本期产出。GDP是由本期所生产的产出价值构成的，属于产出的范畴。GDP计算现期生产的最终产品价值，而不是现期所销售掉的最终产品价值。GDP是流量，即在一定时期内发生的变量。通常以一年或一个季度来计量，把一定时期内生产的产值加总即得GDP。

（3）市场价格。GDP以现行的市场价格来衡量产品的价值。它以市场价格来衡量产品的价值，而不以要素成本来衡量，市场价格包括要素成本加间接税（如销售税和货物税）。“市场价格”的概念还表明，GDP只计算为市场交易而生产的物品和劳务，即市场活动导致的价值，家务劳动等不属此列。

（4）GDP与人均GDP。GDP有助于了解一国的总体经济实力与市场规模；人均GDP反映一国的富裕与生活水平的好坏程度。

9.1.2 国内生产总值（GDP）的计算方法

1. 用支出法核算GDP

支出法，又称最终产品法，就是通过核算在一定时期内整个社会购买最终产品与服务的总支出即最终产品和服务的总卖价来计量GDP。一国总支出包括：消费支出、投资支出、政府的购买支出和净出口。

（1）居民消费支出（C）。居民消费支出指的是本国居民对最终产品和服务的购买。即居民的私人消费，居民购买耐用消费品、非耐用消费品、劳务的支出均属于此类。

（2）投资支出（I）。投资指并非用于目前消费的物品的生产，是用于投资品的支出。投资品包括资本品和存货。

资本品包括机器设备和建筑物（厂房、新住宅）。用于资本品的投资又叫固定投资。资本品作为最终产品计入GDP。

存货是厂商储存在仓库的物资，包括将用于生产的原材料等和等待被销售的产成品。这些存货要占用资金，用于这些存货的投资就是存货投资。

存货对于厂商有重要意义：第一，作为投入的原材料存货是为了保证生产连续进行，避免因原材料供给的波动而导致生产的延误；第二，产成品存货是为了保证生产水平稳定。

存货计入GDP，也可被视作最终产品。据西方经济学家的解释，存货投资被看做企业自己买自己产品的支出。

投资是资本流量，是在一定时期内发生的，它反映资本品和存货的变动。

作为流量的投资包括两个部分：一个是用于补偿机器折旧的部分（补充资本存量的损耗），叫做更新投资或重置投资；另一个是增加资本存量所需要的投资，叫做净投资。二者之和是总投资。用支出法核算GDP时的投资，是总投资。

（3）政府支出（G）。政府支出分为两个部分：一部分是对商品和劳务的支出；另一部分是转移支付，即政府对居民进行的没有换取生产要素服务的单方面的支出。这两种政府支出中，政府购买计入GDP；而政府向居民的转移支付不计入GDP。

（4）净出口（NX）。净出口是出口与进口之差（出口－进口）。

本国生产的产品会有一部分被外国人所购买，此即出口，应该计入GDP。

本国的居民消费、厂商的私人投资和政府购买中也会有对外国产品和劳务的购买，即进口，应该从本国GDP中扣除。

用公式表示支出法核算的GDP为：

$$GDP=C+I+G+(X-M)$$

其中，C表示消费支出，I为投资支出，G为政府购买，（X－M）表示净出口，即出口X与进口M的差额。

以上内容的举例可见表9－3、表9－4和表9－5。

表9－3　美国2010年的GNP和需求构成

构成	亿美元	%
最终消费	128 427	87.6
居民消费	103 519	80.6
政府消费	24 908	19.4
资本形成总额	23 330	15.9
固定资产	22 645	97.1
存货增加	685	2.9
货物和服务的净出口	－5 155	－3.5
国内生产总值	146 602	100.0

表9－4　我国2010年的支出法GDP及其构成

构成	亿元	%
最终消费	186 905.30	36.8
居民消费	133 290.90	71.3
政府消费	53 614.40	28.7
资本形成总额	191 690.80	54.0
固定资产	182 340.30	95.1
存货增加	9 350.50	4.9
货物和服务的净出口	15 711.50	9.2
支出法计算的国内生产总值	394 307.60	100.0

表9－5　我国2012年的支出法GDP及其构成

构成	亿元	%
最终消费	261 832.8	49.5
居民消费	190 423.8	72.7
政府消费	71 409.0	27.3
资本形成总额	252 773.2	47.8
固定资产	241 756.8	95.6
存货增加	11 016.4	4.4
货物和服务的净出口	14 632.4	2.7
支出法计算的国内生产总值	529 238.4	100.0

2. 用收入法核算GDP

收入法是根据社会再生产过程中产生的收入流量来计量国内生产总值的方法。收入法是通过测量销售产品所获得的收入来核算GDP。厂商的销售收入扣除了生产中所使用的中间产品的价值外，就是厂商的增加价值所带来的收入。

在一国社会产品的生产过程中，居民、政府和厂商得到了下列收入：

（1）工资和薪金。即居民为生产提供劳动的报酬。

（2）净利息。即居民给企业提供货币资金所得的利息收入。

（3）租金。即居民提供土地等要素的报酬。

（4）公司税前利润。即对公司的企业家才能和股东所承担风险的报酬。

（5）非公司业务主收入。即非公司企业的所有者从事经营活动的报酬。

（6）企业间接税。

（7）折旧。用于补偿全社会资本存量耗费的费用。

用公式表示按收入法核算的 GDP 构成，则：

$$\text{GDP}=\text{工资和薪金}+\text{净利息}+\text{租金}+\begin{matrix}\text{公司税前}\\\text{利润}\end{matrix}+\begin{matrix}\text{非公司业务}\\\text{主收入}\end{matrix}+\begin{matrix}\text{企业}\\\text{间接税}\end{matrix}+\text{折旧}$$

或者，

$$\text{GDP}=\text{工资和薪金}+\text{净利息}+\text{租金}+\text{利润}+\text{企业间接税}+\text{折旧}$$

这里，视非公司业务主收入与公司税前利润同属利润。

3. 用增值法核算 GDP

它是根据生产过程各个阶段上产品的增值或贡献来计算国内生产总值的方法。GDP 的含义表明，如果要直接从产值的角度核算 GDP，为了避免重复计算，应该把各个厂商的增加价值加总，从而扣除中间产品的价值，此即增值法。

此方法通常是把全社会各个生产部门的增值部分进行加总，又称部门法。

此方法表明，生产过程中增值越多，GDP 越大，故高附加值的生产对 GDP 贡献大。

4. 三种方法小结

国内生产总值不同的计算方法是从国民经济运行的不同角度加以观察和计量的结果。

（1）支出法：

步骤一：确定最终消费者购买哪些商品和服务。

步骤二：确定这些商品的货币价值（价格×数量）。

$$\text{GDP}=\text{商品 1 的货币价值}+\text{商品 2 的货币价值}+\cdots\cdots$$

（2）收入法：

步骤：找出国民经济中所有个人的总工资、总利润、总利息和其他形式的收入。

（3）增值法：

步骤一：对每一个厂商，增加的价值为收入减去从别的厂商购买的商品的支出：

$$\text{价值增加}=\text{收入}-\text{从其他厂商的购买}$$

步骤二：汇总各个厂商的增加值。

$$\text{GDP}=\text{厂商 1 的增加值}+\text{厂商 2 的增加值}+\cdots\cdots$$

我国目前的 GDP，是采用收入法计算各个产业部门（按照 2017 年第四次修订的我国国民经济行业分类标准，确定有 20 个门类、97 个大类、473 个中类、1 380 个小类）的增加值，最后加总部门的增加值来求得 GDP（在我国的统计资料中，也提供支出法计算国内生产总值数据）。

西方国家以支出法为基本核算方法，以支出法的计算结果为标准。如果按生产法、收入法计算出的结果与此不一致，就要通过误差调整项进行调整。

9.2 国民收入核算中的其他总量

9.2.1 国民收入核算的五个基本总量

（1）国内生产总值（GDP）国内生产总值是在一个国家境内一定时期所生产的物品和

劳务的总值。

(2) 国内生产净值（NDP）。国内生产净值是指在一个国家境内一定时期新增加的物品和劳务的价值，它等于国内生产总值减去折旧后的余额。

NDP＝GDP－折旧

(3) 国民收入（NI）。国民收入指在社会产品的生产过程中生产要素所有者应得的报酬。

NI＝国内生产净值－企业间接税＋对企业的补贴

(4) 个人收入（PI）。个人收入是在经济中居民户从各种来源所得到的收入总和。

PI＝NI－公司利润－社会保障金缴纳＋转移支付＋利息调整＋红利

(5) 个人可支配收入（PDI）。个人可支配收入是指个人缴纳所得税和其他非税收性支付后的收入。

PDI＝PI－个人所得税－非税收性支付

9.2.2 实际国内生产总值与名义国内生产总值

名义国内生产总值或国民生产总值是指以现行价格计算的国内生产总值或国民生产总值，它等于各种物品和劳务的数量与它们现行价格乘积的总和。实际国内生产总值或国民生产总值是指用从前某一年作为基期的价格计算的国内生产总值或国民生产总值。实际GDP＝名义 GDP÷GDP 折算数。

以一国的商品 A 为例说明名义国内生产总值和实际国内生产总值的区别，见表 9－6。

表 9－6　　名义 GDP 与实际 GDP 的区别

	2017 年的名义 GDP	2018 年的名义 GDP	2018 年的实际 GDP
产品 A	1 亿单位×5 美元 ＝5 亿美元	1.5 亿单位×6 美元 ＝9 亿美元	1.5 亿单位×5 美元 ＝7.5 亿美元
产品增长率		80%	50%

9.2.3 国民生产总值与国内生产总值

国民生产总值（GNP）是指一个国家所拥有的生产要素在一定时期内所生产的所有最终产品和所提供服务的价值总和。

国内生产总值和国民生产总值这两个统计指标在统计思想上反映了是按国土原则还是国民原则进行统计的区分。计算原则：GDP——国土原则；GNP——国民原则。

例如：一个在中国开公司的美国人取得的利润属于美国 GNP 的一部分，但不是美国 GDP 的一部分。

例如：一国的 GNP 小于 GDP，说明该国公民从外国取得的收入少于外国公民从该国取得的收入。

国内生产总值 GDP 可以通过国民生产总值 GNP 减去国外要素支付净额 NFP 获得，即

GDP＝GNP－NFP

9.2.4 对国民收入核算体系的评价

GDP 的数据实际上不仅被用来衡量生产了多少产量，而且也被用来衡量一个国家居民的福利状况。但是，GDP 数据绝不是衡量经济中产出和社会福利的完美指标，不能完全准确地反映一国的实际经济情况，这是因为国民收入核算本身存在着一些缺陷。

值得注意的是，GNP（或 GDP）不能反映未经过市场交易的产出。因为：

（1）有许多经济活动并不是用来交换的，如家务劳动，子女对父母的照顾，等等；

（2）物物交易活动，没有以货币作为等价物的市场价格；

（3）地下经济、黑市交易等逃避了官方的统计；

（4）企业投资带来的环境污染等负面效应。

【本章小结】

1. 阐述了国内生产总值（GDP）的概念及内涵，分析了国内生产总值的作用、局限性与其他指标的综合运用。

2. GDP 的三种核算方法，即支出法、收入法和增值法。

3. GDP、NDP、NI、PI、PDI 之间的联系与区别。

【练习与思考】

一、选择题

1. 经济学上的投资是指（　　）。

A. 企业增加一笔存货　　B. 建造一座住宅

C. 企业购买一台计算机　　D. 以上都是

2. 下列哪一项计入 GDP？（　　）

A. 购买一辆用过的旧自行车

B. 购买普通股票

C. 汽车制造厂买进 10 吨钢板

D. 银行向某企业收取一笔贷款利息

3. 一国的国内生产总值小于国民生产总值，说明该国公民从外国取得的收入（　　）外国公民从该国取得的收入。

A. 大于　　B. 小于

C. 等于　　D. 可能大于也可能小于

4. 下列哪一项不列入国内生产总值的核算？（　　）

A. 出口到国外的一批货物

B. 政府给贫困家庭发放的一笔救济金

C. 经纪人为一栋旧房买卖收取的一笔佣金

D. 保险公司收到一笔家庭财产保险费

5. 今年的名义国内生产总值大于去年的名义国内生产总值，说明（　　）。

A. 今年的物价水平一定比去年高

B. 今年生产的物品和劳务的总量一定比去年增加了

C. 今年的物价水平和实物产量水平一定都比去年提高了

D. 以上三种说法都不一定正确

6. 国内生产总值是一个国家在特定时期内生产的所有（　　）及其劳务的市场价值总和。

A. 最终商品　　B. 最终商品和中间商品

C. 中间商品　　D. 以上都不是

7. 个人可支配的收入等于个人收入减去（　　）。

A. 个人所得税　　B. 个人所得税和其他非税支付

C. 非税支付

8. 下列哪几项属于经济学中的投资？（　　）

A. 购买二手房

B. 建造一所新住房

C. 某股民购买某上市公司的10 000元的股票

D. 某上市公司向公众出售了5 000万元的股票，并用收入建立了一个新厂

二、计算题

1. 假定某地区在一定时期内发生了下列经济活动：

第一，银矿公司支付7.5万美元给矿工开采了50千克银子卖给银器制造商，售价10万美元；

第二，银器制造商支付5万美元工资给工人制造了一批项链卖给消费者，售价为40万美元。

计算：

（1）用支出法计算GDP；

（2）用增值法计算GDP；

（3）用收入法计算GDP。

2. 假定一国有下列国民收入资料，见表9-7。

表9-7　　单位：亿美元

国内生产总值	4 800
总投资	800
净投资	300
消费	3 000
政府购买	960
政府预算盈余	30

计算：

（1）国内生产净值；

（2）净出口；

（3）政府税收减去转移支付后的收入；

（4）个人可支配收入；

（5）个人储蓄。

三、案例分析题

如何对GDP进行衡量?

国内生产总值实际上是一个估计值，它估计了一个国家的产出状况。但是，即使在计算技术高度发达的今天，计算总产出的过程中也存在着一些困难。

1. 对质量改变的衡量的困难

经济的发展日新月异，即使是同种产品，今天的和50年前的可能差别巨大，而其价格可能差不多或者更低，这种差别该如何衡量呢?

我们可以考虑一下计算机市场的情况，如果把今天的计算机和50年前的计算机相比，每个人都知道其差别大得惊人，但从价格上来说，今天的计算机价格却比50年前或者说10年前便宜得多（即使不考虑整体价格水平的上涨），那么是总产出减少了吗?当然不是。但是，在计算总产出时如何对这种现象予以修正，以真实地考虑经济水平，是一件很困难的事情。

2. 如何衡量服务的价值

从事实物的生产，可以以其客观的产出作为指标来衡量其价值，但是从事服务行业的人创造的价值该如何衡量呢?他们创造的价值也同样是一国总产出的重要组成部分。

3. 对非市场活动的衡量问题

在对总产出的核算中，我们计算的一般是指市场活动导致的价值，家务劳动、自给自足生产等非市场活动不计入GDP中。但实际上，这些自给自足的产品或家务劳动同样应构成一国总产出的组成部分，如果这些产品用于出售，或者雇用别人来做家务，那就算作总产出，为什么由自己消费的产品和从事的家务就不计入总产出呢?

虽然GDP的计算并不完美，但用来衡量经济增长和生活状况具有很大的意义。当GDP用于国际比较时，它也能较好地衡量一国人民的生活水平，高的GDP往往导致高的生活水平。

问题：

1. 什么是国内生产总值（GDP）?为什么GDP被认为是衡量一国经济水平的最重要的一个指标?

2. 说明什么是计算国内生产总值的收入法和支出法。

3. 根据上面的资料，结合所学的知识，说明用国内生产总值衡量一国的社会福利水平的缺陷。

【实践与操作】

走访一家企业。观察该企业增加值的统计，从分配的角度把一年来的数据进行汇总计算。

第10章
国民收入决定理论

【学习目标】

1. 知识学习目标

(1) 了解简单国民收入决定模型

(2) 理解潜在国民收入和均衡国民收入的概念

(3) 明确总需求的构成要素

(4) 认识四部门经济的循环流量

2. 能力实训目标

(1) 理解商品市场与货币市场的均衡模型的意义

(2) 理解总需求与总供给模型对国民收入的决定

(3) 把握乘数理论的运用

(4) 理解储蓄与消费的关系

【案例导入】

中国的居民储蓄率问题

2018年3月24日，经国务院批准，由国务院发展研究中心主办的中国发展高层论坛2018年会在北京钓鱼台国宾馆举行。中国工商银行董事长易会满在演讲中表示，中国应该高度重视居民储蓄率问题，防止居民储蓄率过快下降引发的经济金融风险及连锁效应。

他认为，长期以来，中国一直是全世界储蓄率最高的国家之一。其中，居民储蓄是国内储蓄的主要来源。但从2010年以来，我国居民储蓄率持续下降，成为拉动国民总储蓄率下滑的主要因素（有研究表明居民储蓄率下降对国民储蓄率下滑的影响占70%）。从居民储蓄增速来看，近些年来下降幅度较大。从2010年以前的16%下降到了2017年的7.7%，增速降至历史最低值。从居民储蓄在可支配收入中的占比来看，这一下降趋势更加明显。2010—2017年，居民储蓄存款增长与可支配收入之比从25.4%下降至12.7%，下降了一半。与此同时，储蓄率下降还伴随着居民家庭杠杆率的快速提升，2013—2017年，家庭债务占GDP的比重由33%升至49%。

易会满指出，近年来居民储蓄率的下滑和家庭资产负债结构的变化，除了人口老龄化、消费观念和方式转变、社会保障体系完善等因素外，有三个原因值得关注：一是金融脱媒与利率市场化加快了居民财富多元化摆布。一方面，社会公众不断增长的财产性收益要求，对多元化金融理财业务的发展形成了客观驱动力；另一方面，金融市场的创新发展和资管产品体系的日渐丰富，也为家庭投资提供了更多选择，对传统和单一形式的储蓄形成了一定冲击。2013年以来，银行理财、信托、公募基金、私募产品规模合计增长超过2倍，存款则成为这五年间居民主要金融资产中唯一占比下降的资产。二是金融科技背景下互联网理财的兴起加速了存款分流。近几年金融科技的发展，降低了财富管理门槛，增强了金融服务的便捷性，众多平台公司争相推出了以较高收益、较高流动性为特点的互联网理财产品，几年间即形成“气候”。以基于互联网理财的货币基金为例，2013 年以来出现爆发式增长，规模由不到 1 万亿元迅猛增长到 2017 年末的 6.74 万亿元，其中仅 2017 年当年就增长近 2.5 万亿元，而同年储蓄存款增长只有 4.6 万亿元，分流效应显著。三是房地产吸引了家庭大量资金流入。在城镇化进程推进、房价持续升温的背景下，家庭收入中投向房产的比例大大超过存款配置。2016 年和 2017 年，居民贷款增量连续超过存款增量，开始由资金供给方转变为资金需求方。

问题：

根据所学的知识说明决定一国储蓄率的原因，并简要说明我国居民储蓄率下降产生的影响。

10.1 国民收入的相关概念及决定

10.1.1 国民收入的相关概念

（1）国民收入与国民生产总值。国民收入在经济分析和具体统计分析中的含义是不同的。在经济分析中，国民收入一般是指五大总量指标，并通常用国民生产总值（GNP）表示，即广义的国民收入概念；而在统计分析中，国民收入仅指经济社会中生产要素所有者得到的收入总和（NI），即狭义的国民收入概念。这里所说的国民收入是指国民生产总值。

（2）潜在的国民收入和均衡的国民收入。潜在的国民收入是指实现充分就业时所达到的国民收入水平；均衡的国民收入是指总需求与总供给达到平衡时的国民收入水平。潜在的国民收入并不一定等于均衡的国民收入，前者一般要大于后者。

（3）总需求与总支出、总供给与总收入。总需求是一定时期内整个社会对产品与服务（最终产品）的需求总量，在现实经济中，它由消费需求、投资需求、政府需求和国外需求构成。这些需求最终都是以支出的形式表现出来，即总需求所衡量的是国民经济活动中各种行为主体的总支出。因此，总需求可以用总支出表示。

总供给是一定时期内国民经济各部门提供的物质产品和服务的总和，是全社会经济活动的总成果。总供给是由各种生产要素生产出来的，是各种生产要素的供给总和，而生产要素（劳动、资本、土地、企业家才能）供给的总和又可以用它们相应得到的收入（工资、利息、地租、利润）的总和（总收入）来表示。因此，总供给也可以用总收入来表示。

（4）真实的支出与意愿的支出。真实的支出是国民收入核算账户上公布的某一年实际发生的支出；而意愿的支出则是决策者愿意或者计划支出的数额。二者可能相等，也可能不相等。在本节的分析中，所有“支出”概念均指意愿的支出。

10.1.2 国民收入的决定

国民收入的决定问题，是指影响国民收入的因素是怎样决定国民收入水平的。对此，可以用三个简单模型进行说明，即简单的国民收入模型、IS－LM 模型和总需求-总供给模型。

10.2 简单的国民收入模型

10.2.1 国民经济的收入流量循环模型

宏观经济学的研究对象是整个经济，整个经济是由不同的经济单位组成的，研究整个经济必须了解各个经济单位之间的联系。国民经济的收入流量循环模型正是要揭示各个经济单位之间的基本联系的。因此，这一模型是宏观经济分析的框架，也是研究国民收入决定的基础。

理论研究是从简单到复杂，从抽象到具体的。所以，我们在研究国民经济的收入流量循环模型时，先从简单的两部门经济入手，进而研究三部门经济与四部门经济。

1. 两部门经济的收入流量循环模型

两部门经济是指由厂商和居民户这两种经济单位所组成的经济。在这种经济中，居民户向厂商提供各种生产要素，得到相应的收入，并用这些收入购买与消费各种产品与劳务；厂商购买居民户提供的各种生产要素进行生产，并向居民户提供各种产品与劳务。这时，居民户与厂商之间的联系，即收入流量循环模型就如图 10－1 所示。

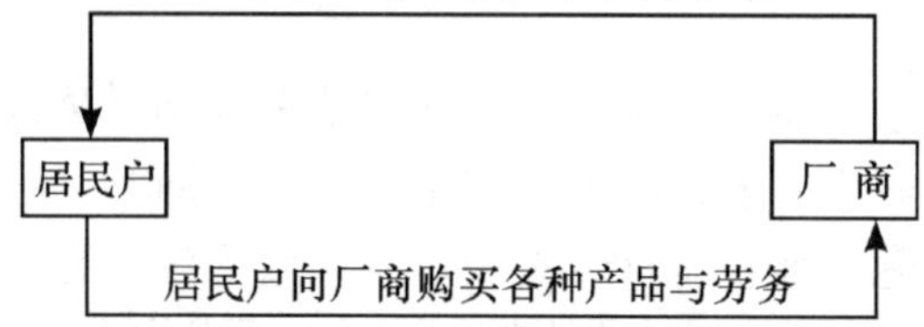

图 10－1 收入流量循环模型一

图 10－1 中的箭头表示货币收入的流向。厂商购买居民户的各种生产要素，向居民户支付报酬，居民户得到货币收入，因此，上方直线的箭头指向居民户。居民户购买厂商生产出来的各种产品与劳务，向厂商支付货款，厂商得到收入，因此，下方直线的箭头指向厂商。在这个循环中，只要居民户把他们出卖各种生产要素所得到的全部收入用于购买厂商生产出来的各种产品与劳务，即居民户出卖各种生产要素所得到的收入与厂商出卖各种产品与劳务所得到的收入相等，这个经济就能以不变的规模运行下去。

如果居民户把一部分收入用来购买厂商生产的各种产品与劳务，把另一部分收入储蓄起来；如果厂商在居民户的消费支出之外又获得了其他来源的投资。那么，收入流量循环的模型就如图 10－2 所示。

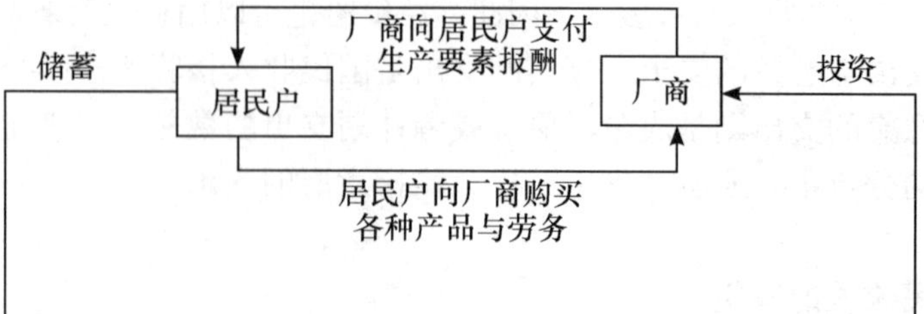

图 10－2 收入流量循环模型二

图 10－2 表明，居民户把储蓄存入金融机构，而厂商则从金融机构获得投资。如果通过金融机构把居民户的全部储蓄都转化为厂商的投资，即储蓄等于投资，这个经济仍然可以正常运行下去。

两部门经济是一种最简单的经济，它虽然并不现实，但却是我们分析三部门经济与四部门经济的收入流量循环模型，以及进而说明国民收入均衡条件的出发点。

2. 三部门经济的收入流量循环模型

三部门经济是指由厂商、居民户、政府这三种经济单位所组成的经济。在这种经济中，政府的经济职能是通过税收与政府支出来实现的。政府通过税收与支出和居民户及厂商发生联系。

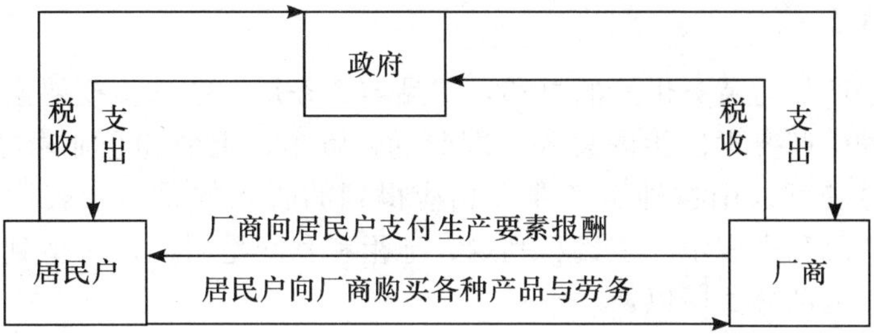

图 10－3　收入流量循环模型三

图 10－3 表明了三部门经济中的收入流量循环，即居民户、厂商与政府之间的经济联系。这时，经济要正常运行下去，不仅要储蓄等于投资，而且还要政府得自居民户与厂商的税收与向居民户与厂商的支出相等。

3. 四部门经济的收入流量循环模型

四部门经济是指由厂商、居民户、政府和国外这四种经济单位所组成的经济。在这种经济中，国外的作用是：作为国外生产要素的供给者，向国内各部门提供产品与劳务，对国内来说，这就是进口；作为国外产品与劳务的需求者，向国内进行购买，对国内来说，这就是出口。这时，收入流量循环的模型就如图 10－4 所示。

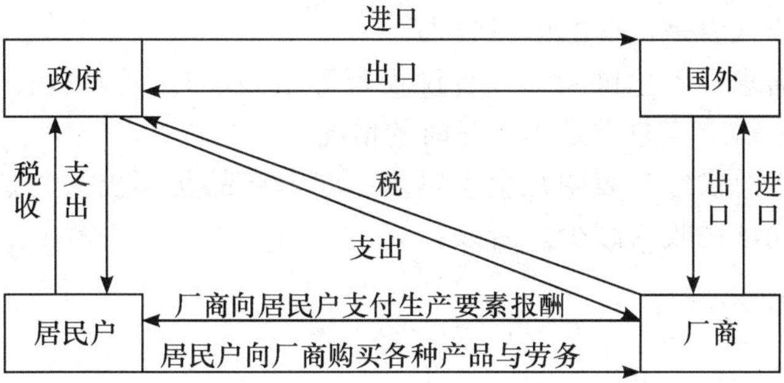

图 10－4　收入流量循环模型四

图 10－4 表明了四部门经济中的收入流量循环，即居民户、厂商、政府与国外之间的经济联系。这时，经济要正常运行下去，不仅要储蓄等于投资、政府税收等于支出，而且还要所有的出口与所有的进口相等。

10.2.2 国民收入的均衡

当总需求等于总供给时，国民收入实现了均衡。我们先从两部门经济来分析国民收入均衡的这一条件。

在包括居民户与厂商的两部门经济中，总需求分为居民户的消费需求与厂商的投资需求。消费需求与投资需求可以分别用消费支出与投资支出来代表，消费支出即为消费，投资支出即为投资。所以：

总需求＝消费＋投资

如果以 AD 代表总需求，以 C 代表消费，以 I 代表投资，则可以把上式写为：

$$AD=C+I$$

总供给是全部产品与劳务供给的总和，产品与劳务是由各种生产要素生产出来的，所以，总供给是各种生产要素供给的总和，即劳动、资本、土地和企业家才能供给的总和。生产要素供给的总和可以用各种生产要素相应得到的收入的总和来表示，即用工资、利息、地租和利润的总和来表示。工资、利息、地租和利润是居民户所得到的收入，这些收入分为消费与储蓄两部分。所以：

总供给＝消费＋储蓄

如果以 AS 代表总供给，以 C 代表消费，以 S 代表储蓄，则可以把上式写为：

$$AS=C+S$$

国民收入均衡的条件是总需求等于总供给，即

$$AD=AS \text{ 或者 } C+I=C+S$$

如果两边同时消去 C，则可以写为：

$$I=S$$

所以，在两部门经济中，国民收入均衡的条件也就是投资等于储蓄。换句话说，投资等于储蓄时的国民收入就是均衡的国民收入。

为什么只有总需求等于总供给，或者说投资等于储蓄时，国民收入才能实现均衡呢？下面，我们来分析总需求与总供给不相等时的情况。

如果总需求小于总供给，表明社会上需求不足，产品卖不出去，这样价格必然下降，生产必然收缩，从而国民收入减少。所以：

$$AD<AS \text{ 或者 } I<S$$

国民收入是减少的。

如果总需求大于总供给，表明社会上供给不足，产品不够卖，这样价格必然上升，生产必然增加，从而国民收入增加。所以：

$$AD>AS \text{ 或者 } I>S$$

国民收入是增加的。

只有在 $AD=AS$ 或者 $I=S$ 时，国民收入才既不减少又不增加，处于均衡状态。

从以上两部门经济中国民收入均衡的条件，可以推导出三部门经济和四部门经济中国民收入均衡的条件。

在三部门经济中，总需求不仅包括居民户的消费需求与厂商的投资需求，而且还包括政府的需求。政府的需求可以用政府支出来代表。所以：

总需求＝消费＋投资＋政府支出

如果以G代表政府支出，则可以把上式写为：

$$AD=C+I+G$$

三部门经济的总供给中，除了居民户供给的各种生产要素之外，还有政府的供给。政府的供给是指政府为整个社会生产提供了国防、立法、基础设施等公共产品。政府由于提供了这些公共产品而得到相应的收入——税收。所以，可以用政府税收来代表政府的供给。这样：

总供给＝消费＋储蓄＋税收

如果以T代表政府税收，则可以把上式写为：

$$AS=C+S+T$$

在三部门经济中，国民收入均衡的条件仍然是总需求等于总供给，即

$AD=AS$ 或者 $I+G=S+T$

如果$I+G<S+T$，则国民收入减少。

如果$I+G>S+T$，则国民收入增加。

在四部门经济中，总需求不仅包括居民户的消费需求、厂商的投资需求与政府的需求，而且还包括国外的需求。国外的需求对国内来说就是出口，所以可以用出口来代表国外的需求。这样，

总需求＝消费＋投资＋政府支出＋出口

如果以X代表出口，则可以把上式写为：

$$AD=C+I+G+X$$

四部门经济的总供给中，除了居民户供给的各种生产要素和政府的供给外，还有国外的供给。国外的供给对国内来说就是进口，所以可以用进口来代表国外的供给。这样，

总供给＝消费＋储蓄＋政府税收＋进口

如果以M代表进口，则可以把上式写为：

$$AS=C+S+T+M$$

在四部门经济中，国民收入均衡的条件仍然是总需求等于总供给，即

$AD=AS$ 或者 $I+G+X=S+T+M$

如果$I+G+X<S+T+M$，则国民收入减少。

如果 $I+G+X>S+T+M$，则国民收入增加。

国民收入均衡的公式，表明了国民收入均衡实现的条件。但是，均衡的国民收入水平应该如何确定呢？这正是国民收入决定理论所要说明的问题。

总需求分析是宏观经济分析的核心内容，即在假设总供给不变的情况下说明总需求是如何决定均衡的国民收入水平及其变动的。总需求分析有三类基本假设：第一，潜在的国民收入不变，技术水平不变；第二，各种生产资源没有得到充分利用，总供给可以适应总需求而无限扩大；第三，价格水平不变，不考虑价格水平的决定及其对国民收入的影响。

10.2.3 总需求的构成

总需求是整个社会对产品与劳务需求的总和。如前所述，在现实的经济，即四部门经济中，总需求包括消费、投资、政府支出与出口四个部分。在分析总需求对国民收入水平的决定时，我们对总需求的这四个组成部分还要作进一步的分析。

消费是指居民户对产品与劳务的需求或支出，包括：耐用消费品支出、非耐用消费品支出、住房租金，以及对其他劳务的支出。根据西方经济学家对长期消费统计资料的分析，在总需求中消费的需求是相当稳定的。

投资是指厂商对投资品的需求或支出，包括：企业固定投资（用于厂房、设备等固定资产的投资）、存货投资（用于原材料、半成品及未销售的成品的投资），以及居民住房投资。投资在经济中波动相当大。

政府支出这里是指政府对各种产品与劳务的需求，或者说是政府购买产品与劳务的支出。随着国家对经济生活干预的加强，总需求中政府支出的比例也一直在提高。

出口在分析国民收入的决定时是指净出口，即出口与进口之差。

总需求与总供给的内容构成关系是：

总需求＝消费需求＋投资需求＋政府需求＋国外净需求
　　　＝消费支出＋投资支出＋政府支出＋国外净支出
　　　＝消费支出＋投资支出＋政府支出＋（出口－进口）
　　　$=C+I+G+(X-M)$

总供给＝各种生产要素的供给＋政府的供给
　　　＝工资＋利润＋地租＋利息＋税收
　　　＝消费＋储蓄＋税收
　　　$=C+S+T$

10.2.4 总需求与均衡国民收入的决定

当不考虑总供给这一因素时，均衡的国民收入水平就是由总需求水平所决定的。我们可用图 10－5 来说明这一原理。

在图 10－5 中，横轴代表国民收入，纵轴代表总需求，45°线表示总需求等于总供给。AD_0 代表总需求水平，当 AD_0 与 45°线相交于 E 点时，决定了均衡的国民收入水平为 Y_0。这就说明了均衡的国民收入水平是由总需求水平所决定的。

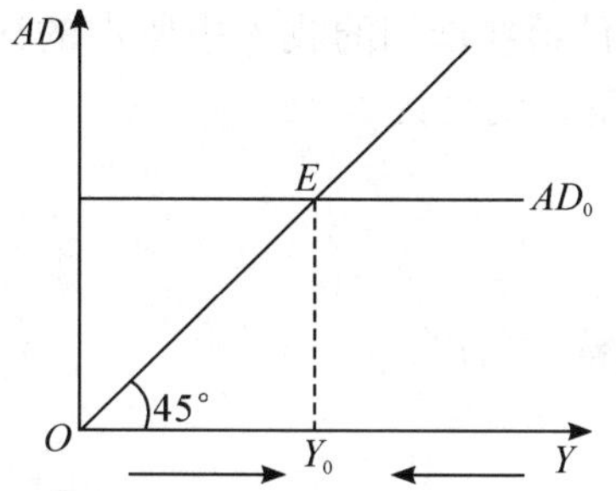

图 10－5

在 Y_0 之左，总需求大于总供给，国民收入如箭头所示，要向 Y_0 方向增加；在 Y_0 之右，总需求小于总供给，国民收入如箭头所示，要向 Y_0 方向减少；只有在 Y_0 时，国民收入既不增加也不减少，处于均衡状态。这时的国民收入就是均衡的国民收入。

10.2.5　消费与均衡国民收入的决定

在简单的国民收入决定理论中，我们假定总需求中的其他部分不变，仅仅考虑总需求中消费的变动对总需求的影响。这样就先要了解消费函数，以及相关的储蓄函数。

1．消费函数与储蓄函数

（1）消费函数。消费函数是消费与收入之间的依存关系。在其他条件不变的情况下，消费随收入的变动而同方向变动，即收入增加，消费增加；收入减少，消费减少。如果以 C 代表消费，Y 代表收入，则消费函数就是：

$$C=f(Y)$$

消费与收入之间的关系，可以用平均消费倾向和边际消费倾向来说明。平均消费倾向是指消费在收入中所占的比例。如果以 APC 代表平均消费倾向，则是：

$$APC=\frac{C}{Y}$$

边际消费倾向是指增加的消费在增加的收入中所占的比例。如果以 MPC 代表边际消费倾向，以 ΔC 代表增加消费，以 ΔY 代表增加的收入，则是：

$$MPC=\frac{\Delta C}{\Delta Y}$$

（2）储蓄函数。储蓄函数是储蓄与收入之间的依存关系。在其他条件不变的情况下，储蓄随收入的变动而同方向变动，即收入增加，储蓄增加；收入减少，储蓄减少。如果以 S 代表储蓄，则储蓄函数就是：

$$S=f(Y)$$

储蓄与收入之间的关系，可以用平均储蓄倾向和边际储蓄倾向来说明。平均储蓄倾向是指储蓄在收入中所占的比例。如果以 APS 代表平均储蓄倾向，则是：

$$APS=\frac{S}{Y}$$

边际储蓄倾向是指增加的储蓄在增加的收入中所占的比例。如果以 MPS 代表边际储蓄倾向，以 ΔS 代表增加的储蓄，则是：

$$MPS=\frac{\Delta S}{\Delta Y}$$

全部的收入分为消费与储蓄，所以：

$$APC+APS=1$$

同样，全部增加的收入分为增加的消费与增加的储蓄，所以：

$$MPC+MPS=1$$

2. 消费函数、总需求与均衡国民收入

全部消费实际上可以分为两部分，一部分是不取决于收入的自发消费，另一部分是随收入变动而变动的引致消费。自发消费是由人的基本需求决定的最必需的消费，如维持生存的衣、食、住等。无论收入多少，这部分消费都是不可少的。在经济分析中，假设这部分消费不取决于收入，是一个固定的量。自发的含义就是指它是由人的生存需要所决定的，不随收入变动而变动。引致消费指收入所引起的消费，这部分消费的大小取决于收入与边际消费倾向。

（1）以 a 代表自发消费，b 代表边际消费倾向，则可以把消费函数写为：

$$C=a+bY$$

（2）总需求包括消费与投资，假定投资不变为 I，则可以把总需求写为：

$$AD=C+I=a+bY+I$$

总需求中不变的自发消费与投资称为自发总需求，它不随收入的变动而变动，用 A 来代表，则可把上式写为：

$$\begin{aligned}AD&=a+bY+I\\&=A+bY\end{aligned}$$

这样就可以把总需求决定均衡国民收入的图 10－5 画为图 10－6。

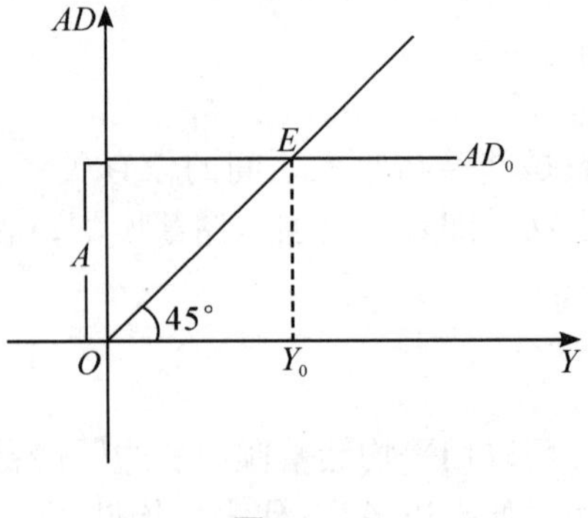

图 10－6

在图 10－6 中，总需求曲线 AD_0 的截距为 A，即自发总需求，斜率为边际消费倾向

b，AD_0 向左上方倾斜，说明总需求中由于包括引致消费而随国民收入的增加而增加。AD_0 与 45°线相交于 E 点，决定了均衡的国民收入为 Y_0。

（3）均衡国民收入决定的条件是总供给（国民收入）与总需求相等，即：

$$Y=AD$$

$$AD=A+bY$$

$$Y=A+bY$$

$$Y-bY=A$$

$$Y_0=1/(1-b)\cdot A$$

上式说明了均衡的国民收入 Y_0 的决定。

下面我们用一组数字来说明为什么产出的均衡水平只能在计划总支出与计划总产出相等时出现，见表 10－1。表 10－1 中列出了国内生产总值（等于可支配收入）、计划消费、计划储蓄、计划投资和计划总支出的数据。假设经济中储蓄为 0、所有收入都用于消费时的产出水平为 3 000 亿元。在每增加 300 亿元的收入中，有 100 亿元用于储蓄，200 亿元用于消费。因此，边际消费倾向是 2/3，边际储蓄倾向是 1/3。同时假设投资是外生变量，始终保持在 200 亿元水平上，即在国民产出的每一个水平上，企业计划购买的投资品总额是 200 亿元。表 10－1 中最后一栏表示在不同的总支出水平和总产出水平上，经济的变动趋势。

表 10－1　　国民产出的决定　　单位：亿元

1	2	3	4	5	6	7
国内生产总值	计划消费	计划储蓄 (3)=(1)－(2)	计划投资	国内生产总值 (5)=(1)	计划总支出 (6)=(2)+(4)	产出水平的变动趋势
4 200	3 800	400	200	4 200	>4 000	收缩
3 900	3 600	300	200	3 900	>3 800	收缩
3 600	3 400	200	200	3 600	=3 600	均衡
3 300	3 200	100	200	3 300	<3 400	扩张
3 000	3 000	0	200	3 000	<3 200	扩张
2 700	2 800	－100	200	2 700	<3 000	扩张

从表 10－1 中可以看出，当国内生产总值为 3 600 亿元时，计划总支出等于国内生产总值，经济处于均衡状态，产出的均衡水平是 3 600 亿元。当国内生产总值小于 3 600 亿元时，计划总支出大于国内生产总值。例如，在国内生产总值为 3 000 亿元时，总支出为 3 200 亿元，社会总需求比产出总量多 200 亿元，存货将不断减少，企业将增加生产，经济趋于扩张。当国内生产总值为 3 900 亿元时，总支出为 3 800 亿元，社会总需求比产出总量少 100 亿元，企业因产品积压而将减少生产，经济趋于收缩。

上述结果也可以通过代数分析得出。在两部门经济中，Y 表示国内生产总值或可支配收入；$C+I$ 表示总支出。国内生产总值等于总支出可以用定义方程表示为：

$$Y=C+I$$

由于消费函数是：

$$C=a+bY$$

把这两个方程联立起来，就构成了描述两部门经济系统的一个简单宏观经济模型，即

$$\left.\begin{aligned}Y&=C+I\\C&=a+bY\end{aligned}\right] \tag{10-1}$$

把消费函数代入定义方程，经过整理后我们得到：

$$Y=(a+I)/(1-b) \tag{10-2}$$

这个方程反映了总支出与国民产出之间的均衡关系，利用它计算出的产出水平就是产出的均衡水平。

例如，根据表 10-1 中的数据，$a=1\,000$ 亿元，$b=2/3$，投资支出 $I=200$ 亿元。把这些数值代入式（10-2）中，得到：

$Y=(1\,000+200)/(1-2/3)=3\,600$（亿元）

$Y=3\,600$ 亿元是产出的均衡水平，它与表 10-1 中的结果完全一致。

10.2.6 总需求与国民收入水平的变动

均衡的国民收入水平是由总需求决定的，因此，总需求的变动必然引起均衡的国民收入水平的变动。总需求水平的高低，决定了均衡的国民收入的大小。所以，总需求的变动会引起均衡的国民收入同方向变动，即总需求增加，均衡的国民收入增加；总需求减少，均衡的国民收入减少。我们可以用图 10-7 来说明这一点。

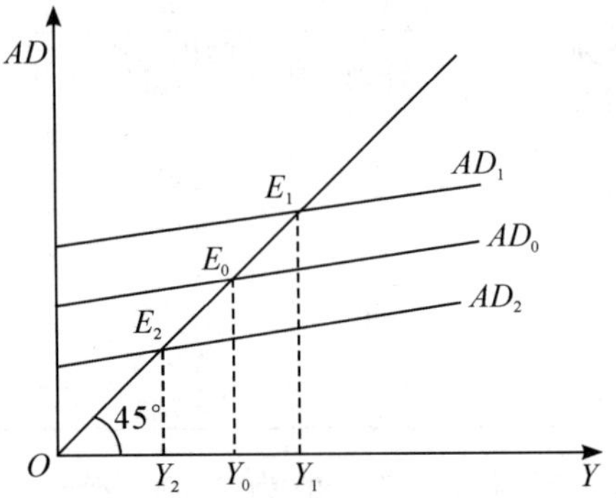

图 10-7

在图 10-7 中，总需求曲线向上方移动，即从 AD_0 移动到 AD_1，表示总需求增加；总需求曲线向下方移动，即从 AD_0 移动到 AD_2，表示总需求减少。当总需求为 AD_0 时，决定了国民收入为 Y_0。当总需求为 AD_1 时，决定了国民收入为 Y_1。$Y_1>Y_0$，这就说明由于总需求水平由 AD_0 增加到 AD_1，而使均衡的国民收入水平由 Y_0 增加到 Y_1。当总需求为 AD_2 时，决定了国民收入为 Y_2。$Y_2<Y_0$，这就说明由于总需求水平由 AD_0 减少到 AD_2，而使均衡的国民收入水平由 Y_0 减少到 Y_2。

在图 10-7 中，总需求变动表现为总需求曲线的平行移动。这就说明总需求变动是由于自发总需求的变动所引起的。设自发总需求变动量为 ΔA，则这三条总需求曲线为

$$AD_0=A+b\cdot Y$$

$$AD_1 = A + \Delta A + b \cdot Y$$
$$AD_2 = A - \Delta A + b \cdot Y$$

由此可以看出，总需求中任何一部分的增加都会使国民收入增加。

根据上述总需求与国民收入变动的关系，还可以进一步研究储蓄与国民收入变动的关系。在既定的收入中，消费与储蓄是呈反方向变动的，即消费增加，储蓄减少；消费减少，储蓄增加。消费是总需求的一个重要组成部分，储蓄增加使消费减少、总需求减少，从而国民收入减少，反之，储蓄减少使消费增加、总需求增加，从而国民收入增加。因此，储蓄的变动会引起国民收入反方向变动。

根据消费与储蓄对国民收入的不同影响，西方经济学家得出这样一个与传统的道德观相矛盾的推论：按照传统的道德观，增加储蓄是好的，减少储蓄是恶的。但按上述储蓄变动引起国民收入反方向变动的理论，增加储蓄会减少国民收入，使经济衰退，是恶的；而减少储蓄会增加国民收入，使经济繁荣，是好的。这种矛盾被称为“节约的悖论”。

应该指出的是，增加储蓄会使国民收入减少、减少储蓄会使国民收入增加的结论仅仅适用于各种资源没有得到充分利用，从而总供给可以无限增加的情况。如果各种资源得到了充分利用，从而要考虑到总供给的限制时，这一结论就不适用了。这一点我们在以后分析总供给对国民收入的影响时会加以说明。

10.2.7 乘数理论

总需求的增加会引起国民收入增加，但是，一定量总需求的增加会使国民收入增加多少，即总需求增加与国民收入增加之间量的关系如何呢？乘数理论正是要回答这一问题的。

1. 乘数的概念和作用

乘数是自发总需求增加所引起的国民收入增加的倍数。它是国民收入增量与引起该增量的自发总需求增加量的比值。乘数可以用公式表示为：

乘数＝国内生产总值的变化/自发总需求的变化

乘数衡量了各种自发性支出变动所引起的产出变动量。受投资支出和消费函数影响的总需求决定着产出水平，增加投资会提高产出，但是，投资增加 1 个单位将会引起产出增加多少呢？回答这个问题需要借助于乘数的计算。

投资支出乘数是一个数字，用这个数字去乘投资的变动，就会得到投资变动所引起的国民产出的变动。例如，假设投资增加了 1 000 亿元，如果这导致产出增加 3 000 亿元，乘数就是 3。

为什么乘数大于 1 呢？这是因为最初的支出变化（如投资变化）导致经济中一系列的连锁反应。举一个简单的例子来说明。假如，由于利率的降低使投资增加了 1 000 亿元，这 1 000 亿元的投资增量对国民产出会产生什么影响呢？最初，这 1 000 亿元投资的增加直接引起国内生产总值增加 1 000 亿元。不过，事情并没有到此为止。国内生产总值的增加使居民的可支配收入增加，在两部门经济中，可支配收入也增加 1 000 亿元。如果边际消费倾向等于 2/3，则将有 666.67 亿元用于消费，而这又会使国内生产总值和可支配收入增加 666.67 亿元。这是经济中的第二轮反应。接着，第二轮增加的 666.67 亿元收入将使消费增加 444.44 亿元，从而使国内生产总值和可支配收入再增加 444.44 亿元。这是经济中的第三轮反应。这个过程继续下去，在经济中产生第四轮反应、第五轮反应……由于边际消费倾向小于 1，随着这种连锁反应过程的继续，国内生产总值的增量和消费的增量一轮比一轮小，最终趋近于 0，所以国内生产总值的增量的总和归结于一个常数。

上述过程如表 10-2 所示。

表 10-2　　投资变动的乘数过程　　单位：亿元

反应的轮次	投资增量	国内生产总值增量	增量的计算
1	1 000	1 000.00	1×1 000
2		666.67	2/3×1 000
3		444.44	$(2/3)^2\times1\,000$
4		296.30	$(2/3)^3\times1\,000$
5		197.53	$(2/3)^4\times1\,000$
……		……	……
合计		3 000	1/（1−2/3）×1 000

表 10-2 说明投资增加 1 000 亿元导致国内生产总值增加 3 000 亿元，国内生产总值增量是投资增量的 3 倍，投资乘数等于 3。表 10-2 的最后一栏说明了乘数的计算过程，即

$$投资乘数=1+2/3+(2/3)^2+(2/3)^3+(2/3)^4+\cdots=1/(1-2/3)=3$$

由此可见，边际消费倾向的大小决定乘数的大小。边际消费倾向越大，在每一轮增加的收入中，用于消费的比例就越大，乘数的值就越大。

在宏观经济学中，支出乘数主要有投资乘数和政府乘数两种，本节侧重讲投资乘数。

假如用 ΔY 表示国内生产总值（或收入）的增量，ΔI 表示投资的增量，b 表示边际消费倾向，则简单的投资乘数可以表示成：

$$\Delta Y/\Delta I=1/(1-b)$$

由于 1－边际消费倾向＝边际储蓄倾向，投资乘数也可以表示为边际储蓄倾向的倒数。边际储蓄倾向的值越大，投资乘数的值就越小。

乘数的作用主要表现在说明国民产出的波动和用于制定宏观经济政策方面。由于乘数作用，支出的自发波动会引起国民产出的更大幅度的波动，所以国民产出发生波动的一个重要原因是支出的自发波动。另一方面，当国民产出的均衡水平偏离充分就业水平时，经济会出现失业或通货膨胀现象，政府往往希望通过对经济的干预使国民产出达到充分就业水平。例如，在经济萧条时期，政府可以采取扩张性宏观经济政策，如增加货币供给、降低利率以增加投资支出，从而达到刺激总需求、提高国民产出水平、减少失业的目的。但是，支出应当增加多少才能使经济恰好达到充分就业水平呢？如果支出增加太少，对产出水平的提高影响不大，不足以解决经济中存在的失业问题；如果支出增加太多，对经济刺激过大，产出水平会超过充分就业水平，这时虽然失业问题解决了，却又会产生通货膨胀问题。因此，运用恰当而有效的宏观经济政策，须对支出变化和由它引起的国民产出变化之间的乘数关系作出准确的估计，从而确定为使经济达到充分就业水平所需要增加（或减少）的支出总额。

边际消费倾向的大小决定乘数的大小。边际消费倾向越大，在每一轮增加的收入中，

用于消费的比例就越大，乘数的值就越大。

2. 正确看待乘数理论

乘数理论可能是阐述萧条或衰退的非常有用的方法，但不适用于实际产出超过潜在产出的充分就业时期。当所有工厂开动了全部生产能力，同时所有工人都充分就业时，这个经济就不可能再增加产出。总之，乘数模型只适用于存在未被利用资源的经济。

3. 乘数的种类

（1）投资乘数。

所谓投资乘数，是指国民收入的变动量与引起这种变动的投资变动量（ΔI）之比，用 K_I 表示。投资乘数的大小与全社会的边际消费倾向（MPC）和边际储蓄倾向（MPS）有关。

（2）其他乘数。

1）政府支出乘数。政府开支是一种与投资的作用十分相似的支出，因此它对于国民产出量也具有乘数效应。政府支出乘数是指政府支出变动（ΔG）所引起的国民收入变动的倍数，用 K_G 表示。

2）转移支付乘数。转移支付乘数是指转移支付变动（Δtr）所引起的国民收入变动的倍数，用 K_{tr} 表示。

3）税收乘数。税收的变动会间接引起支出的变动，但与转移支付引起的支出的变动方向相反。增加转移支付意味着增加家庭收入，而增加税收却意味着减少家庭收入。税收乘数是指税收变动（ΔT）引起的国民收入变动的倍数，用 K_T 表示。

4）平衡预算乘数。平衡预算是指政府增加等量的支出与税收，即 $\Delta G=\Delta T$。平衡预算乘数，是指政府增加等量的支出与税收所引起的国民收入变动的倍数，用 K_B 表示。

平衡预算乘数＝政府支出乘数＋税收乘数

$$K_B = 1/(1-b)+(-b)/(1-b) = 1$$

即当政府支出和税收都增加 1 个单位时，国民收入也增加 1 个单位。

5）对外贸易乘数。对外贸易乘数是指净出口变动所引起的国民收入的变动的倍数，用 K_X 表示。

10.3 IS-LM 模型

在 IS-LM 模型中，我们分析在利息率与投资变动的情况下，总需求对国民收入的决定，以及利息率与国民收入之间的关系。

IS-LM 模型是说明物品市场与货币市场同时达到均衡时，国民收入与利息率决定的模型。在这里，I 是指投资，S 是指储蓄，L 是指货币需求，M 是指货币供给。在理论上是对总需求分析的全面高度概括，在政策上可以用来解释财政政策与货币政策，因此，被称为整个宏观经济学的核心。

10.3.1 商品市场的均衡

1. IS 曲线的形成

商品市场是指由消费品与投资品构成的市场。所谓 IS 曲线就是反映当物品市场达到均衡，即总供给等于总需求时，利率 i 与国民收入 Y 之间一一对应关系的曲线；或者说它是用以刻画物品市场均衡时国民收入水平是如何随利率的变化而变化的；字母 I 表示投资（investment），字母 S 表示储蓄（saving）。

2. IS 曲线的移动

IS 曲线的移动主要取决于投资 I 和储蓄 S 的变化。假定 S 不变，如果 I 增加，投资曲线与储蓄曲线的交点向右上方移动，IS 曲线向右上方平行移动；反之，IS 曲线向左下方平行移动。

10.3.2 货币市场的均衡

1. LM 曲线的形成

（1）货币的需求和供给。货币需求（L）是指人们由于各种动机而引起的对货币的需求量。货币需求分为交易需求、预防需求和投机需求。

货币供给（M）是指实际货币供给量，它与利率无关，是由国家规定的。所以，它是一条与横轴（货币供给量）垂直的直线。

（2）LM 曲线的形成。货币市场所研究的是国民经济活动中货币的需求和供给行为。LM 曲线（LM curve）表明了货币市场均衡，即实际货币需求量等于实际货币供给量时，国民收入 Y 与利率 i 之间一一对应的关系。决定货币市场均衡的是货币需求与货币供给。当货币需求等于货币供给时，货币市场实现了均衡。

2. LM 曲线的移动

LM 曲线的移动主要取决于货币供给 M 和货币需求 L 的变化。

假定 L 不变，如果 M 增加，则货币供求均衡点下移，LM 曲线向右下方平行移动；反之，LM 曲线向左上方平行移动。

10.3.3 IS－LM 模型的含义

把上述的 IS 曲线和 LM 曲线放在一张图上，就能得出 IS－LM 模型。IS－LM 模型说明，均衡国民收入的决定不仅要以储蓄等于投资为条件，而且还要以货币供给等于货币需求为条件，即均衡国民收入与均衡利率是同时决定的，这就是商品市场和货币市场的一般均衡。

均衡国民收入的均衡利率决定于 IS 曲线和 LM 曲线的交点，为了使经济正常运行，必须使商品市场和货币市场同时均衡。

10.4 总需求-总供给模型

在本章以上的分析中假定总供给可以适应总需求的变化，并且价格水平不变，即没有考虑总供给对国民收入的影响以及价格水平的决定。事实上，总供给是有限的，价格水平也是变动的。因此需要把总需求分析与总供给分析结合起来，以说明总需求与总供给如何决定国民收入与价格水平。

10.4.1 总需求曲线与总供给曲线

总需求曲线（AD）是表明物品市场与货币市场同时达到均衡时，总需求与价格水平之间关系的曲线。

总供给曲线（AS）是表明物品市场与货币市场同时达到均衡时，总供给与价格水平之间关系的曲线。它反映了每一既定的价格水平时，所有厂商愿意提供的产品与劳务的总和。

10.4.2 总需求-总供给模型及其运用

总需求-总供给模型（AD－AS 模型）表示国民收入和一般价格水平的决定。把总需求曲线和总供给曲线放在同一个坐标系里来考察，可得到 AD－AS 模型。均衡国民收入是由 AD 与 AS 决定的。这部分的示例图可见图 10－8。

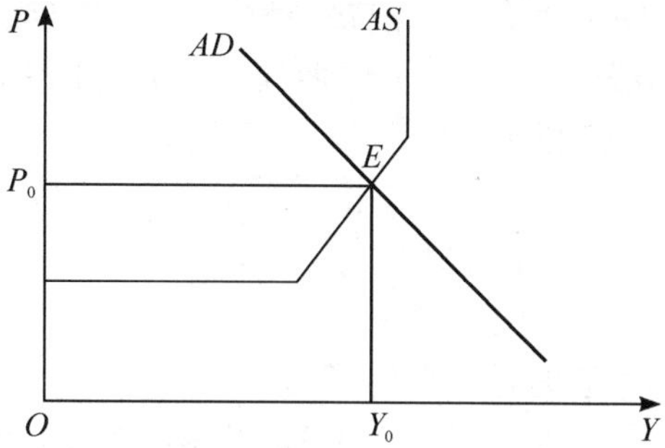

图 10－8 均衡国民收入的决定

在总需求-总供给模型中，我们分析总需求变动对国民收入与价格水平的影响时，必须考虑到总供给曲线的不同情况。

1. 凯恩斯主义总供给曲线

在这种总供给曲线中，总需求的增加会使国民收入增加，而价格水平不变；总需求的减少会使国民收入减少，而价格水平不变。即总需求的变动不会引起价格水平的变动，只会引起国民收入的同方向变动。

2. 短期总供给曲线

在这种总供给曲线中，总需求的增加会使国民收入增加，价格水平也上升；总需求的减少会使国民收入减少，价格水平也会下降。即总需求的变动会引起国民收入与价格水平的同方向变动。

3. 长期总供给曲线

在这种总供给曲线中，由于资源已得到了充分利用，所以总需求的增加只会使价格水平上升，而国民收入不会变动；同样，总需求的减少也只会使价格水平下降，而国民收入不会变动。即总需求的变动会引起价格水平的同方向变动，而不会引起国民收入的变动。

【本章小结】

1. 分析了简单的国民收入决定模型，消费需求决定国民收入，以及总需求的构成要素。

2. 介绍了消费与均衡国民收入的决定，消费函数，储蓄函数，边际消费倾向等。

3. 介绍了乘数的概念、计算和乘数的种类。

4. 分析了商品市场IS曲线和货币市场LM曲线，说明了货币市场、商品市场的均衡利率与国民收入的关系。

5. 分析了IS-LM模型的一般均衡和非均衡问题。

6. 介绍了总需求曲线的概念及形成，总供给曲线的移动。

7. 介绍了总供给曲线的短期和长期的不同点。

8. 阐述了总需求与总供给均衡的实现。

【练习与思考】

一、名词解释题

潜在国民收入　均衡国民收入　消费函数　储蓄函数　边际消费倾向
乘数　IS曲线　LM曲线　IS-LM模型　总供给曲线
总需求曲线　AD-AS模型

二、分析论述题

试比较IS-LM模型与AD-AS模型。

三、选择题

1. 自发投资支出增加10亿美元，会使IS（　　）。

A. 右移10亿美元　B. 左移10亿美元
C. 右移支出乘数乘以10亿美元　D. 左移支出乘数乘以10亿美元

2. 如果净税收增加10亿美元，会使IS（　　）。

A. 右移税收乘数乘以10亿美元　B. 左移税收乘数乘以10亿美元
C. 右移支出乘数乘以10亿美元　D. 左移支出乘数乘以10亿美元

3. 假定货币供给量和价格水平不变，货币需求为收入和利率的函数，则收入增加时，（　　）。

A. 货币需求增加，利率上升　B. 货币需求增加，利率下降
C. 货币需求减少，利率上升　D. 货币需求减少，利率下降

4. 利率和收入的组合点出现在IS曲线右上方、LM曲线左上方的区域中，则表示（　　）。

A. 投资小于储蓄且货币需求小于货币供给
B. 投资小于储蓄且货币供给小于货币需求
C. 投资大于储蓄且货币需求小于货币供给
D. 投资大于储蓄且货币需求大于货币供给

5. 如果利率和收入都能按供求情况自动得到调整，则利率和收入的组合点出现在IS曲线左下方、LM曲线右下方的区域中时，有可能（　　）。

A. 利率上升，收入增加　B. 利率上升，收入不变
C. 利率上升，收入减少　D. 以上三种情况都可能发生

6. 两部门经济中，（　　），IS曲线向右上方移动。

A. 投资增加　B. 储蓄减少
C. 投资减少　D. 储蓄增加

7. 产生流动偏好的动机主要有（　　）。

A. 交易动机　　　　B. 预防动机

C. 投机动机　　　　D. 流动动机

8. 如果消费函数为 $C=100+0.8(Y-T)$，并且税收和政府支出同时增加 80 亿元，则均衡收入水平将（　　）。

A. 减少 400 亿元　　　　B. 增加 80 亿元

C. 增加 400 亿元　　　　D. 不变

四、计算题

1. 假设某经济社会的消费函数为 $C=100+0.8Y$，投资为 50，求均衡收入、消费和储蓄。

2. 假设某经济社会的消费函数 $C=100+0.8Yd$，投资 $I=50$，政府购买支出 $G=200$，政府转移支付 $tr=62.5$（单位均为 10 亿美元），税率 $T=0.25$。

（1）求均衡收入。

（2）求投资乘数、政府支出乘数、税收乘数、转移支付乘数、平衡预算乘数。

（3）假定该社会达到充分就业所需要的国民收入为 1 200 亿美元，试问：

1）增加多少政府购买？

2）减少税收实现充分就业，需多少数额？

【实践与操作】

请根据国家最近公布的各种经济数据，分析这些经济数据对我国实际经济的影响。

第 11 章

失业和通货膨胀理论

【学习目标】

1. 知识学习目标

(1) 失业与充分就业理论

(2) 通货膨胀理论

(3) 菲利普斯曲线

2. 能力实训目标

(1) 分析引起失业的原因

(2) 了解通货膨胀对经济的影响

(3) 理解失业与通货膨胀的关系

【案例导入】

美国的通货膨胀与失业

美国在20世纪60年代的情况表明，短期中决策者可以以较高通货膨胀为代价来减少失业。1964年的减税与扩张性货币政策共同扩大了总需求，并使失业率降到5%以下，这种总需求的扩大主要作为美国政府越南战争支出的副产品一直持续到60年代后期。失业的减少和通货膨胀的上升都高于决策者所预想的。

20世纪70年代是经济混乱的时期。这10年是从决策者力图降低60年代遗留下来的通货膨胀开始的。尼克松总统实行了对工资和物价的暂时控制，而美联储通过紧缩性货币政策引起了衰退，但通货膨胀率只有很少的下降。当工资与物价控制取消之后，控制的影响也结束了，而衰退又如此之小，以至于不能抵消在此之前繁荣的膨胀性影响。到1972年，失业率与10年前相同，而通货膨胀高出了3个百分点。

在1973年初，决策者不得不应付石油输出国组织（欧佩克）所引起的大规模供给冲击。欧佩克70年代中期第一次提高油价，使通货膨胀率上升到10%左右。这种不利的供给冲击与暂时的紧缩性货币政策是引起1975年衰退的因素。衰退期间的高失业降低了一些通货膨胀，但欧佩克进一步提高油价又使70年代后期的通货膨胀率上升。

20世纪80年代是从高失业和高通货膨胀预期开始的。在保罗·沃尔克主席的领导下，美联储坚定地推行旨在降低通货膨胀的政策。在1982年和1983年，失业率曾达到40年来的最高水平。高失业，辅之以1986年石油价格下降，使通货膨胀率从10%左右下降到3%左右。到1987年，6%左右的失业率已接近于自然率的最大估算。但是，80年代期间失业率一直下降，1989年达到5.2%，并又开始新一轮的需求拉动通货膨胀。

与以前的30年相比，20世纪90年代是比较平静的。这10年开始于几次紧缩性总需求冲击所引起的衰退。1992年失业率上升到7.3%。通货膨胀虽然下降了，但下降得很少。与1982年的衰退不同，1990年衰退时的失业从未大大超过自然率，因此，对通货膨胀的影响不大。

随着90年代接近结束，通货膨胀与失业都达到许多年来的低水平。一些经济学家解释这种令人满意的发展时认为，“婴儿潮”一代人成长起来，降低了经济的自然失业率。如果是这样的话，不引起通货膨胀上升的失业可能仍然低于5%。另一些经济学家认为，暂时因素（例如由于亚洲金融危机而引起的美元坚挺）的变动压低了通货膨胀，而且新一轮需求拉动的通货膨胀很快会来临。

因此，最近的宏观经济历史展现出通货膨胀的许多原因。20世纪60年代和80年代的情况说明需求拉动通货膨胀的两个方面：60年代的低失业提高了通货膨胀率，而在80年代高失业降低了通货膨胀率。70年代的情况说明成本推动的通货膨胀效应。

资料来源：[美] N. 格里高里·曼昆. 宏观经济学. 第4版. 北京：中国人民大学出版社，2000：330-331.

问题：

请从以上的数据出发，评价美国的通货膨胀与失业的情况，并说明二者的关系。

11.1 失业理论

11.1.1 失业与充分就业

劳动是一个社会最基本、最重要的经济资源，劳动失业也就是社会最明显、最重要的资源闲置和浪费，故短期社会经济资源的利用程度通常以劳动就业或失业水平来反映。

1. 失业

在一定年龄范围内有劳动能力的人，处在愿意工作但没有工作，并且正寻找工作的状态，被称为失业。一定年龄范围是指国家法定工作年龄。如美国的法定工作年龄是16～65岁，一个人如果在一周没有工作而在以前四周内寻找工作，那么他就被统计为失业者。属于失业范围的人包括：第一，新加入劳动力队伍第一次寻找工作，或重新加入劳动队伍正在寻找工作已达4周以上的人。第二，被暂时辞退并等待重返工作岗位而连续7天未得到工资的人。第三，为了寻找其他工作而离职、在找工作期间作为失业者登记注册的人。第四，被企业解雇而无法回到原工作岗位的人，即非自愿离职者。我们可以把失业想象为一个水池，这样，新失业的人就是流入量，而因为就业或退出劳动力范围而离开失业队伍的人就是流出量。

衡量经济社会中失业状况的基本指标是失业率，即失业人数与劳动力总数的比率，其公式为：

$$失业率=\frac{失业人数}{劳动力总数}\times 100\%$$

失业人数，是指已经到有关部门登记的新加入劳动者队伍第一次寻找工作者、自愿离职者、被辞退者、暂时被辞退者的人数总和。劳动力总数，是指就业人数与失业人数的总和。用这种方法计算出来的失业率是全社会的平均失业率，它不能反映整个社会失业的结构与特点，因此在分析一个社会的失业情况时，还要按年龄、性别、工种等不同结构和不同行业来分别进行计算。

除失业率外，还有一些衡量经济社会中失业状况的指标。失业持续时间指失业者连续失业的时间。用这一指标可以反映劳动力流动情况或失业变动情况。在失业率既定的情况下，失业持续时间越短，说明劳动力流动性越大。雇用率是指在一定时期（如某一个月或一个季度）内增雇的职工人数在就业总人数中所占的比重，它表明了就业增长或失业减少的情况。离职率是指在一定时期内退职、解雇以及退休的总人口在就业人口中所占的比率。劳动力流动性越大，雇用率和离职率就越高。

2. 充分就业

就业，从经济学角度看，受雇于别人取得收入或“自我雇用”从事有收入的工作，就是就业。

充分就业，并非是人人都有工作。充分就业时，仍然有一定的失业。这是因为，在动态的市场经济中，生产和技术的进步，经济结构的调整是必然的，劳动力在地区、行业、部门和企业间的流动是经常的，而劳动力市场不可能是十分完善的，因而存在一定的失业是必然的。又由于一定的失业的存在，能够作为劳动后备军随时满足市场经济发展对劳动力的需求，能够作为一种对就业者的“压力”而使其勤奋工作，提高劳动生产率。再由于社会保障制度的建立，使一定失业的存在又不至于成为影响社会安定的因素。因此，新古典经济学家认为，摩擦性失业和自愿失业的存在并不等于没有实现充分就业。凯恩斯也认为，只要消除了“非自愿失业”，就算实现了充分就业。他说：“在实际生活中，没有非自愿失业存在，此种情形，我们称之为充分就业。摩擦的与自愿的失业，都与充分就业不悖。”所以，在西方国家，失业率在不影响社会安定和经济发展，人们可以接受的限度内，就被认为实现了充分就业。以美国为例，20 世纪五六十年代，失业率为 3.5%～4.5%，有 95.5%～96.5%的人就业，就被视为充分就业。70 年代失业率为4.5%～5.5%，80 年代失业率为 5.5%～6.5%，这都被视为充分就业。

11.1.2 失业的分类与原因

1. 自然失业

凯恩斯以前的新古典经济学认为，在自由放任的市场经济中，一般说来不存在失业问题。如果说有失业的话，那就是由于经济中难以避免的原因所引起的失业，称为自然失业，这在任何动态的市场经济中都是必然存在的。他们把这类失业归结为摩擦性失业和结构性失业两类。

（1）摩擦性失业。经济发展过程中由于正常的劳动力流动而引起的失业称为摩擦性失业。在经济发展过程中，各行业、各部门以及各地区间，劳动力需求的变动是经常发生的，这种变动必然会引起劳动力的流动，而造成劳动者的暂时性失业。例如工作的季节性、原料的缺乏和机器设备的故障等原因都会引起劳动力的暂时性失业。再比如像搬家到新城市需寻找工作，老年人离开某一工作岗位，青年人加入这一工作岗位等。这些情况造成的暂时性失业都属于摩擦性失业，它是一种自愿性失业。

（2）结构性失业。由于产业结构的变化，劳动力的供给不能及时满足劳动力的需求变化而造成的失业，称为结构性失业。例如，由于科学技术的不断进步，许多国家的产业结构发生了重大变化，一些传统的产业部门衰落了，其中大批工人失业，而同时一些新兴的工业部门如电子、航天工业却急需大批劳动力以满足其迅速扩展的需要。但是它们所需要的劳动力是掌握新技术、能够操作新设备的劳动力，而从传统工业部门中失业的劳动者又不能适应这种新要求，这样就形成了一方面有许多人失业，另一方面又有许多部门找不到所需劳动力的局面。这种情况下的失业就属于结构性失业。

2. 周期性失业

生物存在固有生命节律，经济也存在波动周期。经济学把国民经济波动中因经济衰退而产生的失业称为周期性失业。在经济衰退时期，国民产出下降，劳动就业减少，周期性失业扩大；在经济扩张时期，国民产出上升，劳动就业增加，周期性失业缩小。

周期性失业的典型特征就是经济的有效需求不足。劳动力的需求是一种引致需求。在经济波动过程中，当国民经济总需求或总产出下降时，对产品和劳务的需求也会减少，进而引起对劳动力需求的减少。如果在这种情况下又存在工资刚性，那么即使人们愿意接受现行的工资标准和工作条件，也仍然无法被有偿雇用。因此，国民经济有效需求不足会导致周期性失业。显然，周期性失业是一种非自愿失业。

3. 隐蔽性失业

隐蔽性失业是指表面上有工作，实际上对生产没有作出贡献。当经济中减少就业人员而产量仍没有下降时，就存在隐蔽性失业。这种失业在发展中国家存在较多，著名的发展经济学家阿瑟·刘易斯曾指出，发展中国家的农业部门中存在着严重的隐蔽性失业。隐蔽性失业的存在，最重要的后果是人浮于事，带来经济效率低下，给经济造成巨大的损失，因此，消灭隐蔽性失业对提高经济效率是十分重要的。

11.1.3 失业的经济损失

失业对于个人来说，如果是自愿失业，则会给他带来闲暇的享受，但如果是非自愿失业，则会使他的收入减少，从而生活水平下降，甚至陷入贫困状态。

对社会来说，失业会增加社会福利支出，造成财政困难。同时，如果失业率过高，还会影响社会安定，带来许多其他社会问题。

从整个经济运行来看，失业造成的影响最大的就是使实际国民收入减少。美国经济学家奥肯在20世纪60年代提出的奥肯定律，说明的就是失业率与实际国民收入之间的关系。根据这一定律统计表明，失业率每增加1%，则实际国民收入减少2.5%；反之，失业率每减少1%，则实际国民收入增加2.5%。另外，失业还造成了社会资源的严重浪费。我们知道，劳动是一种重要的社会资源，又是持续时间最短的经济物品，假如一年有100万台机器闲置下来，那么一般来说这些机器的寿命并没有相应地缩短一年，它们仍能在原来的寿命期内发挥作用，但如果有100万人失业，那么这100万人全年的劳动就永远失去了，这些劳动所创造的社会财富也永远失去了。

对社会和政治而言，失业的成本也相当巨大。失业会给人们心理上造成巨大创伤，引致悲观失望、厌世轻生。高失业时期，往往伴随高犯罪率、高离婚率和其他社会骚乱，甚至危及社会和政治稳定。虽然失业保险制度在一定程度上缓解了失业的社会影响，但它远远不能抵消失业的成本。

11.2 通货膨胀理论

11.2.1 货币与货币理论

货币是由一个国家的法律规定的，可以和其他一切商品与劳务相交换的一种物品。

1. 货币的职能

（1）货币是交换的媒介。交换媒介是货币的首要职能。它可以解决物物交换造成的极大麻烦和困难。因为货币是人们普遍愿意接受的，人们只要把自己的商品先换成货币，然后就可以用货币去换取自己所需要的任何商品。如果没有货币作为交换媒介，人们的交换活动就很难进行。

（2）货币是价值的尺度或计价的单位。由于任何物品都是通过与货币的交换，由货币来表现出物品的价值，因而货币在执行交换媒介职能的同时，也执行着衡量所有物品的价值的尺度或计价单位的职能。有了货币，就能确定各种商品的价格以及相互之间的比价。

（3）延期支付手段。货币可以用来表示当前交易物的价格，也可以用来表示现在进行交换但延期支付的交易物的价格。所有延期付款的债务都是由货币来执行的。

（4）货币能代表财富用以贮藏。由于通过货币可以在任何时候换得自己所需要的、有用的、有价值的物品，因此，如果一个人想保持暂时不需要花费的财富，那么，货币是最为方便的一种贮藏手段。

前两项职能是货币的基本职能，它体现了货币区别于其他物品的本质特征，后两项职能是在前两项职能的基础上派生出来的。

2. 货币的形式

（1）硬币。硬币是一种用于小额交易的辅币。它有铜质、铝质或镍质的。硬币的面值超过所含金属的价值。

（2）纸币。纸币是一种法定的货币，如果某人拒绝别人用纸币来偿还债务，那么他们之间的债权债务关系在法律上就从此取消。货币的性质在纸币上得到了最充分的体现，人们需要货币不是需要它本身，而是需要用它去购买东西，人们接受货币是因为它被人们普遍接受。纸币有许多优点，它便于携带和贮藏，可用它来表示较小或较大的货币单位。但由于纸币本身没有价值，因此它的发行量必须受到限制，如果纸币无止境地增加，它也就失去了存在的意义。

纸币和硬币的总和称为通货或现金。

（3）活期存款。活期存款是指随时可以从商业银行提取的存款货币，它既可以通过支票形式来充当人们交易活动的结算手段，又可以随时转换成现金，所以，活期存款和通货没有什么区别，也是一种货币。

（4）定期存款和储蓄存款。定期存款和储蓄存款是在一定时间以后才能提取的可以获得利息的存款。这些存款虽然不能以开支票的方式使用，但也很容易把它转换成现金。因此，定期存款和储蓄存款也成为一种货币。

（5）货币近似物。这是指能够执行价值贮藏职能，并且易转换成交换媒介，但它本身还不是交换媒介的资产。如政府债券、企业债券、股票等金融资产。这些债券卖出以后就可转换成现金，因而它近似于货币。

在上述几种货币形式中，如果指的是狭义的货币，则只包括前三种货币形式，用 M_1 表示，即

狭义的货币数量 M_1＝硬币＋纸币＋活期存款

如果是广义的货币，则除了 M_1 外，还包括后两种货币形式，用 M_2 表示，即

广义的货币数量 M_2＝M_1＋小额定期存款＋短期储蓄存款＋货币近似物

在西方各国，关于货币供给量的定义并不完全相同，一般是把前四种形式的货币定义为货币供给量。

11.2.2 通货膨胀及其衡量

1. 通货膨胀的定义

通货膨胀是一个有多种定义和有争议的概念，但一个普遍接受的定义是：通货膨胀是指一般物价水平相当幅度的持续上涨现象。

这一定义规定了通货膨胀有下面三种含义：第一，通货膨胀是指物价水平的上涨现象。所谓物价水平，并不是指个别的某种商品的价格，而是指一般物价水平或总物价水平。总物价水平用物价指数来衡量。第二，物价必须是上涨“相当幅度”才能判定发生了通货膨胀，如果每年物价水平上升幅度较小，那么虽然是物价水平持续上涨，也不能算作发生通货膨胀。但是究竟以百分之几上涨才算相当幅度，这并没有一个绝对的标准，要根据各国的具体情况而定。第三，必须是物价“持续”上涨才算发生通货膨胀。经济学家认为，看通货膨胀是否发生，还要依据物价上升持续的期间而定。例如，一个季度物价上涨了 2％，全年物价上涨 18％，这就是通货膨胀性物价上涨，但是如果是一个季度物价上涨 2％，下个季度又降 2％，这就不能算作通货膨胀。

通货膨胀程度通常以物价指数的上升来表示。根据物价上升幅度，通货膨胀一般分为爬行的、温和的、两位数的、奔腾的和恶性的通货膨胀五个类别：物价总水平每年上涨不超过 2％～3％，称为爬行的通货膨胀；在 5％～10％，称为温和的或适度的通货膨胀；超过 10％，称为两位数的通货膨胀；物价总水平上涨达 50％以上的通货膨胀，称为奔腾的通货膨胀；物价总水平涨达 100％以上，称为恶性的通货膨胀。通货膨胀是经济运行的主要指示器，一旦出现两位数以上的通货膨胀，就会使经济不稳定，并导致一系列严重后果。

2. 通货膨胀的衡量

通货膨胀一般用价格指数来衡量，价格指数是指某些商品的价格从一个时期到下一个时期变动程度的指数。价格指数一般不是算术平均数，而是加权平均数，即根据某种商品在总支出中所占的比例来确定其价格的加权数的大小。计算价格指数的一般公式为：

$$\text{价格指数}=\frac{\sum P_1Q_1}{\sum P_0Q_1}\times 100\%$$

在上式中，P_0 和 P_1 分别是基期和本期的价格水平，Q_1 是本期商品量。根据计算价格指数时包括的商品种类不同，主要有以下三种价格指数：

(1) 消费价格指数，又称零售价格指数或生活费用指数。它是衡量各个时期居民个人

生活消费的商品和劳务零售价格变化的指标。

(2) 批发价格指数。它是衡量各个时期生产资料（即资本品）与消费资料（即消费品）批发价格变化的指标。

(3) 国民生产总值折算指数。它是衡量各个时期一切商品与劳务价格变化的指标，是将某年的总支出（总消费、总投资以及政府开支）数量用基年价格估算其价值，然后以这种按不变价格计算出的支出量除以该年总支出量的现行价值来求出。

我们计算价格指数的目的在于比较不同时期的一般价格水平的变化。通货膨胀率就是一个时期的价格指数比另一个时期的价格指数增加的百分比。计算通货膨胀率的公式是：

$$通货膨胀率=\frac{本期价格指数-上一期价格指数}{上一期价格指数}\times 100\%$$

我们以上谈到的三种价格指数都能反映出基本相同的通货膨胀率变动趋势。但是由于各种指数所包括的商品范围不同，所以计算出的通货膨胀率也各不相同。在这三种指数中，由于消费价格指数与人们生活关系最为密切，因此，一般都采用消费价格指数来衡量通货膨胀。

11.2.3 通货膨胀的成因

通货膨胀是一种世界性现象，不同的国家在不同的时期都出现过不同程度的通货膨胀。以下我们介绍的三种通货膨胀理论，主要是用以分析西方发达国家的通货膨胀的。

1. 需求拉动的通货膨胀理论

需求拉动的通货膨胀理论主要是从总需求变化的角度来分析通货膨胀的。这一理论的基本观点是：通货膨胀是由于总需求的过度增长所引起的，即太多的货币追逐太少的商品。总之，就是总需求大于总供给的通货膨胀。

根据传统的凯恩斯理论，通货膨胀的原因在于总需求超过了充分就业水平下的总供给，过度的需求向上拉动物价水平，从而导致通货膨胀，这就是所谓的需求拉动型通货膨胀。对这种通货膨胀的分析构成了凯恩斯主义的通货膨胀理论。

与凯恩斯一样把通货膨胀的原因归结为支出过多、需求过度的还有传统的货币数量理论。但在对造成支出过多、需求过度的原因的解释上，两者是不同的：凯恩斯理论归结为人们的实际支出超出了国民收入的水平，而传统的货币数量理论的解释则是由于货币数量过多，也即货币供给过多。例如，政府增加支出而没有增加赋税收入，就会出现财政赤字。如果政府通过印制钞票或向银行借款的方式来弥补赤字，就会直接或间接增加社会的货币供给，造成过多的货币追逐较少的产品，从而引起物价上升，造成通货膨胀。

如果货币供应量不断持续扩大，必将导致物价持续上升，在这一点上，经济学家们的看法是一致的。凯恩斯则强调，即使在货币供给不变的情况下，也有可能发生通货膨胀。

图 11-1 中，S 曲线代表总供给，D_1、D_2、D_3 曲线分别代表不同水平的总需求。两条曲线的相交之点决定了相对应的国民收入水平 Y 和价格水平 P。当国民收入水平在达到充分就业的产量（Y_2）之前，社会总需求的增加一方面会促使国民收入水平的提高，另一方面也会使物价水平有所上涨。图中原有的总需求水平 D_1 曲线与 S 曲线的交点 A，决定了对应的国民收入水平为 Y_1，价格水平为 P_1。当总需求增加，D_1 曲线移动为 D_2 曲线，这时，与总供给曲线 S 相交之点 B 正好达到了充分就业的产量水平，相应的国民收入为

Y_2，价格水平为 P_2。当国民收入已经达到充分就业产量水平之后，总需求的增加将不能使产量水平继续提高，而只会引起物价水平的上涨。图中的总需求曲线上升至 D_3 曲线，由于已达到充分就业产量水平，总供给无法继续扩大，D_3 曲线与 S 曲线的相交点 C 所对应的国民收入水平仍然为 Y_2，而价格水平则上升至 P_3。这种由总需求拉动的通货膨胀发生机制，就表现为总需求曲线从 D_1 逐渐位移至 D_3 的过程。

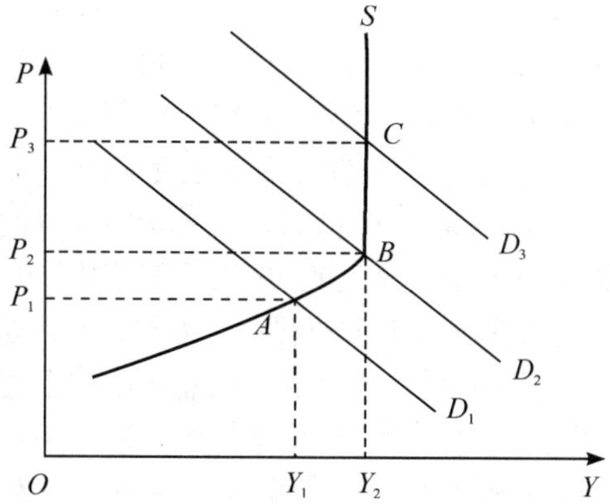

图 11－1　需求拉动的通货膨胀

2. 成本推动的通货膨胀理论

需求拉动的通货膨胀理论强调了供给的不足。但是在一些情况下，虽然大量存在过剩的生产能力，仍然发生了通货膨胀。因此，人们又把目光由需求转向了供给方面，成本推进型通货膨胀理论越来越受到人们的重视。通常把成本推进型通货膨胀归结为两类：工资推进型通货膨胀和利润推进型通货膨胀。

（1）工资推进型通货膨胀。工资推进型通货膨胀被认为是由于工会对工资率施加了压力而产生的。工会的存在造成劳动力市场的不完全性，受工会集体谈判的压力和影响，工资具有了刚性，即使在失业扩大的情况下，工资率也不会下降。工资率的这种居高不下进而传导、波及其他产品的价格，引起这些产品价格的上升，最后导致通货膨胀。

从理论上讲，如果劳动力市场是一个完全竞争的市场，工资率完全随着劳动力市场供求的变动而变动，工资推进型通货膨胀就不会发生。但是，在现代社会，工资率并不是完全由市场决定的。由于工会力量和垄断企业的存在，所造成的一个普遍的现象就是形成了工资刚性和价格刚性，即工资和物价可以随着需求的上涨而上涨，但却并不因为需求的下降而下降。工会的存在及其所进行的工资集体谈判，不仅仅是影响工会会员，它也会对非工会会员的劳动者和企业产生向上拉动工资的作用。如果强制性的工资率上涨幅度超过了生产率的增长幅度，就会提高产品的成本，而具有垄断市场力量的企业则会把这一增加的成本加到企业产品的价格上，并附加上一定比例的利润量。这样，工资和价格轮番上涨，最终导致通货膨胀的出现。

（2）利润推进型通货膨胀。由供给方面引起通货膨胀的另一因素是利润的增加。垄断企业有可能通过人为提高价格以获得更大的垄断利润，这种情况的出现，也是因为市场的不完全性。垄断企业可以操纵市场价格，为了获取更高的垄断利润，使产品价格的上升速度超过了产品成本的增加幅度。这个过程如果波及开来，就会造成利润推进型通货膨胀。一些经济学家认为，工人的工资收入往往受到通货膨胀的损害，成本推进型通货膨胀主要是由垄断企业对价格的操纵造成的。尤其是在经济衰退时期发生的通货膨胀，根本原因就是垄断价格的上涨。

在实际的通货膨胀过程中，需求拉动和成本推进这两个方面的因素往往同时发挥作用。因此，一些经济学家提出了“供求混合推进”的通货膨胀理论，认为实际的通货膨胀是两个方面共同作用的结果。

3. 结构性通货膨胀理论

结构性通货膨胀是指由社会经济中各部门的结构性因素引起的一般物价水平的持续上涨。它强调部门结构方面的原因，可以区分为以下三种情况：

(1) 总需求结构的变动可能引起某些部门发生通货膨胀，而由于价格刚性又没有引起另一些部门的通货紧缩来抵消，结果尽管总需求没有增加，社会一般物价水平也可能上升。由于各部门之间供求关系发展不平衡，有些部门可能因需求过多或供不应求而出现价格上涨现象。而另一些部门则出现供过于求的现象，如果这些供过于求的部门的价格具有价格刚性，不因供过于求而下降，那么尽管整个社会的总需求并不过多，有些部门甚至存在着大量闲置未用的生产能力，也会出现一般价格水平持续上涨现象，从而形成通货膨胀。

(2) 经济部门之间发展不平衡引起的通货膨胀。在一个国家的各种经济部门中，总是有些部门的劳动生产率提高较快，另一些部门则提高较慢。因此，如果劳动生产率提高较快的部门的货币工资随劳动生产率提高而提高后，劳动生产率提高较慢部门的货币工资也向前看齐，就会使它们的货币工资的增长超过自己的劳动生产率的提高，从而引起价格水平上涨，导致通货膨胀。

(3) 劳动市场的结构特征也会引起通货膨胀。劳动市场的特征可能是失业与空位并存，即一方面有人没工作，另一方面存在着有工作没人做。这种情况是由于劳动力市场技术结构、地区结构、性别结构等特征造成的劳动力不能迅速流动而引起的。在这种情况下，由于工资刚性，有失业存在工资不能下降，有空位存在则工资会上升，这样工资水平的提高就会导致通货膨胀。

11.2.4 通货膨胀对经济的影响

通货膨胀会给社会经济生活的各个方面带来程度不同的影响，这些影响也就是通货膨胀的经济效应，主要有通货膨胀的产出效应、收入分配效应、财产分配效应等。

1. 通货膨胀的产出效应

通货膨胀的产出效应主要指通货膨胀对整个经济的产量与就业水平的影响。不同类型的通货膨胀对产出的影响是不同的，以下我们分析三种情况。

(1) 随着通货膨胀而出现产出的扩大，也就是需求拉动的通货膨胀的刺激促进产出水平的提高。长期以来许多经济学家坚持这样的看法：温和的或爬行的需求拉动通货膨胀对产出和就业将有刺激扩大的效应。假设总需求增加，产生经济复苏，造成一定程度的需求拉动通货膨胀，在这种条件下，产品的价格会跑到工资和其他资源价格的前面，由此扩大了企业的利润。利润的增加就会刺激企业扩大生产，从而使失业减少，产生增加国民产出的效应。这种情况意味着反复无常的通货膨胀的再分配结果会被由于更多的就业、增加产出所获得的收益所抵消。例如，对于一个失业工人来说，如果他唯有在通货膨胀条件之下才能得到就业机会，显然这是受益于通货膨胀。至于2%～3%的物价上升比他获得一份工作的刺激当然是小得多。

(2) 成本推进型通货膨胀引致失业。这里讲的是由于通货膨胀引起的产出和就业的下降。假定在原总需求水平下，经济实现了充分就业和物价稳定，如果发生成本推进型通货膨胀，则现行总需求所能购买的实际产出的数量将会减少，也就是说，当成本推进的压力抬高物价水平时，一个已知的总需求只能从市场上得到一个较小的实际产出。所以，实际产出会下降，失业会上升。

(3) 进口成本推动的通货膨胀。这是指在开放经济中，随着重要进口原材料价格提高而国内生产成本上升引起的通货膨胀。当某些行业生产所需的原材料部分需要进口，而且进口的原材料在这些行业的生产成本中占有较大的比例，那么进口商品价格的上升将提高这些行业的成本，从而引起这些行业产品价格的提高。当这些行业产品价格的上升波及整个经济时，便会形成进口成本推动的通货膨胀。

2. 通货膨胀的收入分配效应

通货膨胀对社会不同集团有不同影响，会使一部分人受害，一部分人得益，从而带来收入分配的变化。

工资领取者通常都是通货膨胀的受害者。工人的货币工资率是由劳动合同规定的。如果合同规定了不变的货币工资率，那么货币工资率的增长将在较长时间内落后于价格的上涨，实际工资下降。如果合同附加规定货币工资率可以随物价指数调整，那么货币工资率只在较短时间内落后于价格的上涨，劳动者的损失会减轻一些。但不管怎样，工人的货币工资在通货膨胀中一般都会下降。

受通货膨胀打击最大的是退休金和老年社会保险金的领取者。退休金和保险金不但是固定的，而且还是老年人收入的基本来源，他们最无力自我保护，因而最易于遭受通货膨胀的损害。近十余年来，这种情况在一些国家里得到一定程度的改善。

利润获得者通常是通货膨胀的受益者。在发生通货膨胀后，工人工资的增长落后于价格的上涨，因而厂商收益往往比生产成本增长得更快，价格上涨所带来的好处便归于利润获得者。

债权人一般都是通货膨胀的受害者，而债务人则是通货膨胀的受益者。债务契约是根据签约时的通货膨胀率的情况规定名义利率，如果在偿还期到时发生了通货膨胀，通货膨胀率高于签约时，那么，债权人的利息收入甚至本金会受到侵害，而债务人则获得好处。

在政府和社会公众之间，通货膨胀是有利于前者而不利于后者的。在累进税率与税率固定的情况下，通货膨胀所引起的名义收入增加会使税收增加，从而以减少公众实际收入为代价来增加政府税收，这种由于通货膨胀而增加的税被称为“通货膨胀税”，被认为是政府通过通货膨胀对公众所进行的掠夺。

3. 通货膨胀的财产分配效应

居民的资产有两类：一类是价格可变的资产，如土地、房屋、汽车等实物资产和股票等金融资产。它们随时可以按照现行价格出售，因而它们的价格是可变的。另一类是金额固定的资产，如存在银行中的存款、持有的政府债券和公司债券等。不论本金和利息，它们的金额一般都是固定的。居民的债务与资产不同，它的金额一般全部是固定的，如房产抵押贷款、汽车抵押贷款、各种耐用消费品的分期付款等。

居民在通货膨胀中是受害还是获益，主要取决于其价格可变资产、金额固定的资产和债务的构成情况。在资产构成中，金额固定的资产越多，居民受通货膨胀的损害越大。因为在通货膨胀中，价格可变资产的实际价值往往不会下降反而升值，而金额固定的资产的实际价值则会下降。同时，由于债务一般是按固定的金额偿还，偿还的债务的实值会随着通货膨胀的发生而减少，因而，债务越多，居民从通货膨胀中得益就越大。

11.3 失业与通胀的关系

11.3.1 凯恩斯的观点：失业与通胀不会并存

凯恩斯认为，在社会总供给大于社会总需求，即有效需求不足的情况下，就不可避免地会出现失业；反之，当社会总需求大于总供给，即出现过度需求时，就会引起通货膨胀。这样，失业和通货膨胀之间，就存在着相互交替的关系。在有效需求不足时，因为不能实现充分就业均衡，便存在大量的失业，这时通货处在紧缩的状态；而当实现充分就业均衡以后，供给弹性开始接近于零，这时如果有效需求继续增长，造成需求过度，便会出现物价上涨，这时通货处在膨胀状态，如图 11-2 所示。

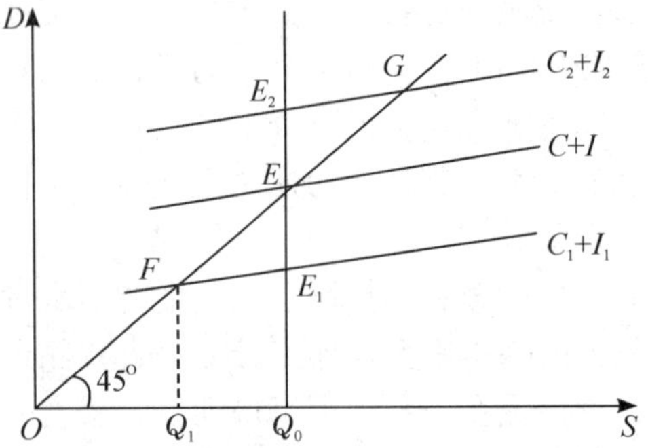

图 11-2 通货紧缩缺口和膨胀缺口

图 11-2 中，横轴表示总供给水平或产量水平，纵轴表示总需求水平或价格水平。45°线上的任何一点都表示总需求和总供给是相等的，或者说，价格水平与产量水平是相适应的。

Q_0 点与横轴的垂直线是最大产量线，也就是充分就业线。$C+I$ 是充分就业均衡所要求的总需求曲线，它与 Q_0 相交于 E，E 就是充分就业均衡点，在这一点上既无失业，也无通货膨胀。C_1+I_1 为实际的需求曲线，它与 45°线相交于 F，与 Q_0 线相交于 E_1，这时实际的总需求 Q_0E_1 小于充分就业时的总需求 Q_0E，这时就存在失业，它相当于能供给产量的工人人数。这时，E_1E 就是不足的有效需求量，它被称作紧缩缺口。C_2+I_2 是另一条实际有效需求曲线，它与 45°线相交与 G，与 Q_0 线相交于 E_2，这时实际总需求 Q_0E_2 高于充分就业的总需求 Q_0E，但实际产量仍为 Q_0，即出现了过度需求，便出现物价上涨，即膨胀缺口。

膨胀缺口和紧缩缺口表明，随着有效需求的增加或减少，通货膨胀和失业之间存在着此消彼长的相互交替关系。

凯恩斯经济理论的目标是要使现代市场经济保持充分就业和价格稳定的均衡状态，要实现既无通货膨胀，又无失业的理想境界。但在实际的市场经济中，失业和通货膨胀可以说都是不可避免的。因此，实际的经济政策是如何把失业和通货膨胀都控制在适度的范围内。在一些发达的市场经济国家中，6%的自然失业率被看做实现充分就业的宏观政策目标；而3%以下的通货膨胀率也可以被看做已经实现了物价稳定。在这个失业率和通货膨胀率的限度内，可以被认为已经实现了充分就业和物价稳定，因此这个失业率和通货膨胀率是社会能够接受的界限，这个界限被称为“临界点”。一般认为，在这个临界点之内，政府可以不对经济进行干预，而超出这个临界点，政府就必须利用宏观经济政策加以干预。

但是第二次世界大战后的现实恰恰相反，在20世纪50年代后期，西方各国出现了失业与通货膨胀并存的现象。正是在这种情况下，出现了菲利普斯曲线。

11.3.2 菲利普斯曲线：失业与通胀之间的交替关系

菲利普斯曲线在通货膨胀研究中占有特殊重要的地位，它是英国经济学家菲利普斯于1958年中提出来的。他第一次明确指出，在失业与通货膨胀之间存在着交替关系。

菲利普斯研究了英国的工资增长率与失业率之间的关系，结果得出了一条向右下方倾斜的曲线，即菲利普斯曲线，它表明工资增长率与失业率是成反比的（见图11-3）。

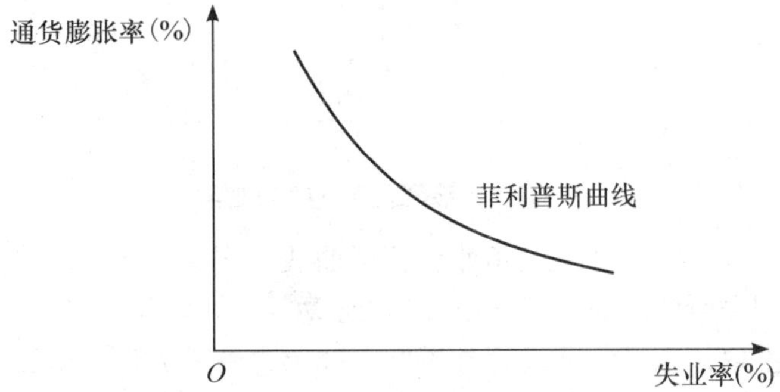

图11-3　菲利普斯曲线

在图11-3中，横轴表示失业率，纵轴表示通货膨胀率，菲利普斯曲线表示的是两者之间此消彼长的交替关系。当失业率较低时，通货膨胀率就比较高；反之，当失业率较高时，通货膨胀率就比较低。

从菲利普斯曲线表达的内容来看，它所要说明的问题是，在实现高就业的条件下，通货膨胀是难以避免的，而要消除通货膨胀，则必须要人们忍受高失业的痛苦。显然，菲利普斯曲线是把造成通货膨胀的原因，归之于高就业率。因此，菲利普斯曲线的出现受到了西方国家政府的欢迎，并为政府采取反经济危机和反通货膨胀政策提供了理论依据。

菲利普斯曲线的政策含义在于：它是凯恩斯主义相机抉择的需求管理理论的一个有效工具，政府可以采取扩张或紧缩的宏观经济政策，在失业与通货膨胀之间作出选择。在运用菲利普斯曲线来制定政策措施时，首先要确定“临界点”。所谓“临界点”，是指政府不必采取任何政策措施对经济进行调节。即这时的失业率与通货膨胀率既有利于社会稳定，又不妨碍经济发展，是社会可接受程度。若通货膨胀率或失业率超过了临界点，政府就有必要采取干预措施。其调节应当是：当失业率为社会所不能接受时，就采取扩张性的财政与货币政策，以较高的通货膨胀率换取较低的失业率；当通货膨胀率为社会所不能接受时，就采取紧缩性的财政和货币政策，以较高的失业率换取较低的通货膨胀率。

11.3.3 短期与长期菲利普斯曲线：货币主义与理性预期学派的观点

1. 菲利普斯曲线向右上方移动

进入 20 世纪 70 年代以后，根据统计得出的菲利普斯曲线不断地向右上方移动。这一方面表明必须用更高的通货膨胀率才能使失业率维持在某一水平，或者说，用更高的失业率才能使通货膨胀率维持在某一水平。另一方面也表明了原来定的临界点已不适应新的形势，必须修订新的临界点了。这种情况可用图 11－4 来说明。

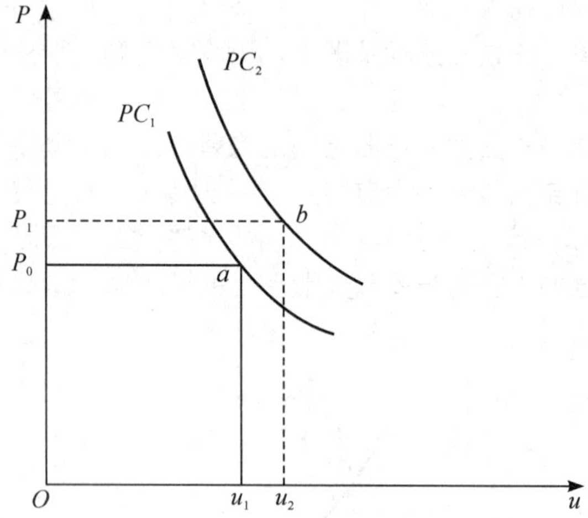

图 11－4　菲利普斯曲线的变化

在图 11－4 中，有 PC_1、PC_2 两条菲利普斯曲线，图中 P_0Ou_1a 部分为临界点之下的安全范围，但当菲利普斯曲线由 PC_1 向上移动到 PC_2 后，PC_2 并不通过 P_0Ou_1a 安全区。这表明：此时无论采取什么样的需求管理措施，都无法将通货膨胀率和失业率降至临界点之内，于是只得提高临界点。图中 P_1Ou_2b 为提高了临界点后的安全区。

2. 货币主义的观点

货币主义者在解释菲利普斯曲线时，引入了预期的概念。他们所用的预期概念是适应性预期，即人们根据过去的经验来形成并调整对未来的预期。他们根据适应性预期把菲利普斯曲线分为短期菲利普斯曲线和长期菲利普斯曲线。在短期内，工人来不及调整对通货膨胀的预期，预期的通货膨胀率可能低于以后实际发生的通货膨胀率，这样工人所得到的实际工资可能小于先前预期的实际工资，从而使厂商的实际利润增加，刺激了投资，而工人也会在名义工资增加的刺激下，会增加劳动供给，从而使就业增加、失业率下降，使失业率与通货膨胀率存在交替关系。于是菲利普斯曲线在短期内是成立的。

在长期中，这种错误预期将得到调整，工人将不断调整自己的预期，使工人预期的通货膨胀率与实际通货膨胀率一致。这时，工人会要求增加名义工资，以保持实际工资不变，从而通货膨胀就不会起到减少失业的作用。因此，长期中，通货膨胀率和失业率之间不存在交替关系，菲利普斯曲线成为一条垂线。而且由于长期中，经济会自动实现充分就业，失业率保持在自然失业率水平上。因此，长期的菲利普斯曲线是一条垂直于自然失业率水平的垂线。它表明，无论通货膨胀如何变动，失业率总是固定在自然失业率的水平上，所以，以提高通货膨胀为代价的扩张性财政政策和货币政策对减少失业率是无效的。因此，宏观经济政策在短期内有效，在长期则是无效的。

3. 理性预期学派的观点

理性预期学派使用的预期概念不是适应性预期，而是理性预期。理性预期是合乎理性的预期，其特征是预期值与以后发生的实际值是一致的。在这种预期的假设下，无论在短期内还是长期内，都不可能有预期通货膨胀低于实际通货膨胀的情况。因此，无论在短期内还是长期内，失业率与通货膨胀率之间都不存在交替关系。所以，无论在短期还是在长期中，宏观经济政策都是无效的。

【本章小结】

1. 社会经济资源的利用程度通常以劳动就业或失业水平来反映。失业分为自然失业、周期性失业、隐蔽性失业。失业对社会来说，会增加社会福利支出，造成财政困难，同时，如果失业率过高还会影响社会安定，带来许多其他社会问题。

2. 通货膨胀首先具有收入再分配的效应，它对经济增长的作用是引起很大争议的，现代经济学家对此基本持否定的态度。通货膨胀形成的原因很复杂。一般从需求和供给两个方面来分析，形成了关于两种类型的通货膨胀理论：一是需求拉动型通货膨胀，二是成本推进型通货膨胀。菲利普斯曲线力图说明通货膨胀与失业之间的相关性，这种探讨引起了经济学家的极大兴趣，也引起了普遍的争议，尤其是在“滞胀”现象出现以后。

3. 对于失业与通货膨胀的关系，主要有三种观点。凯恩斯的观点：失业与通胀不会并存。菲利普斯曲线：失业与通胀之间的交替关系。短期与长期菲利普斯曲线：货币主义与理性预期学派的观点。

【练习与思考】

1. 什么是失业？它是如何衡量的？
2. 什么是充分就业？充分就业时还有失业吗？为什么？
3. 什么是自然失业？引起自然失业的原因有哪些？
4. 什么是周期性失业？凯恩斯是如何解释需求不是失业存在的原因的？
5. 什么是通货膨胀？衡量通货膨胀的指标有哪些？通货膨胀分为哪几类？
6. 成本推动的通货膨胀分为哪几种？
7. 通货膨胀对经济有哪些影响？

【实践与操作】

1. 实训的目的与要求

要求学生能理解失业和通货膨胀现象，并能对以后的生活具有一定的指导意义；同时，通过讨论，训练学生的综合分析能力和表达能力。

2. 主要内容

货币供应量增加或减少对经济的影响分析（校外完成）；以失业或通货膨胀为主题进行相关的讨论。

3. 实训条件

电脑、多媒体教室、图书室和能上网的实训室。

4. 实训步骤

四人一组，以小组为单位，分工合作，利用网络收集我国通货膨胀或通货紧缩方面的资料；确定本组的基本观点，准备辩论资料；进行多角度辩论。

5. 注意事项

注意和我国实际情况的结合；可以采用一人主讲、其他人配合的形式；实训体会每人都要写。

第 12 章 经济周期与经济增长理论

【学习目标】

1. 知识学习目标

(1) 经济周期的四个阶段

(2) 经济增长理论

(3) 经济因素分析

(4) 经济增长模型

2. 能力实训目标

(1) 理解经济周期的成因

(2) 了解影响经济增长的因素

(3) 理解经济增长模型

(4) 掌握如何保证经济稳定增长

【案例导入】

新周期的底部和起点

2010 年，国务院发展研究中心团队提出“增长阶段转换”，判断中国经济进入高速到中速增长阶段的转换期；2015 年提出“中国经济可能已经接近底部，未来经济 L 型”；2017 年初提出，经过长达六年的经济调整和去产能，叠加供给侧改革和环保督查，“中国经济步入增速换挡期经济 L 型的一横，正站在新周期的底部和起点上”。

未来经济将继续波动筑底，2017 年第四季度至 2018 年上半年经济 L 型韧性强。需求侧偏平略有下降，向上的力量来自出口复苏、房地产补库存和土地供应增加带动房地产投资较强、企业盈利改善增强资本开支能力等，向下的因素来自基建投资放缓、再度去库存、房地产相关消费下滑等。同时，供给侧改革将继续深入推进，我们从广泛的宏观和微观证据发现产能出清、行业集中度提升、产能利用率提高、企业盈利改善、银行不良率下降、资产负债表修复，这些都为新一轮产能扩张蓄积了能量。

产能投资周期是经济波动的中周期、主周期

商业周期是市场经济中由个人或企业自主行为引发的商业律动，现实中的经济运行潜势由多股商业周期力量叠加嵌套而成：短波的农业周期（又称蛛网周期）揭示的是农业对价格的生产反馈周期，1 年左右；中短波的库存周期（又称基钦周期）揭示的是工商业部门的存货调整周期，3～4 年；中长波的设备投资周期（又称朱格拉周期）揭示的是产业在生产设备和基础设施的循环投资活动，6～11 年；长波的建筑周期（又称库兹涅茨周期）主要是住房建设活动导致的，20～40年；超长波的创新周期（又称康德拉耶夫周期）是由创新活动的集聚发生所致，50～70年。金融是实体经济的映射，商业周期的另一面是金融周期、信贷周期、杠杆周期和债务周期。

各类周期之间相互嵌套并交错融合。短期的库存调整是中期产能调整的缓冲带，长期的创新周期是技术革命引发的商业机会和产能投资浪潮，一个创新周期包含6个左右的产能周期，一个产能周期包含3个左右的库存周期。创新在很大程度上表现为新技术在新产业、新设备中的运用，即与设备投资周期融合；住房建设周期与城市化、重化工业设备投资相融合。正是因为创新周期和产能周期的融合，创新才能落地，因此，产能投资周期是一种螺旋式上升而不是简单循环。

产能是指在给定的技术条件下，资本和劳动力被充分利用后所能达到的最高产出。产能投资周期是经济波动中的主周期，长度为6～11年，主要内容是设备投资和就业雇佣的周期性调整。产能周期分为四个阶段：第一个阶段，在经济繁荣的时候，企业家过度乐观，导致产能扩张以及随后的产能过剩。第二个阶段，由于产能过剩，供过于求，供求格局恶化，引发通缩。在漫长通缩过程中，中小企业退出，大企业淘汰落后产能，这是一个供给出清的过程。第三个阶段，产能出清尾声，行业集中度大幅提升，“剩者”为王，企业利润改善，银行不良率下降，开始修复资产负债表，为新一轮产能扩张蓄积力量。但因为刚刚过完“冬天”，企业对未来前景仍然谨慎，新增产能扩张不是很明显。第四个阶段，随着企业盈利持续改善和资产负债表修复，我们终于看到新的产能扩张，一开始带动需求，后期增加供给。

在产能出清、行业集中度提升、“剩者”为王、资产负债表修复、扩大新增产能的过程中，也会提升行业平均效率和规模经济，促进大企业加大研发投入和设备更新，具有转型升级的内涵。

产能投资周期之所以是经济波动的主周期、中周期，主要是因为产能投资占经济的比重大、波动性强。2016年中国投资率（资本形成总额/GDP）高达45%，远高于国际平均水平；消费率为51.6%，但是消费增速在时间序列里比较平稳，而投资则经常大起大落。2016年在固定资产投资中，制造业投资占比最高，高达31.5%，基建投资占25.5%，房地产投资占22.7%，服务业投资占14%。

中国四轮产能周期的历史回顾

改革开放以来，中国经济经历了四轮产能周期：1980—1991年，1992—2000年，2001—2008年，2009—2016年。2017年前后处于第五轮产能周期的起点。

第一轮产能过剩的背景是20世纪80年代的价格双轨制改革，当时居民处于“衣食消费”升级阶段。改革开放后，中国经济逐渐由全面短缺的卖方市场逐步过渡到买方市场，这期间某些轻工业品行业随即出现了产品过剩，进而产能过剩。当时政府规定工厂生产的产品一部分按“平价”出售以保证基本供应，超出定额的部分允许价格在“平价”基础上有一定比例的加成，所以工厂生产积极性非常高，以赚取定额之外的生产量带来的盈利，由此导致市场上产品供应量大幅度提高，但当时居民的收入水平无法消化这些供给，因而导致了产能过剩。

第二轮产能过剩的背景是1992年投资过热导致产能过剩。1998年东南亚金融危机导致外需急速萎缩，当时居民处于耐用品消费升级阶段。随着20世纪90年代市场经济改革的逐渐推进，工业制成品的产量大幅提高。但是在1998年前后，受东南亚金融危机影响，市场需求在短期快速下降，导致了产能过剩矛盾再次凸显。据国家统计局当时的工业普查数据，900多种工业制成品中绝大多数的产能利用率低于60%，其中以家用电器等耐用消费品最为严重，有些行业的产能利用率甚至跌破10%。

第三轮和第四轮产能过剩的背景是2004—2007年经济高速增长、2008年金融危机爆发后，国际经济衰退、外需明显减弱以及中国应对金融危机的投资刺激，居民处于"住行消费"升级阶段。进入21世纪后，房改启动了内需和重化工业，2001年加入世贸组织融入全球化启动了外需，在内外需拉动下中国制造业发展速度加快。但是到了2008年国际金融危机全面爆发后，外需大幅萎缩。同时，中国并没有在需求回落的时候进行供给出清。为了防止经济快速下滑，政府实施了四万亿元的投资刺激计划，收手快，出手重，进一步扩大新增产能进而加重了产能过剩。但此后金融危机持续蔓延，欧洲主权债务危机、银行危机陆续爆发，世界各主要经济体增长乏力。在此影响下，中国的出口贸易额大幅度下滑，多数重工业行业的需求处于持续下滑状态。投资刺激带来的产能陆续投放与需求的持续不景气，导致产能过剩问题非常突出。

通过梳理改革开放以来中国的四轮产能过剩可以发现：每一轮产能过剩都是上一轮的消费升级和主导产业投资浪潮所致，比如20世纪80年代的轻工业、90年代的耐用品，以及21世纪以来的重化工业。上一轮的新兴成长行业很有可能成为下一轮的产能过剩传统行业，产能扩张收缩调整的过程也是产能升级螺旋式上升的过程；每一轮产能过剩的暴露都跟内外需求萎缩有关；产能出清受阻既有周期性因素，也有体制因素，比如国企得到政府补贴、银行不愿意不良率暴露、地方保护主义等。

2012—2017年产能出清新周期：市场出清+供给侧改革+环保督查

第三轮产能周期上升期始于2001年前后，在2007年中期见顶后开始进入下滑期，2008年国际金融危机期间本应进行过剩产能出清，但是2009年的投资刺激进一步扩张了新产能，产能过剩进一步堆积，产能出清被推迟了。2004—2007年的建成产能，叠加2009年的新建产能，一直到2011年接近产能投放尾声，在2012年前后才步入漫长的产能出清。

2012年至2016年上半年，由于产能过剩、需求低迷，经过长达54个月的通缩，在化工、造纸、玻璃、水泥、钢铁、煤炭、有色、机械等传统行业领域，大量中小企业退出，行业龙头压缩淘汰过剩产能，市场通过自发的力量进行产能出清。

2014—2015年，由于美联储引导退出QE、美元大幅走强、中国经济需求衰退，全球大宗商品价格大幅下跌，全球部分周期品去库存去产能比较充分。

2016年以来，市场自发出清，叠加供给侧改革去产能和环保督查，出清加快。2016年启动的供给侧改革和行政去产能加速了国企占比高的行业的产能出清。传统行业竞争格局优化，步入"剩者"为王、强者恒强的时代。2016年以来，中国工业企业的产能利用率正逐步触底，部分传统行业产能出清实际状况远比统计数据展示得更为充分。2017年前后这一轮产能出清周期接近尾声。

同时，2017年，欧洲加入全球经济复苏进程，外需改善。欧元区人口高达5.1亿人，超过美国的3.2亿人、日本的1.3亿人，是中国第一大贸易伙伴。随着欧洲加入全球经济复苏进程，中国出口显著改善，2017年1—8月，中国出口累计增长7.8%，比2016年的

−7.7%、2015年的−8.1%大幅改善。

在内外部因素共同作用下，供求缺口重新出现，带来周期品价格上涨、企业盈利改善、资产负债表修复。

在中微观层面均能广泛找到产能出清进展的证据。过去传统行业产能过剩、负债率过高，经过市场出清、供给侧改革和环保督查，近些年来已经在很大程度上得到缓解，这在很多中观行业领域均能观察到积极迹象。2012—2017年，钢铁、有色、建材、化工、造纸等上中游传统行业产能投资大幅下滑，部分年份负增长。同时，由于2014—2015年降息，2016—2017年企业盈利改善，2014年以来工业企业资产负债率开始下降，这在行业层面均能广泛地观察到。

政策含义

对于新周期，市场目前存在一些分歧和误解。有观点认为新周期是需求的复苏。我们强调的是产能出清新周期，产能出清引发的资产负债表修复至少有2～3年时间，所以在2016—2018年，中国经济都处于这个阶段。有观点认为产能出清主要是供给侧改革所致。我们认为，新周期是供给侧改革和市场自发出清的叠加。市场自发出清比供给侧改革要更早，自2012年以来，中国经济就已经开始依靠市场自身力量去产能，经历了54个月的通缩。另一个证据是，供给侧改革主要在钢铁、煤炭方面，但产能出清在化工、造纸、玻璃、水泥、有色等没有推动供给侧改革的很多行业均有积极进展。近期关于新周期的讨论，出现了宏观研究员普遍反对、行业研究员普遍举证的现象。建议宏观研究多做调研，因为宏观指标已经越来越无法反映近年的结构变化。有观点认为新周期是设备扩张周期。产能出清新周期，处在产能周期的第三个阶段，目前并没有进展到第四个阶段设备扩张周期，钢铁、煤炭、电解铝等行业仍在去产能的过程中。有观点认为，市场自发的产能出清和供给侧改革导致商品价格上涨，利润在产业链上下游重新分配，下游补贴上游。试问：过去漫长通缩，难道不是上游补贴下游吗？笔者认为，要尊重市场有自身的周期运行规律和事实。

经济L型和产能出清新周期的判断具有重要的政策含义：政策一定是根据现实来制定，只有认清经济形势，政策才能采取正确的操作，所以研究要保持独立客观的立场，追求事实和真相；经济已经触底，防止再度刺激房地产稳增长，建立长效机制，保持货币政策中性稳健；深化供给侧改革和环保督查，“三去一降一补”和环保标准提高是新常态，大方向是对的，对公共政策的批评不能带有“洁癖”，中国不应该再回到过去粗放式发展道路，新周期意味着未来创新发展、绿色发展、集约式发展的方向；未来更多地要依靠市场化和法治化的方式推动供给侧改革，同时在去产能过程中要公平对待国企和民企，提高资源配置效率；新周期并不意味着改革任务完成，产能出清新周期仅就部分行业的产能过剩去化而言完成了阶段性的任务，改革仍任重道远，比如减税，放活新兴产业，建立房地产长效机制，财政整顿，金融降杠杆，金融监管协调，完善社会保障体系，等等。

资料来源：任泽平，卢亮亮，刘镜秀. 新周期的底部和起点. 中国金融，2017 (19).

问题：

1. 确定经济周期的标准是什么？
2. 你认同中国经济步入新周期的观点吗？为什么？

12.1 经济周期理论

一种平稳发展的经济一直是经济理论以及政府宏观经济政策努力追求的目标。但从长期看，各国经济活动的实践都无一例外地展示了这样一条规律，即在经济发展过程中，经济活动总是不可避免地出现周期性波动，繁荣的经济时期不可能长久地保持，紧随其后的就可能是经济的全面衰退，在经历了一段时间之后，这种衰退又会被新一轮繁荣所取代。如此循环往复，经济发展正是在繁荣与衰退的不断更替之中进行着。可以说，平稳发展的经济是暂时的、相对的，而呈现周期性波动的经济才是长期的、绝对的。经济周期理论就是对经济活动的这种周期性波动状况加以描述并对其成因加以研究的理论。

12.1.1 经济周期的含义

经济周期是指经济活动水平有规则的波动。美国经济学家米歇尔曾给经济周期下过这样一个定义：经济周期是以商业经济为主的国家总体经济活动的一种波动，一个周期是由很多经济活动的差不多同时扩张，继之以普遍的衰退、收缩与复苏所组成，这种变动重复出现。这一定义已被大多数西方经济学家所接受。

经济周期是现代工业化国家的显著特征。对资本主义经济周期性波动，西方经济学家曾作了这样的描述：在繁荣之后，是恐慌与暴跌，经济扩张让位于衰退，国民收入、就业和生产下降，价格与利润跌落，工人失业。当最终达到最低点以后，复苏开始出现。复苏可以是缓慢的，也可以是快速的。它可以是不完全的，也可以强大到足以导致新的高涨。新的高涨可以表现为长期持续的旺盛的需求、充足的就业机会及提高的生活标准。它也可以表现为短暂的价格膨胀和投机活动，紧接而至的是又一次灾难性的萧条。这一波浪起伏的循环过程，如图 12-1 所示。

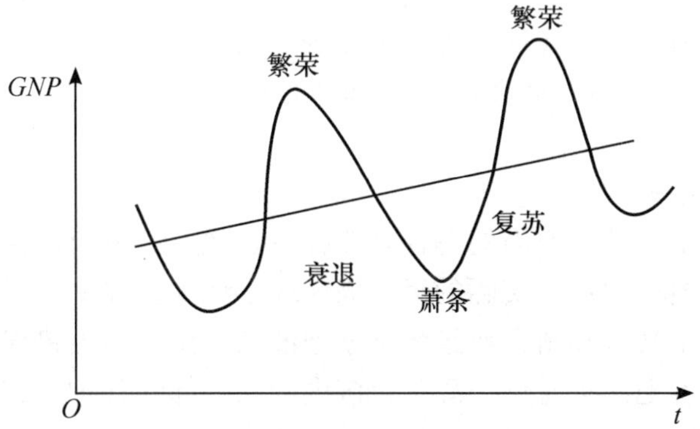

图 12-1 经济周期波动

西方经济学家对经济周期阶段划分并不一致，有的经济学家将经济周期只划分为两个阶段，即扩张（亦称繁荣、高涨或景气）阶段和收缩（亦称萧条、衰退或不景气）阶段。但西方经济学家一般都将经济周期分为四个阶段：繁荣（即经济活动的扩张阶段）、衰退（即由繁荣转为萧条的过渡阶段）、萧条、复苏。那么，究竟如何来判断经济处于四个阶段的哪一阶段呢？西方经济学家认为，判断经济所处阶段的标准，主要是一国的工业产量、就业量、物价水平、资本借贷量、利息率、利润率等可比经济指标的变动。一般而言，当经济发展进入复苏阶段时，上述各项指标都开始上升；接近顶峰时，经济活动处于高水平而且继续增长。这时，由于厂商和消费者对未来高度乐观，国民收入不断增加，就业量不断提高，资本投资率不断增长，资本借贷量、价格、利润也持续上升。到衰退阶段，情况则相反，就业量、资本借贷量、利息率、利润等都开始下降；接近谷底时，债务与存款减少，产量下降，利率普遍低落，失业不断增加。

12.1.2 经济周期的类型

熊彼特根据经济周期持续的时间长短，把它们分为三类：长周期、中周期、短周期。

长周期，即康德拉耶夫周期，是指持续长度为五六十年的经济周期。这一划分是由苏联经济学家康德拉耶夫在1926年所发表的《经济生活中的长波》中首先提出来的，熊彼特将其命名为长周期。关于长周期是否存在及长周期形成的原因，现在经济学家们仍然有热烈的讨论。康德拉耶夫对资本主义国家价格与生产的变动趋势作了较为充分的分析，描述了长周期现象的存在，后来他把长周期存在的原因归结为耐用资本品的更新投资周期。有些经济学家如熊彼特等认为长周期的原因是重大创新所引起的产业结构的长期调整更新。

中周期又称朱格拉周期，是指持续长度为9～10年的经济周期。1860年，法国经济学家朱格拉在其著作中系统地分析了这种周期，故此命名。一些西方经济学家认为，朱格拉承认经济危机的周期性，使人们意识到要研究和应付这种经济波动，这一点是开拓性的贡献。朱格拉对这种经济周期的分析主要是货币分析，即分析通货膨胀和通货紧缩的周期循环。

短周期又称基钦周期，是指持续长度为40个月的经济周期。这种周期的概念是美国经济学家基钦在1923年提出的，故此命名。一般所说的商业循环，就是指的这种短周期。美国全国经济研究所对美国经济周期的实际情况进行了广泛的调查，所得出的结论是，如果以一个经济低谷对另一个经济低谷为一个经济周期，从1854年到1971年美国共出现了27次明显的经济周期，每一周期的平均持续时间是52个月。

12.1.3 经济周期的原因

关于经济活动水平波动的原因的解释有四种主要观点。传统的经济周期理论认为，经济中存在引起波动的内在力量。实际的经济周期理论认为，波动不过是随机的和未预期到的冲击的结果。货币主义者和新古典经济学家把波动主要归结为错误导向的货币政策的后果。而新凯恩斯主义者把波动看作来源于经济内部和外部的各种原因的表现，不过他们认为现代经济的内在特征扩大了这样的干扰，并使其作用持续存在。

1. 传统的经济周期观点

传统的经济周期的观点认为，经济产出量存在着规律性的并且可以预测的波动，而导致这些波动的正是经济结构。根据这种观点，波动的根源是内生的，且经济的上升和下降大体上可以预测。

这种把经济周期和经济的内在运行联系起来的方式被称为乘数—加速数模型。该理论强调受国民收入、消费等变化影响的投资波动是国民收入波动的关键因素。

经济的增长不会一发而不可收，最终会遇到约束因素。如劳动短缺可能对经济扩张加以限制。一旦遇到这些约束因素，经济便停止扩张，或者至少不再按那么快的速度扩张。但是当经济按照一个更低的速度扩张时，投资需求便会减少。由于存在乘数效应，这会减少总需求。因此，经济开始走向衰退。由于产出下降，投资下降得更多，这又进一步推动了产出下降，直到投资完全停止。但是最终旧机器设备会被损耗掉或老化，即使衰退时期生产低水平的产出，也需要新投资。这种新投资会刺激需求，需求又会刺激投资，于是经济状况开始好转。

2. 实际的经济周期观点

西方经济学家查尔斯·卜劳瑟尔和罗伯特·金持这种观点。他们认为：产出波动是随机的并且是不能被预测的。传统的经济周期学派从经济的内在力量，例如乘数和加速数的作用，来寻找波动的原因，而实际的经济周期学派则把波动的原因归结于实际的、外生的事件，例如某种重要的投入（如石油）的价格变化、自然灾害以及技术冲击（如新发明）。这些冲击全都来自经济的外部，它们是外生的事件。因为是外生的，所以它们都在政策制定者的控制之外。

实际的经济周期理论家所强调的冲击是对供给一方的冲击，是在任何一组既定的工资和价格条件下对生产什么和生产多少的冲击。因此，实际的经济周期理论家们与其他经济学流派不同：后者强调对总需求冲击的重要性，认为这是扰乱经济的主要根源。实际的经济周期理论家也相信市场对这些供给一方的冲击会作出迅速而有效率的反应，因而他们不把经济波动看做是重要的问题。

既然实际的经济周期学派认为经济波动不能当做周期来加以预测，“周期”在这里是用词不当。那么经济水平的上升和下降反映在坐标上为什么像周期呢？实际的经济周期理论的拥护者们把这些看做是错觉，看上去似乎有规则性的周期可能纯粹是由随机事件造成的。

一些经济学家不同意上述观点，因该理论未能识别出重大的外生干扰，而这种干扰又是导致已经出现的经济波动的重要因素。甚至近几十年最大的冲击，像 20 世纪 70 年代石油价格的上涨，从整体经济来看也是很小的。此外，批评者还认为，供给冲击不会立即产生效果。一项重大的新的创新像计算机、激光或晶体管，要过好多年才会被经济所消化。同样重要的是，实际的经济周期理论不能对经济的大衰退作出解释。实际的经济周期理论把经济波动归因于重大的负面冲击，而对为什么负面冲击能导致经济周期却一直未能做出令人信服的解释。

3. 货币主义者和新古典主义观点

货币主义者和新古典主义部分地同意实际的经济周期学派的观点，他们也认为，经济的波动来自外界干扰，经济对于干扰会做出迅速的并且是有效率的反应，这些反应是无法预测的。但对于干扰的来源，两者观点不同。

货币主义者和新古典经济学家把引发大多数重要的经济波动的重大干扰归因于政府。例如，当政府进行一场战争而没有通过增加税收来为战争筹措经费时，总需求的增加会造成通货膨胀；战后，政府削减开支又没有通过减税来刺激消费时，总需求的减少会引发衰退。

不仅如此，货币主义者和新古典经济学家把产出的波动的大部分原因归于货币政策的误导，新古典经济学家强调预期的和未预期的货币政策变化的区别。当人们预期到货币供给的变化时，物价水平会发生变化，而实际的货币供给保持不变，从而没有什么“实际的”事情发生。货币供给的变化只不过引起物价水平的变化，政策是无效的。在长期，由于存在理性预期，货币供给的变化会被人们预期到。但是在短期，货币当局可以用人们预期不到的方式采取行动。当厂商不知道货币供给已经减少了的时候，它们就不会同比例降低价格水平。

货币主义者和新古典经济学家提出的一个重要观点是，政府不能解决问题，它反而制造问题；正是未预期到的政府行为，尤其是货币当局的行动，才会引发经济的波动，干扰市场经济的正常运行。

4. 新凯恩斯主义观点

新凯恩斯主义的观点介于传统的经济周期理论和实际的经济周期理论之间。它认为，经济中存在着一种机制，而且这种机制可以扩大各种外生的、未预期到的冲击，并把这些冲击转变成大的波动，而且它还使得这些冲击的影响在最初的干扰消失以后持续相当长的时间。根据这种观点，干扰的影响根源是外生的，但由于内生力量，致使波动加剧并使得干扰的影响持续下去。

新凯恩斯主义者从总供给和总需求两方面来研究外生干扰对经济的冲击。这种冲击对经济的影响可能是正面的，也可能是反面的。对于正面冲击的论述，类似于传统的经济周期理论的乘数—加速数模型，但仍有些差别，传统的经济周期理论强调这样的事实：对经济的正面冲击可以引起对未来更加乐观的预期，因而增加对机器和建筑物的需求，以致导致投资水平提高。新凯恩斯主义理论强调正面冲击对投资资金的多寡（利润）的影响。实际上，这两种影响无疑都起作用。

经济不但能扩大外在冲击，而且它也能使经济力量以较缓慢的速度来恢复自己的健康。由于陷入衰退困境的厂商采用保守的生产和投资策略，它们的财务状况会逐步得到改善，不过仅仅是逐渐改善。随着机器被损耗掉，推迟新投资会变得代价越来越大，最终投资开始恢复。由于投资增加，产出便增加。随着产出增加，投资者的信心得以恢复，从而厂商的财务状况进一步并且更快地得到改善。经济确实会复苏，但是这种复苏的过程也许需要几个月或几年时间。

衰退有时候也似乎对经济增长产生长期的持续影响，经济要花费几年时间恢复到没有发生衰退时它本应有的水平上。造成经济衰退长期影响的一个可能的原因是，在严重衰退的几年里失去工作或没有设法去谋求工作的劳动者丧失了经验和工作技能，因而他们在其剩下的工作年限里生产率降低。另外一个原因是，在衰退阶段，厂商不但减少对机器和厂房的投资，也减少对研究与开发的投资。

12.1.4 加速原理、乘数原理与经济周期

1. 加速原理

加速原理是关于收入水平或消费需求的变动会引起投资量变动的经济理论。其基本内容是：收入或消费的变动，要求生产部门增加商品的供给量，如果生产部门的生产能力已经达到充分利用，增加产出就要相应地增加资本存量，就要有新的投资追加到生产中去。所以，加速原理就是分析收入变化与追加投资之间的关系。

（1）自发投资和引致投资。

1）自发投资，又称自动投资。它是指由人口增长、技术进步、资源开发以及政府政策等方面外在因素的变化而引起的投资。它被当做一个独立的不受国民收入或消费变动制约和影响的变量。

2）引致投资，又称诱发投资。它是指由收入或消费变动而引起的投资。这种投资取决于收入水平或消费需求。加速原理就是研究引致投资与收入变化之间的关系。

在现实生活中，自发投资与引致投资是较难区别的。因为有的投资既可属于自发投资又可算引致投资。所以，这种分类只有在从事经济理论研究时才有意义。

（2）资本-产量比率和加速系数。

1）资本-产量比率。资本-产量比率是指生产一单位产品所需要的资本数量。即：

$$\text{资本-产量比率}=\frac{\text{资本数量}}{\text{产量}}=\frac{K}{Y}$$

式中：K 代表资本数量；Y 代表产量或收入。

假设某企业资本总量为 200 万元，年产值为 100 万元，则资本-产量比率为 2，表示平均每 1 元产值需要 2 元资本。

2）加速系数。从资本-产量比率可以看到，在技术水平不变的条件下，如果要使收入增加，就必须按资本-产量比率相应地增加资本-存量。假如企业的产值增加到 110 万元，就需要使资本-存量增加到 220 万元。这就是说，增加 10 万元产值，就要增加 20 万元资本。资本-产量比率决定了资本增量与产量增量的比率。通常将资本增量与产量增量的比率，称为“加速系数”。加速系数表示增加一单位产出所需要的资本增量。由于资本增量等于投资，所以，加速系数也可表示为投资与收入增量之比。

$$\text{加速系数}=\frac{\text{资本增量}}{\text{产量增量}}=\frac{\text{投资}}{\text{收入增量}}$$

若以 α 表示加速系数，ΔK 表示资本增量，ΔY 表示收入增量，I 为引致投资，则上述公式可表示如下：

$$\alpha=\frac{\Delta K}{\Delta Y}=\frac{I}{\Delta Y}$$

2. 乘数与加速数的相互作用与经济周期波动

乘数原理和加速原理都是说明投资与产量之间的关系和相互变动的连锁反应，只是前者在于说明投资变动对产量变动的影响；后者在于说明产量变动对投资变动的影响。乘数和加速数的相互作用对经济周期波动的作用机制过程如下：假定经济处于萧条过后的复苏阶段。这时，生产开始回升，投资增加，在乘数的作用下，投资的增加引起了国民收入的较大增长。随着国民收入的增长，在加速数的作用下，又会引起净投资和总投资的进一步扩大。这样，在乘数和加速数的不断相互作用的过程中，经济活动水平逐步扩张，直到进入繁荣阶段。但是，经济繁荣会在社会实现充分就业达到极限时，在国民收入增长放慢甚至停止增长时，在加速数的作用下，投资水平就会下降。投资的下降，在乘数的作用下，又会使国民收入成倍地下降，并进而导致投资水平的进一步下降。如此循环下去，经济就会在国民收入和投资水平的不断收缩过程中进入萧条阶段。在萧条阶段经过一段时间后，必要的生产设备更新会引起重置投资，从而通过乘数的连续反应作用，使国民收入的下降受阻，并开始有所回升。国民收入的回升，会使投资水平进一步上升。于是，在乘数和加速数的相互作用下，经济将逐步走出萧条阶段而步入复苏阶段，这样便形成了周期性的经济波动。

12.2 经济增长理论概述

经济增长是一个古老的话题。在早期的或古典经济学阶段，亚当·斯密和大卫·李嘉图就在比较广泛的领域内探讨了国民财富的增长问题。但是，真正意义的现代增长理论是从英国经济学家哈罗德和美国经济学家多玛在凯恩斯宏观经济理论的基础上，各自对国民收入的增长进行了长期动态的研究开始，于20世纪50年代以后发展起来的。经济增长理论已引起了越来越多的经济学家的兴趣。

12.2.1 经济增长的含义与特征

经济增长可以表述为一个国家生产物品和劳务的能力的扩大。实际核算时，常用一国生产的物品和劳务总量的增加来表示。简言之，经济增长即指国民生产总值的增加。

为了准确衡量经济增长的快慢程度，在用国民生产总值表示经济增长时，需要剔除物价变动的影响。即把名义GNP用价格指数矫正后得到实际GNP，再用实际GNP计算经济增长率。

经济增长率的计算公式为

$$G=\sqrt[n]{\frac{GNP_t}{GNP_0}}-1$$

式中：G代表年平均增长率；GNP_t代表第t期的国民收入水平；GNP_0代表基期的国民收入水平；N代表t期与基期间隔的年份数。

计算经济增长率时，由于经济运行客观上存在波动，所以正确选择基期和报告期就显得十分重要，若以萧条年份做基期，而以高涨年份做报告期，则计算出来的增长率就偏高，有偏高误估；若以高涨年份做基期，萧条年份做报告期，则计算出来的增长率就偏低，有偏低误估。正确的选择方法是，基期和报告期应处于不同经济周期或同一经济周期的同一阶段。

在了解了经济增长的含义后，我们要指出它与经济发展的区别。经济发展是指一国由不发达状态过渡到发达状态，它不仅包括国民生产总值的增加，而且还包括经济结构、社会制度等的变革。所以，经济增长的含义较为狭窄，而经济发展的含义较为广泛，经济发展包含了经济增长。经济增长与经济发展具有密切的关系，经济增长是经济发展的基础，经济发展是经济增长的结果。没有经济增长不可能有经济发展，但有经济增长并不一定有经济发展，如在国民生产总值增加时，经济结构、社会结构并未发生变革，经济增长导致了资源浪费、环境污染等，都是无发展的表现，这种格局被称为“无发展的增长”。

12.2.2 经济增长理论的发展与现状

经济增长问题就是经济增长理论研究的对象，它的任务是要回答一定时期的国民收入水平是由哪些因素决定的；这些因素同国民收入水平之间存在着什么样的数量关系；当这些因素发生变化时，会引起国民收入发生什么样的相应变化。

一般认为，决定一定时期经济增长水平的主要因素有四个方面，即人力资源、可资利用的物质资源、管理效能和技术水平、社会经济制度。因此，各种经济增长理论，尽管观点不一，侧重点不同，但都是围绕资本积累、人口和劳动力增长及人力资本开发、技术进步等因素及其相互关系展开研究。对于社会经济制度，现代经济增长理论一般作为一个既定的前提来看待。重视并研究制度与经济增长、经济发展之间的关系的是近年来兴起的新制度经济学。

在亚当·斯密和大卫·李嘉图的古典学派之后成为主流的新古典经济学时期，绝大多数经济学家都不重视对经济增长问题的专门研究。他们一味强调，市场机制可以自发调节达到资源充分利用和最佳配置的状态，从而实现经济增长，也就是说，他们把经济增长视为一个完善的市场机制作用的自然结果。而凯恩斯也把经济增长问题从他的研究中排除出去。他及与他同时代的一些经济学家认为，经济增长对于工业化国家来说是不重要的，根本问题在于如何充分利用现有的生产能力来实现充分就业。他假定资本主义社会生产能力的增长是无限的，只要充分刺激了有效需求，经济增长也是一个自然的结果。

第二次世界大战后，经济增长问题才重新引起了西方经济学家的广泛兴趣和重视，并最终形成了“现代经济增长理论”。现代经济增长理论并不是一个统一的理论，而是关于资本主义国家经济增长的不同理论观点的总称。现代经济增长理论的开创者是英国经济学家哈罗德和美国经济学家多玛，他们认为凯恩斯的刺激充分就业的理论观点是一种“短期的、静态的”分析，试图在此基础上建立一种分析经济增长的“长期的、动态的”理论。他们各自提出了相近的观点，后来被人们合称为“哈罗德-多玛模型”，从而为把经济增长作为研究对象的现代经济增长理论奠定了基础。

现代经济增长理论与一般的微观经济学不同。微观经济学研究市场机制如何调节微观主体行为及资源配置，把经济增长视为市场机制调节的自然结果。而现代经济增长理论注重研究如何控制各种经济总量，使其满足经济稳定增长的条件，从而强调了人为控制长期经济增长的可能性。

另外，现代经济增长理论也不同于一般的宏观经济学，宏观经济学研究一定时期国民经济的收缩和扩张，强调的是现有生产能力的充分利用，是以充分就业为国民经济均衡点来调节经济周期的问题。而现代经济增长理论则研究的是长期的经济活动，强调的是实际生产能力的长期持续提高问题。

从研究方法上来看，各种增长理论都把经济增长视为一个动态的过程，广泛采用了动态分析和均衡分析的方法。动态分析是相对静态分析而言的。静态分析就是在分析各种经济变量之间的关系时，不考虑时间的影响，不考虑过去事件对当前和未来事件的影响。而动态分析在分析各种经济变量关系时，则把时间因素考虑进去，即把各个经济变量视为时间的函数，研究随着时间的变化，这些变量所发生的变化以及变量之间相互关系的变化。

无论是静态分析还是动态分析，都涉及均衡状态的确定问题。静态分析侧重于设定某种特定的均衡状态，分析达到这种均衡状态所需要的条件。经济增长理论所说的均衡状态，则是考虑到经济增长的均衡状态是随着时间的推移而变化的，所以其均衡分析是探讨各个时期都能够达到均衡状态的条件。

现代各种经济增长理论一般是建立一定的经济增长模型，来说明各种经济变量之间的相互关系，表达自己的观点。因此，不同的经济增长理论往往就是不同的经济增长模型，以及对这些模型所作的解释。

经济增长模型的建立步骤基本上是这样的：

（1）确定模型所应包含的经济变量，即确定经济增长是由哪些经济因素决定的。

（2）根据已知的经验事实和理论提出关于经济增长发生的假设，以数学方式表达出来，然后确定各种经济变量之间的函数关系，分析达到均衡增长所需要的均衡条件。

（3）分析实现均衡增长的路径，确定为达到均衡增长所需要的各个变量的均衡值。

现代经济增长理论在较早时期基本分为三大流派：一派是以哈罗德、多玛为代表的凯恩斯增长理论；一派是以索洛为代表的新古典增长理论；一派是以罗宾逊夫人、卡尔多为代表的新剑桥学派增长理论。在20世纪70年代后，又出现了认为经济增长将导致资源枯竭、生态毁坏的增长极限理论，以罗默、卢卡斯等为代表的新增长理论（内生增长理论），以及强调制度决定论的新制度经济学的增长理论。

12.2.3 经济增长因素的分析

在整个20世纪，世界各国的经济增长率各不相同，同一个国家各个不同时期的经济增长率也各不相同。那么，是什么因素引起了经济的增长呢？经济学家认为这几个方面是引起生产率提高的主要原因：资本积累的增加，劳动力质量的提高，资源配置效率的改善和技术的进步。

经济增长是产量的增加，因此可以根据总生产函数来研究增长的因素。总生产函数是总产量与生产中使用的全部生产要素投入量之间的函数关系。用公式来表示则是：

$$Y=\mathrm{A}\cdot F(K,\ L)$$

式中：Y代表产量；K代表资本；L代表劳动；A代表技术，总生产函数中假定技术是不变的，所以A在这里是一个不变量；F表示产量与生产要素投入量之间的函数关系。由此式看出，经济增长的源泉是资本、劳动与技术进步。

资本可以分为物质资本和人力资本。物质资本又称有形资本，指厂房、设备、存货等的存量。人力资本又称无形资本，指体现在劳动者身上的投资，如劳动者的文化技术、健康状况等。人力资本在经济增长中的作用是十分重要的，但由于不易估算，所以，在研究经济增长时所说的资本一般是指物质资本。资本增加是经济增长的重要条件。现代经济学家认为，在经济增长中，一般的规律是资本的增加要大于劳动力的增加，从而每个劳动力所拥有的资本量，即人均资本量是提高的。只有人均资本量的提高，才有人均产量的提高。在经济增长的开始阶段，资本的增加是十分重要的，许多经济学家都把资本积累占国民收入的10%～15%作为经济起飞的先决条件，把增加资本作为实现经济增长的首要任务。在经济增长的以后阶段，资本的相对作用将会下降，但从西方各国的情况看，仍然是储蓄率高，资本增加快的国家经济增长率也较高。

劳动力是数量与质量的统一，因此，劳动这一概念中实际上包括劳动力的人数与劳动力的文化技术和身体素质。由于劳动力的质量难以估算，因而，经济增长中的劳动概念一般指劳动力的数量，或者指劳动时间。劳动在经济增长的作用是不言而喻的。劳动与资本之间在一定范围内存在着一种替代关系，当资本不足时可以通过增加劳动来弥补，同样，当劳动不足时也可以通过增加资本来弥补。在经济增长的不同阶段中，劳动的重要程度是不同的。

技术进步促进要素生产率的提高，即同样的生产要素投入能提供更多的产品。技术进步最终体现为要素生产率的提高，技术进步包括以下几方面的内容：第一，知识的进展，即知识增加、新技术的发明与创造对增长的作用；第二，资源配置的改善，即劳动力和资本从效率低的部门转移到效率高的部门；第三，规模经济，即扩大企业经营规模所引起的经济效益，也就是一般所说的大规模生产的经济效益；第四，管理水平的提高，即企业组织与管理水平提高所带来的经济效益。随着经济的发展，在经济增长的更高阶段上，技术进步将起着越来越重要的作用。

12.2.4 丹尼森对经济增长的分析

丹尼森运用并发展了肯德里克的全要素生产率分析，他不仅计算了总投入量增加和全要素生产率提高对经济增长的贡献，而且又把总投入量和全要素生产率分为若干因素，对这些因素进行了详尽的定量分析。丹尼森认为，影响增长率的因素主要有两大类：总投入量（即劳动和资本的投入量）以及单位投入量的产出量（即全要素生产率），其他可以略而不计。这两大类因素又可进一步细分，细分情况如图 12－2 所示。

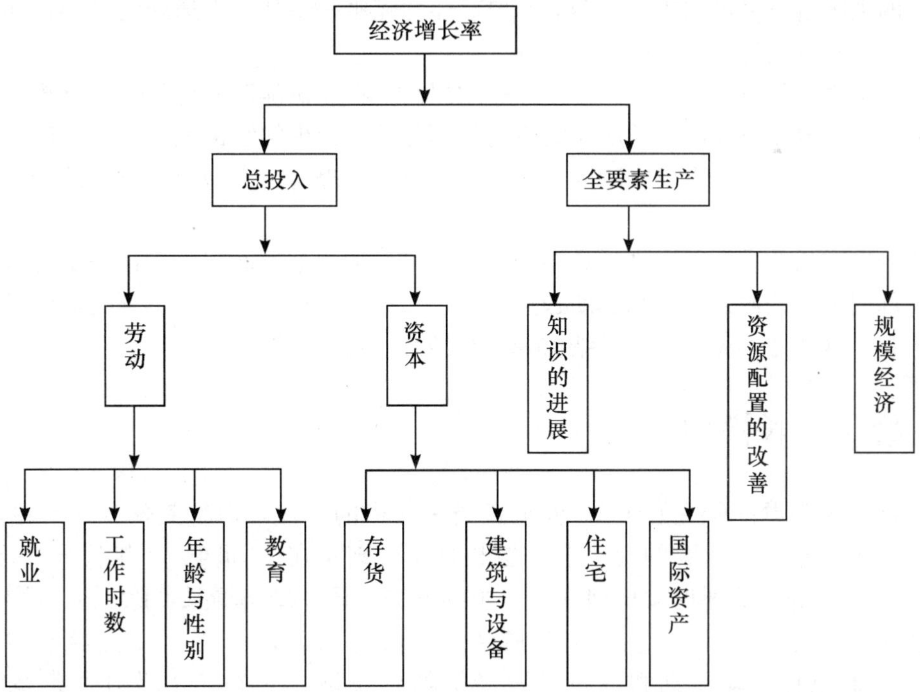

图 12－2 丹尼森经济增长因素分析示意图

丹尼森将影响经济增长率的因素概括为以下几个方面：使用的劳动者的数量及他们的构成；工作时数；使用的劳动者的受教育程度；资本存量的规模；知识的状态；分配前无

效使用的劳动的比重；市场规模；短期需求压力。同时，丹尼森认为，导致经济增长率下降的因素有如下几个方面：劳动者个人素质的变化，如工作努力的程度，对承担工作的经验和受训练程度，在一定范围内投入配置的变化脱离了国民收入最大化；企业从政府获得的劳务成本的变化；政府给企业必需的服务的变化，如政策保护、法律服务；企业一定会遇到的立法和人类环境方面的变化；生产效率方面的变化等。

经过分析，丹尼森的结论是：在经济增长过程中，单位投入的产量增长对经济增长起着越来越大的作用，而知识进展（技术、管理及其应用）则是对经济增长影响最大、最重要的因素。因此，要促进经济高速增长，必须大力发展教育，开发新技术，提高管理水平。

12.2.5 库兹涅茨对经济增长的分析

美国经济学家库兹涅茨对现代经济增长因素的分析是运用统计分析的方法对国民总收入及其组成部分做出长期统计，通过对各国经济增长的比较，探索影响经济增长的因素。在库兹涅茨分析中，影响经济增长的主要因素是知识存量的增加、生产率的提高和结构方面的变化。

现代经济增长的重要因素之一是知识存量的增加。现代经济增长受到技术革新的推动，世界上技术知识和社会知识的存量迅速增加，当这种存量被利用时，它就成为现代经济高速增长的源泉。但知识存量要被转化为现实的生产力，还要经过一系列中介环节，如对劳动力的训练进行大量的投资，企业家要有能力克服一系列从未遇到的障碍，知识的使用者要对技术是否适宜做出准确的判断等。

现代经济增长的重要因素之二是生产率的提高。在库兹涅茨的经济增长分析中，通过劳动投入和资本投入对经济增长所作贡献的长期分析，得出的结论是：以人均产值增长率为特征的现代经济增长的重要贡献因素是劳动生产率的提高，亦即单位投入的产出的高增长率。

现代经济增长的重要因素之三是结构变化。可以从两个方面来分析：一是对国民生产总值中各部门份额的截面考察和长期趋势考察；二是对劳动力各部门份额的截面考察和长期趋势考察。这些考察突出说明了结构变化在经济增长中的作用。

12.3 经济增长模型

对经济增长问题的研究始于 17 世纪亚当·斯密的时代，但将其作为一个中心课题和特定的研究领域进行研究的现代经济增长理论，却是在 20 世纪 40 年代末才形成的。从那时以来，经济增长理论又得到了进一步的发展。研究经济增长，除了分析影响经济增长的各种因素外，重点是研究在长期的经济增长的动态过程中实现稳定状态的均衡增长所需具备的条件，即建立和分析各种经济增长模型。本节将介绍两个典型的增长模型。

12.3.1 哈罗德-多玛模型

英国经济学家哈罗德和美国经济学家多玛于 20 世纪 40 年代分别独立地提出了“动态

的长期增长论”。哈罗德的理论观点及他所提出的增长模型见之于他1939年发表的《论动态理论》的论文和1948年出版的《动态经济学导论》一书中。由于多玛在同时期所提出的增长模型与哈罗德增长模型含义相同，所以通常将他们的模型合称为哈罗德-多玛经济增长模型。在这里主要介绍哈罗德模型。

1. 哈罗德模型的假定前提

哈罗德模型是基于凯恩斯的“储蓄等于投资”这一理论的，由此考察社会经济实现稳定的均衡增长即社会生产能按固定不变的增长率年复一年地均衡增长所需具备的条件。为了使分析的问题简单化，哈罗德模型假定：第一，全社会生产的产品只有两种，除了用于个人消费的产品外，其余产品为用于生产最终产品的资本品。第二，只有资本和劳动两种生产要素，并且两种生产要素之间不能互相替代，其可行的配合比例只有一种。第三，相对于生产规模的报酬不变，即不管生产规模大小，单位产品成本不变，如资本和劳动投入同时增加一倍，则产出也相应增加一倍。第四，技术不变，即不存在技术进步。

2. 哈罗德模型的基本公式

哈罗德从凯恩斯的储蓄-投资分析出发，在上述假定前提下，将有关的经济因素简化为三个动态的因素。

第一，社会储蓄率（s），即储蓄量占国民收入的比重。以S表示储蓄量，以Y表示国民收入，则：

$$s=\frac{S}{Y}$$

第二，资本-产出比率或资本系数（V），即资本与国民收入之比。以K表示资本存量，则：

$$V=\frac{K}{Y}$$

第三，有保证的经济增长率（G）。它是指在s与V既定的条件下，能够满足企业厂商期望的增长率，亦即能够使投资等于储蓄（$I=S$）的经济增长率。

为使经济增长，必须有新投资，即资本存量必须增加，如资本-产出比率不变，则资本存量的增长率必定等于产出量或国民收入的增长率，即：

$$\frac{\Delta K}{K}=\frac{I}{K}=\frac{\Delta Y}{Y}\text{或}\frac{\Delta Y}{Y}=\frac{I}{K}=\frac{I}{Y}\cdot\frac{Y}{K}$$

由于社会经济均衡的条件是储蓄等于投资，即$I=S$，因此：

$$\frac{I}{Y}=\frac{S}{Y}$$

又由于$\frac{Y}{K}=\frac{1}{V}$，故：

$$G_W=\frac{I}{Y}\cdot\frac{Y}{K}=S\cdot\frac{1}{V}=\frac{S}{V}\text{或}G_W\cdot V=S$$

这就是哈罗德经济增长模型的基本公式。这个公式表明，要使经济长期稳定均衡地增长，则有保证的经济增长率（G）必须达到由其所引致的投资恰好能吸收本期全部储蓄的程度。即人们所愿意进行的储蓄恰好等于投资者预期的投资需求。

12.3.2 新古典增长模型（又称索洛模型）

1. 新古典增长模型基本假定

新古典经济增长模型是由英国的索洛和斯旺于20世纪50年代建立起来的。他们认为按哈罗德-多玛模型的假定所推导出来的增长途径是极难实现的。但是只要让资本主义市场机制充分发挥作用以调整生产中资本-劳动配合比例，就有可能实现充分就业的稳定均衡增长。由于他们强调了凯恩斯革命以前的古典和新古典经济学充分就业的必然趋势，所以一般将其提出的增长模型称为新古典经济增长模型。

新古典增长模型的假定是：(1) 社会产品可以综合为一种，这种产品用于个人消费以后的剩余部分即作为投资品用于投资。(2) 生产要素就是劳动与资本两种。若两种生产要素同时增加一定比例，则产出量也相应增加一定的比例，即存在着固定规模报酬，但当只增加其中一种要素，而另一种要素固定不变时，将发生报酬递减现象。这两种要素可以相互替代，资本与劳动能够以可变的比例组合。既然资本和劳动可以按不同的比例进行组合，一定量的资本可以吸收不同数量的劳动，那么资本-产量比率就是非固定的，因此可以通过改变生产方法调整 V 的数值，使 G、S 和 V 这三个变量之值恰好能满足 $G=S/V$ 这个条件。这是与哈罗德-多玛模型的不同之处。(3) 在任何时候，资本和劳动这两个生产要素都可以得到充分利用，即经常保持充分就业状态。这是与哈罗德-多玛模型的又一个不同之处。(4) 不存在技术进步。

2. 新古典增长模型的基本公式

根据上述基本假定，国民收入的增长率就决定于资本和劳动两个因素的联合增长率，即

$$\frac{\Delta Y}{Y}=a\left(\frac{\Delta K}{K}\right)+b\left(\frac{\Delta L}{L}\right)$$

由上式可知，一国的经济增长率必然介于两种投入要素的增长率之间，即在 $\Delta K/K$ 和 $\Delta L/L$ 之间，同时，由于 $a+b=1$，于是，在两个要素的增长率相同且不存在技术进步的条件下，国民收入的增长率就等于资本的增长率或劳动的增长率。证明如下：

因为：$a+b=1$

故
$$\frac{\Delta Y}{Y}=a\left(\frac{\Delta K}{K}\right)+b\left(\frac{\Delta L}{L}\right)=a\left(\frac{\Delta K}{K}\right)+(1-a)\left(\frac{\Delta L}{L}\right)$$
$$=a\left(\frac{\Delta K}{K}-\frac{\Delta L}{L}\right)+\frac{\Delta L}{L}$$
$$\frac{\Delta Y}{Y}-\frac{\Delta L}{L}=a\left(\frac{\Delta K}{K}-\frac{\Delta L}{L}\right)$$

其中，$\left(\frac{\Delta K}{K}-\frac{\Delta L}{L}\right)$是每个工人使用资本量的增加率。当资本与劳动的增长率相同时，即 $\Delta K/K=\Delta L/L$，$\Delta K/K-\Delta L/L=0$，则上式的右端等于0，于是

$$\frac{\Delta Y}{Y}-\frac{\Delta L}{L}=0 \qquad \frac{\Delta Y}{Y}=\frac{\Delta L}{L}$$

这说明，在技术不变的条件下，国民收入的增长率就是劳动的增长率，亦即自然增长率。

同时，由于在均衡条件下，$I=S$，而 $\Delta K=I=S$，于是

$$a\left(\frac{\Delta K}{K}-\frac{\Delta L}{L}\right)=a\left(\frac{S}{K}-\frac{\Delta L}{L}\right)=a\left(\frac{SY}{K}-\frac{\Delta L}{L}\right)=0$$

所以 $\frac{SY}{K}=\frac{\Delta L}{L}\qquad \frac{S}{V}=G_n$

$$\frac{\Delta Y}{Y}=\lambda+a\left(\frac{\Delta K}{K}\right)+(1-a)\left(\frac{\Delta L}{L}\right)$$

由此可见，新古典增长模型与哈罗德-多玛模型一样，也是以 $G=S/V$ 为均衡增长的条件。所不同的是哈罗德-多玛模型着重从需求方面来探讨均衡增长问题，所以能否实现均衡增长，取决于是否有足够的投资需求，使给定储蓄全部转化为投资。而新古典增长模型则是着重从供给方面出发，即从劳动力的增长率和储蓄率既定的条件出发，通过改变生产中资本与劳动的比例，进而改变资本产量比率，从而不仅使给定的储蓄能够全部转化为投资，并使实际增长率必然与 G_0 相等，即 $G_t=G_w=S/V=G_n$ 以实现充分就业。

【本章小结】

1. 经济周期指的是经济活动水平有规则的波动。一般都将经济周期分为四个阶段：繁荣（即经济活动的扩张阶段）、衰退（即由繁荣转为萧条的过渡阶段）、萧条、复苏。根据经济周期的时间长短把经济周期分为短周期、中周期和长周期。

2. 经济学家们提出种种理论来解释经济周期的原因。传统的经济周期理论认为经济中存在引起波动的内在力量。实际的经济周期理论认为波动不过是随机的和未预期到的冲击的结果。货币主义者和新古典经济学家把波动主要归结为错误导向的货币政策的结果。而新凯恩斯主义者把波动看作来源于经济内部和外部的各种原因，不过他们认为现代经济的内在特征扩大了一些这样的干扰，并使其作用持续存在。

3. 加速理论、乘数理论把经济的周期性波动归因于乘数和加速数的交互作用。乘数理论说明投资变动对收入变动的影响，加速理论则分析收入或消费的变动如何引起投资的变动，故投资与收入之间的作用是相互的，只有把这两者结合起来才能解释经济周期的问题。

4. 经济增长一般是指一国的商品和劳务总量的增加，即国民生产总值的增加。衡量经济增长的指标通常有两个：一是实际国民生产总值，即以不变价格计算的国民生产总值；二是人均国民生产总值，即按人口增加的情况修正实际国民生产总值。经济增长理论主要研究的是如何才能实现稳定的增长、哪些因素影响经济增长，以及经济该不该增长等问题。其内容为：一是以凯恩斯的储蓄投资分析为基础的各种经济增长模型，主要是哈罗德-多玛经济增长模型、新古典经济增长模型；二是经济增长因素分析，主要讨论影响经济增长的因素及在经济增长中的作用。

【练习与思考】

1. 什么是经济周期？经济周期四个阶段的内容是什么？

2. 加速理论、乘数理论的基本内容是什么？

3. 经济增长理论的主要研究方法是什么？

4. 什么是哈罗德-多玛模型？它阐述了什么观点？

5. 新古典增长模型的要点是什么？

6. 经济发展与经济增长有什么联系与区别？

【实践与操作】

1. 实训的目的与要求

要求学生能理解经济周期与增长理论，并能用经济周期与增长理论解释现实问题；同时，通过讨论，训练学生的综合分析能力和表达能力。

2. 主要内容

目前我国经济周期与经济增长现状；以经济周期或者经济增长为主题进行相关的讨论。

3. 实训条件

电脑、多媒体教室、图书室和能上网的实训室。

4. 实训步骤

四人一组，以小组为单位，分工合作，利用网络收集我国经济周期与增长的资料；确定本组的基本观点，准备辩论资料；进行多角度辩论。

5. 注意事项

注意和我国实际情况相结合；可以采取一人主讲、其他人配合的形式；实训体会每人都要写。

第 13 章 宏观经济政策

【学习目标】

1. 知识学习目标

(1) 宏观经济政策的基本含义

(2) 宏观经济政策目标

(3) 宏观财政政策工具

(4) 宏观货币政策工具

2. 能力实训目标

(1) 对宏观经济政策目标的理解

(2) 宏观财政政策工具的应用

(3) 宏观货币政策工具的认识

(4) 掌握宏观政策的综合运用

【案例导入】

当前形势下财政政策大有可为

当前中国经济中的主要问题是结构性和体制性的，财政政策的结构性特征比较明显，有发挥作用的很大空间。目前，多个现象表明积极的财政政策不够积极，甚至是紧缩的。中央财政要发挥逆周期的宏观调控作用，实行真正意义的减税，做实国有金融机构的资本金，支持有条件的地区扩大投资。财政政策近年来做了很多事情，但是近期市场上对财政政策的诟病也比较多。

一、多个现象表明积极的财政政策不是真积极

财政是国家治理体系的基础和支柱，思考财政问题，一定要站在国家的高度而不能是部门的立场。中国的财政体制脱胎于计划体制，财政政策制定实际是分散在多个部门，各部门往往从自身立场出发制定政策，公共财政的现代国家治理体制还没有建立起来。

就国家治理体系现代化而言，在健全的财政治理结构里有相当部分内容应该是制衡。金融危机反映出，每个经济体都要防止政府乱花钱。从预算的角度来讲，预算制定、预算批准、预算执行和事后监督，都要建立足够好的制衡关系。相比之下，中国的财政透明度还不够，信息披露大而化之，缺少公众监督，不要说人大代表看不懂财政报表，我也看不懂。没有有效的信息披露，事实上监督制衡无法实现。

从这样的大方向出发，观察当前的财政运行，至少有以下几个问题值得重点关注。

预算管理不健全，导致财政运行存在顺周期性，没有发挥好逆周期宏观调控的作用。

财政赤字并不是越少越好，更不是收入增长越多越好。为了防范和化解金融风险，金融部门正在去杠杆，货币政策实际上是稳健中性的。在这种背景下，财政政策应该是积极的，然而现在看到的情况是，财政收入以较高的速度增长，今年（2018年）预算安排的赤字率是2.6%，与去年3%的水平相比是紧缩的。即使按照一些财政专家所测算的，实际的赤字率可能达到3%，那也不是积极的。因为对地方债务控制后，总的财政政策不可能积极。

财政支出以应对短期问题为主，缺少对长期问题考虑的财政制度设计。从长远来看，地方隐性债务问题、养老金缺口问题，都需要财政资金解决。通过供给侧结构性改革，化解产能过剩、杠杆率偏高、房地产泡沫等结构性问题，也需要财政政策提供支持。寄希望提高财政收入来解决这些资金问题是涸泽而渔，最终必须通过提高财政支出效率来解决。提高财政支出效率关键要做好两点。一是盘活财政存量。各级政府的国库存款有四五万亿元，各级政府一边存钱一边借钱很不合理。有的资金充裕的地方政府，财政出资回购收费高速公路，免费通行后反而造成交通拥堵。二是财政要提高把钱花好的意识。最近关于个人所得税修法的讨论比较热烈，有财税专家认为，起征点不能超过5 000元，否则纳税人数量会大幅减少，不利于提高居民的纳税人意识。但是，财政部门很少强调纳税人意识的另一面，即提高财政信息透明度，财政支出要接受纳税人监督，对纳税人负责。

近几年减税政策不少，但是企业和居民缺少实实在在的获得感，有的企业税负不降反增。公开资料显示，近几年的减税降费规模超万亿元，但这两年的财政收入增速一直高于GDP的增速，单位GDP承担的财政收入增加了。这种现象让老百姓质疑减税政策的效果，对市场的预期引导也会有问题。背后的原因是，政策制定是个系统工程，文件上规定的税率和税基可能减少了，但实际的征管力度可能加强了。比如，原先营业税的征管有一定的弹性，但增值税征管有上下游企业的交叉对比制衡机制，管理更加严格。原先一些小微企业不交税，现在必须缴纳增值税，否则不能给需求方开具增值税抵扣凭证，业务会受到影响。又比如，支持创新的企业所得税优惠政策，税率上的优惠实际上是以企业有盈利为前提的，一些中小企业根本没有税前盈利，这种政策不过是空中楼阁。最终结果是大中型国有企业减税，小微企业反而增税了。同样，目前正在进行的个人所得税改革也有类似的问题。税制修订过多地考虑修改后对税收收入的影响，为了保证税收收入没有很大的变化，只从税率上考虑，没从征管上着手，导致税率偏高。最近的新闻热点显示，明星逃税现象比较严重，这表明税收征管没有做好。个税改革首先需要税务部门自身做好征管工作，才能设计出广税基、低税率的改革方案。

二、金融去杠杆背景下，国有金融机构资本不足的问题凸显，应当以财政资金向国有金融机构注资，并改善公司治理水平

金融是实体经济的镜像反映，实体经济的负债对应着金融机构的资产。因此，金融乱象实际反映的是实体经济和整个体制机制的问题，金融机构的杠杆是被动加起来的，是地方政府和国有企业规模扩张、杠杆率攀升的结果。近日发布的《中共中央、国务院关于完善国有金融资本管理的指导意见》写得非常好，关键在落实。文件明确，财政部门集中统一履行国有金融资本出资人职责。我们认为，履行好出资人职责关键是做好两项工作。一是要充实国有金融机构的资本金。从国有资产管理体制角度而言的国有资本，是经济学中的"资本"概念，而非会计上的"资产"概念，国有企业只有减去负债后的"净资产"所

有权才属国家所有，才是真正的“财富”。从金融业的角度看，现有国有金融企业的国有资本在很大程度上是不真实的，有的是自己为自己注资，有的注资早已消耗殆尽。之前的历次注资，财政并没有真正掏钱，“特别国债”实际是在央行的帮助下财政发债银行买、银行自己为自己注资，没有真正增强银行吸收损失的能力。一些金融机构股份制改革过程中设立的共管账户，也属于类似的性质。当前经济存在下行压力，金融去杠杆导致金融机构资产从表外回归表内，资本短缺的问题显得尤为突出，财政做实国有金融机构资本更加重要。为了增强防范和应对金融风险的能力，必须以财政资金真实地向国有金融机构注入资本。二是通过银行董事会结构多元化，提高董事会专业性，提升国有金融机构的公司治理水平。如果光是派人、给国有金融机构当“婆婆”，不能改善公司治理。

三、整顿地方政府性债务不能一推了之，应着力避免财政风险金融化，对于地方政府性债务监管也要考虑地区性差异，不搞一刀切

随着供给侧结构性改革深化以及稳健中性货币政策的有效实施，2017 年我国宏观杠杆率上升速度明显放缓。但必须看到的是，高杠杆仍是当前风险的集中体现。单纯从数字看，非金融企业部门的杠杆较高，政府部门杠杆率不高，但实际上大量非金融企业的债务是地方政府融资平台和国有企业的债务。从这个意义上讲，地方政府的加杠杆行为是高杠杆风险的源头所在。据 IMF 测算，2016 年如果考虑地方政府隐性债务的中国广义口径政府部门杠杆率为 62.2%，已经超过欧盟警戒线标准。背后的原因很清楚，主要是我国的地方性政府债务信息并不完全透明，地方政府融资平台的债务背后往往隐含着政府信用担保和兜底预期，处于一种政府与非政府之间的模糊地带，属于准政府债务。

解铃还须系铃人。在没有理清楚政府与市场的边界、财政与金融的边界之前，将一些隐性债务划到政府债务之外，一推了之，这对化解风险本身没有帮助。这种做法可能引发地方政府的道德风险，偿债意愿降低，将财政风险转嫁金融部门，势必增加金融机构出现坏账的风险，甚至引发系统性风险。事实上，地方政府的资产与负债是同时扩张的，有些基础资产的质量还是相对良好的，可以对其债务偿还形成一定的担保。地方政府的去杠杆不能只关注负债方，更要关注资产方，完全可以通过资产出售、兼并重组等方式来缓解债务风险。

在地方政府债务管理框架中，强调金融机构约束作用，比如今年发布的财金 23 号文，大方向是对的，但是必须以落实财税改革为前提，提供相关配套条件。历史经验表明，由于财税改革落实不到位，在条件不具备的情况下，金融机构管不住地方政府的违规融资行为。一是与地方政府相比，金融机构相对弱势。金融机构通常只能从公开渠道获得信息，很难实质性审查地方政府的资本金来源。目前的预算管理并没有将经常性预算与资本性预算分开，地方政府也没有公布政府资产负债表，财务信息的透明度依然很低。在当前条件下，金融机构很难按照市场化原则有效识别项目风险。二是没有地方政府破产制度，地方政府事实上是无法破产的。实践中尚未发生过兑付危机，中央不救助原则尚未得到实践检验。金融机构容易对政府背景的投融资项目产生隐性担保和刚性兑付的幻觉，地方政府和国企等软约束主体成为金融机构眼中的优质融资主体，金融市场的定价规则和风险溢价完全被扭曲了。三是地方政府软约束导致对利率不敏感，难以用价格调节手段调节地方政府的融资行为。因此，未来要从根本上防范和化解地方债风险，关键是加快落实财税改革，为金融市场发挥约束作用创造条件。这也是落实《中共中央、国务院关于完善国有金融资

本管理的指导意见》的关键所在，否则，地方政府债务损失首先要依靠金融机构的资本来冲销，必然弱化财政部门国有金融资本出资人地位。

从当前形势看，对于地方政府性债务监管也要考虑地区性差异，不能搞“一刀切”。中国是一个大国，各地区经济发展水平和负债能力差异比较大，有的地区可能债务风险已经比较明显，但有的地区还有一定的“加杠杆”空间，后者完全可以继续发挥“稳增长”的积极作用。我们认为，在“稳增长”与“去杠杆”之间求得动态平衡，必须改革中央地方财政关系，建立市场化导向的地方政府举债框架。重点是建立恰当的激励约束机制，正确引导地方政府的行为，既赋予地方政府主动作为的空间，又要建立硬约束机制，防止地方政府乱作为。

总结起来，在当前形势下，财政政策大有可为，要真正发挥逆周期宏观调控职能，应当做好以下几件事情：一是对小微企业、创新企业的减税政策要落到实处；二是在控制新增地方政府性债务规模的同时，中央财政的赤字率要高于去年而不是低于去年；三是金融去杠杆面临资本不足的约束，必须以财政资金充实国有金融机构的资本金，并完善公司治理，才能保证金融服务实体经济的能力不被削弱。治本之策，是加速推进中央与地方财政关系的改革，这对解决地方政府性债务风险、房地产泡沫问题至关重要。

资料来源：徐忠．当前形势下财政政策大有可为．华尔街见闻网，2018-07-13.

问题：

1．央行和财政部“互怼”释放了什么信号？

2．请从央行和财政部“互怼”中检视中国宏观调控经济政策的得与失。

13.1　宏观经济政策概述

经济政策是要通过某些手段来达到特定的目标。宏观经济政策是国家进行总量调控，以达到一定目的的手段。本节主要介绍宏观经济政策目标、工具，以及宏观经济政策的发展与演变。

13.1.1　宏观经济政策目标

宏观经济政策的目标是充分就业、物价稳定、经济增长、国际收支平衡。

（1）充分就业并不是人人都有工作，而是维持一定的失业率，这个失业率要在社会可允许的范围之内，能为社会所接受。

（2）物价稳定是维持一个低而稳的通货膨胀率，这种通货膨胀率能为社会所接受，对经济也不会产生不利的影响。

（3）经济增长是达到一个适度的增长率，这种增长率既要能满足社会发展的需要，又是人口增长和技术进步所能达到的。

（4）国际收支平衡则是既无国际收支赤字又无国际收支盈余。因为国际收支赤字和盈余，都会对国内经济发展带来不利的影响。

以上四种经济目标之间是存在一定矛盾的。例如：

（1）充分就业与物价稳定是矛盾的。因为要实现充分就业，就必须运用扩张性财政政策和货币政策，而这些政策又会由于财政赤字的增加和货币供给量的增加而引起通货膨胀。

(2) 充分就业与经济增长有一致的一面，也有矛盾的一面。这就是说，经济增长一方面会提供更多的就业机会，有利于充分就业；另一方面经济增长中的技术进步又会引起资本对劳动的替代，相对地缩小对劳动的需求，使部分工人，尤其是文化技术水平低的工人失业。

(3) 充分就业与国际收支平衡之间也有矛盾。因为充分就业的实现引起国民收入增加，而在边际进口倾向既定的情况下，国民收入增加必然引起进口增加，从而使国际收支状况恶化。

(4) 在物价稳定与经济增长之间也存在矛盾。因为经济增长过程中，通货膨胀是难以避免的。

因此，在政府制定实施宏观经济政策时，既要受自己对各项政策目标重要程度的理解，考虑国内外各种政治因素，又要受社会可接受程度的制约。

13.1.2 宏观经济政策工具

宏观经济政策工具是用来达到政策目标的手段。在宏观经济政策工具中，常用的有需求管理、供给管理以及国际经济政策。

1. 需求管理

需求管理是通过调节总需求来达到一定政策目标的宏观经济政策工具。需求管理是要通过对总需求的调节，实现总需求等于总供给，达到既无失业又无通货膨胀的目标。这也是凯恩斯主义所重视的政策工具。

凯恩斯主义的国民收入决定理论，是在假定总供给无限的条件下说明总需求对国民收入的决定作用。因此，由这种理论所引出的政策工具就是需求管理。

在总需求小于总供给时，经济中会由于需求不足而产生失业，这时就要运用扩张性的政策工具来刺激总需求。

在总需求大于总供给时，经济中会由于需求过度而引起通货膨胀，这时就要运用紧缩性的政策工具来压抑总需求。需求管理包括财政政策与货币政策。

2. 供给管理

供给管理是要通过对总供给的调节，来达到一定的政策目标。在短期内影响供给的主要因素是生产成本，特别是生产成本中的工资成本。在长期内影响供给的主要因素是生产能力，即经济潜力的增长。因此，供给管理包括：控制工资与物价的收入政策，指数化政策，改善劳动力市场状况的人力政策，以及促进经济增长的增长政策。

3. 国际经济政策

现实中每一个国家的经济都是开放的，各国经济之间存在着日益密切的往来与相互影响。一国的宏观经济政策目标中有国际经济关系的内容（即国际收支平衡），其他目标的实现不仅有赖于国内经济政策，而且也有赖于国际经济政策。因此，在宏观经济政策中也应该包括国际经济政策，或者说政府对经济的宏观调控中也包括了对国际经济关系的调节。

13.1.3 宏观经济政策的发展与演变

1. 从20世纪30年代到第二次世界大战前是第一阶段

20世纪30年代的大危机迫使各国政府走上了国家干预经济的道路。凯恩斯1936年发表的《就业、利息与货币通论》，正是要为这种干预提供理论依据。这时是宏观经济政策的试验时期，其中最全面而且成功的试验是美国罗斯福总统的“新政”。这一时期，总的趋势是要借助国家的力量克服市场经济本身所固有的缺陷。

2. 第二次世界大战后是第二阶段

英美等资本主义国家都把实现充分就业、促进经济繁荣作为政府的基本职责。这标志着国家将全面而系统地干预经济，宏观经济政策的发展进入了一个新时期。这一时期的宏观经济政策是以凯恩斯主义为基础的，主要政策工具是财政政策与货币政策。

3. 20世纪70年代末80年代初以来是新的阶段

西方国家出现了高通货膨胀率与高失业率并存的“滞胀”局面。这就迫使它们对国家干预经济的政策进行反思，于是，宏观经济政策在这个阶段的最重要特征是自由放任思潮，主张减少国家干预，加强市场机制的调节作用。因此，经济政策的自由化和多样化，成为当今宏观经济政策发展的一个新动向。

13.2 财政政策——需求管理（一）

财政政策是指政府为了实现宏观经济政策目标而对政府支出、税收和借债水平所进行的选择，或对政府财政收入和财政支出水平所作出的决策。财政政策主要通过财政制度发挥作用。

在凯恩斯主义出现之前，财政政策的目的是为政府的各项开支筹集资金，以实现财政收支平衡，它所影响的主要是收入分配，以及资源在私人部门与公共部门之间的配置。在凯恩斯主义出现之后，财政政策被作为需求管理的重要工具，以实现既定的政策目标。这种财政政策包含了三个相互关联的选择：

第一，选择开支政策，即开支多少，以及用于哪些方面的开支。

第二，征税，即征收多少税，以及采用何种手段征税。

第三，赤字政策，即确定赤字的规模和分配。

13.2.1 财政政策的主要内容与运用

财政政策是指政府通过自己的收入和支出，调解社会总需求，影响宏观经济活动的措施。所以，财政政策的实施运用，主要是通过调整政府财政的收入（税收）、政府的财政支出（政府的购买、转移支付、政府的公共投资），以及其他相关财政措施来全面调节影响社会的总需求，从而达到预期的经济目标。因此，根据不同的经济形式，政府运用宏观财政政策的主要内容有两个：一是扩张性财政政策；二是紧缩性财政政策。

1. 扩张性财政政策

在经济萧条时期，由于总需求小于总供给，在经济中存在着失业，经济增长速度减慢。对此可采取以下具体措施：

（1）减税：以增加企业和个人可支配收入，从而使消费和投资增加，达到刺激总需求的目的。

（2）增加政府公共工程支出与购买和转移支付，以刺激消费和私人投资，从而达到刺激总需求、增加就业的目的。

2. 紧缩性财政政策

在经济繁荣时期，由于总需求大于总供给，经济中存在通货膨胀，经济增长速度过快。对此可采取以下具体措施：

（1）增税：以减少企业和个人可支配收入，从而使消费和投资下降，达到压抑总需求、实现物价稳定的目标。

（2）减少政府公共工程支出与购买和转移支付，以抑制消费和投资，达到压抑总需求、降低通货膨胀的目的。

13.2.2 内在稳定器

内在稳定器又称自动稳定器，是指某些财政政策由于其本身的特点，具有自动调节经济，使经济稳定的机制。

具有内在稳定器作用的主要有：个人所得税、公司所得税，以及各种转移支付。

（1）个人所得税与公司所得税有其固定的起征点和税率。当经济萧条时，由于收入减少，税收也会自动减少，从而抑制了消费与投资的减少，有助于减轻经济萧条的程度。反之，有助于减轻由于需求过大而引起的通货膨胀。

（2）失业补助与其他福利支出这类转移支付，有其固定的发放标准。当经济萧条时，由于失业人数和需要其他补助的人数增加，这类转移支付会自动增加，从而抑制了消费与投资的减少，有助于减轻经济萧条的程度。反之，有助于减轻由于需求过大而引起的通货膨胀。

财政政策内在稳定器是自动地发生作用，调节经济，无须政府做出任何决策，但是，这种内在稳定器调节经济的作用是十分有限的。它只能减轻萧条或通货膨胀的总趋势；只能对财政政策起到自动配合的作用，并不能代替财政政策。

13.2.3 赤字财政政策

在经济萧条时期，财政政策是增加政府支出，减少政府税收，这样就必然出现财政赤字。凯恩斯认为，财政政策应该为实现充分就业服务，因此，赤字财政政策不仅是必要的，而且也是可能的。因为：

第一，债务人是国家，债权人是公众。国家与公众的根本利益是一致的。政府的财政赤字是国家欠公众的债务，也就是自己欠自己的债务。

第二，政府的政权是稳定的，这就保证了债务的偿还是有保证的，不会引起信用危机。

第三，债务用于发展经济，使政府有能力偿还债务，弥补财政赤字。这就是一般所说的“公债哲学”。

政府实行赤字财政政策是通过发行公债来进行的。公债并不是直接卖给公众或厂商，因为这样可能会减少公众与厂商的消费和投资，使赤字财政政策起不到应有的刺激经济的作用。当经济恢复发展起来后，就可以向政府缴纳更多的税收，从而偿还政府债务。

公债由政府财政部发行，卖给中央银行，中央银行向财政部支付货币，财政部就可以用这些货币的准备金，也可以在金融市场上卖出。

应该看到，赤字财政政策具有“双刃剑”的作用，如果国债发行合理适度，就能够有效地刺激经济恢复和发展，达到促进经济增长和扩大就业的目的；反之，就会使经济进一步恶化。

13.2.4 财政政策的挤出效应

财政政策的挤出效应是指政府开支增加所引起的私人支出减少，以政府开支代替了私人开支。

因为，在实施运用扩张性财政政策过程中，由于政府投资增加，从而在一定程度上代替了私人投资，相当于减少了市场上货币供应量，引起市场利率上升，导致私人投资与消费减少，刺激经济的作用就被减弱。见图 13-1。

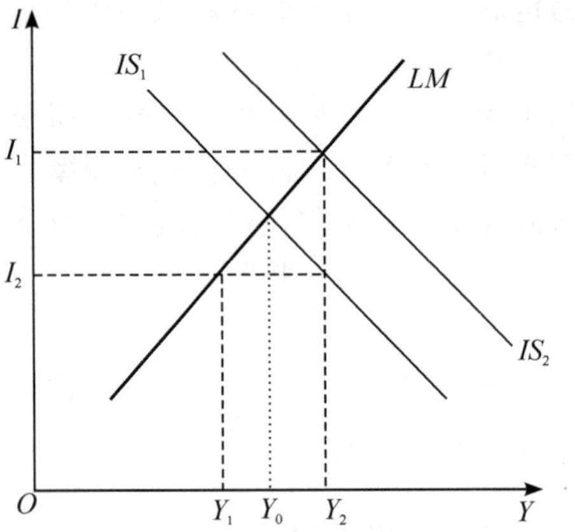

图 13-1

财政政策的挤出效应的大小取决于多种因素。

(1) 在实现了充分就业的情况下，挤出效应最大，即挤出效应为 1，也就是政府的支出增加等于私人支出的减少，扩张性财政政策对经济增长没有任何刺激作用。

(2) 在没有实现充分就业的情况下，挤出效应一般大于 0 而小于 1，其大小主要取决于政府支出增加所引起的利率上升的大小。利率上升高，则挤出效应大；反之，利率上升低，则挤出效应小。

13.3 货币政策——需求管理（二）

货币政策是政府根据既定的政策目标，通过中央银行对货币的供给进行管理，从而影响经济运行的宏观政策。货币政策是通过银行制度来实现的。

13.3.1 银行体系

西方银行体系主要由中央银行和商业银行构成。

1. 中央银行

中央银行是国家的货币权力当局，是制定和执行货币政策的最高主管机构。中央银行主要具有三大职能：发行银行、银行的银行和国家的银行。

中央银行的负债项目主要有纸币发行准备券、商业银行及政府在中央银行的存款等。

资产项目主要有黄金券、政府债券及向商业银行等发放的贷款、贴现和预付等。资产数额与负债数额之间的差额就是中央银行的资本项目，主要包括中央银行的办公设备、房产、汽车等。中央银行的日常业务管理大多由金融及工商界专家组成的董事会负责。

2. 商业银行

商业银行是面向厂商及个人经营存贷款业务的金融组织，其主要目的是通过存贷款利息差额，赚取最大的利润。商业银行的资产项目主要有准备金、持有的各种证券和发放的贷款。商业银行的负债项目主要是家庭和厂商的各类存款。商业银行的上述资产及负债业务的范围和数量受到中央银行的控制和管理。

13.3.2 中央银行与商业银行的基本职能

1. 中央银行的基本职能

(1) 作为商业银行的银行，接受商业银行的存款，向商业银行发放贷款，并领导与监督商业银行的业务活动；

(2) 代表国家发行纸币；

(3) 运用货币政策调节经济。

2. 商业银行的基本职能

(1) 信贷职能，即吸收存款，发放贷款；

(2) 结算服务职能；

(3) 投资理财职能。

13.3.3 基础货币与货币供应量

(1) 基础货币又称高能货币，是指现金与商业银行以现金形式持有的准备金之和。它是流动性最强的货币，即交易频率最高的货币。

$$\text{基础货币}(H)=\text{现金}(C)+\text{准备金}(R)$$

(2) 货币供应量。在宏观经济学中，一般使用货币供应量的口径是 M_1，它等于现金 (C) 和非银行公众在商业银行的各种活期存款 (D) 之和。即：

$$M_1=C+D$$

现金漏损率 (cu) 就是公众持有现金与活期存款的比率。它反映了在基础货币流动过程中，现金交易变动情况对货币供应量的影响程度。一般来说，在其他条件不变的情况下，cu 越小，货币乘数就越大，反之则结果相反。

13.3.4 中央银行的货币政策工具

1. 银行制造货币的机制与法定准备金率

银行制造货币的机制是指银行体系之间相互贷款使银行存款成倍增加或减少的机制。由于商业银行的资金的主要来源是存款。为了应付存款客户随时取款的需要，确保银行的信誉与整个银行体系的稳定，银行不能把全部存款放出，必须保留一部分准备金。由于这部分准备金的留取比例是由国家法律所明确规定的，故被称为法定准备金率。

法定准备金率是指中央银行以法律形式规定的商业银行在所吸收的存款中必须保留的

准备金的比例。商业银行在吸收存款后，必须按法定准备金率保留准备金，其余部分才可以作为贷款放出。由于客户在得到商业银行的贷款以后，一般并不取出现金，而是把所得到的贷款作为活期存款存入同自己有业务往来的商业银行，以便随时开支票使用。所以，银行贷款的增加又意味着活期存款的增加、货币供给量的增加。这样，商业银行的存款与贷款活动就会创造货币，在中央银行货币发行量并未增加的情况下，使流通中的货币量成倍增加。

例如，已知法定准备金（γ）为 20%，最初存款（K）100 万元。在 A 银行按比例扣留 20%的准备金后，其余 80 万元贷放给甲企业。如果甲企业随机把 80 万元存入 B 银行，B 银行按比例扣留 20%的准备金 16 万元后，把其余 64 万元贷放给丙企业……以此类推下去，这 100 万元的存款，最终可达到 500 万元，比最初的存款增加了 5 倍。其计算如下：

$$\Delta M=100+100\times(1-20\%)+100\times(1-20\%)^2+\cdots+100\times(1-20\%)^n$$

根据无穷几何级数公式 $1+v+v^2+v^3+\cdots+v^n=\frac{1}{1-v}=\frac{1}{\gamma}$ 依次计算上例：$\Delta M=100\times\frac{1}{20\%}=500$（万元）。

ΔM 表示的是最终存款，由此可推算出货币创造乘数公式：$\Delta M=\frac{1}{\gamma}K$。

可见，银行体系创造的存款货币等于银行的最初存款与货币创造乘数之积，与最初存款成正比，与准备金率倒数成反比。

如果考虑到现金漏损率的影响，银行货币乘数为：$mm=\frac{cu+1}{cu+\gamma}$

例如，已知：$\gamma=0.2$，$cu=0.3$，$K=100$ 万元，则银行体系创造的最终货币存款量 $\Delta M=\frac{1+0.3}{0.2+0.3}\times100=260$（万元）。

事实上，货币乘数就像投资乘数一样具有“双刃剑”的作用，当准备金率降低时，银行体系创造的存款货币就成倍增加，反之，结果相反。

2. 再贴现率

贴现是指企业或个人向商业银行对未到期商业票据进行提前兑取的一种贷款方式。再贴现是指商业银行向中央银行对未到期商业票据进行提前兑取的一种贷款方式。

例如，已知市场贴现率为 2%，A 企业现有一张还有 100 万元未到期的商业承兑汇票，该票据还有 2 天才到期。该企业急需现金，把这张票据拿到商业银行进行贴现。其具体做法是：

商业银行将按照 100－100×2%×2＝96（万元）贷放给企业。

商业银行按照同样的方法将这张票据拿到中央银行进行再贴现。中央银行的再贴现率为 1%，于是中央银行将按照 100－100×1%×2＝98（万元）贷放给商业银行。

显而易见，商业银行的贴现率是随着中央银行的再贴现率的变动而变动。中央银行运用再贴现政策主要是通过变动贴现率与贴现条件来影响货币供应量。当中央银行降低再贴现率或放松贴现条件时，就会使商业银行得到更多的资金，商业银行就可以增加它对客户的放款，放款的增加又可以通过银行创造货币的机制增加流通中的货币供给量，降低利息率；当中央银行提高再贴现率或收紧贴现条件时，结果相反。

3. 公开市场业务

公开市场业务是指中央银行通过在金融市场上买卖国债和有价证券，来调节货币供应量的一种业务活动。如果中央银行采取买进业务，从金融市场上购进国债和有价证券，则会增加金融市场上的货币供应量；反之，则结果相反。

13.3.5 货币政策的运行机制和实施运用

1. 货币政策的运行机制

货币政策是指政府通过中央银行控制货币供给量，影响利息率和其他信贷条件，从而影响宏观经济活动的措施。货币政策的运行机制如图 13－2 所示。

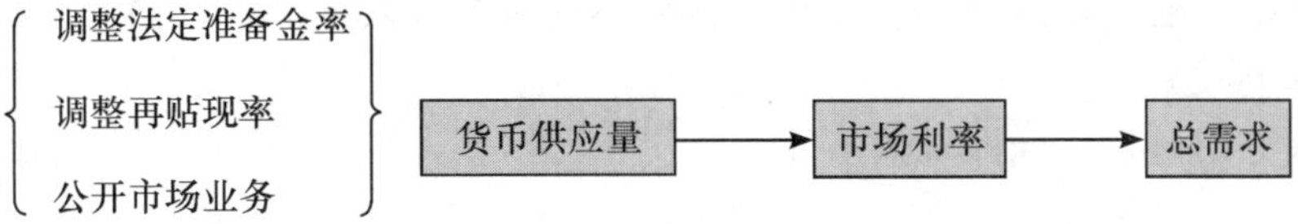

图 13－2 货币政策的运行机制

（1）货币量如何影响利率。假设人们的财富只有货币与债券这两种形式的前提下，债券是货币的唯一替代物，人们在保存财富时只能在货币与债券之间作出选择。持有货币无风险，但也没有收益；持有债券有收益，但也有风险。人们在保存财富时总要使货币与债券之间保持一定的比例。如果货币供给量增加，人们就要以货币购买债券，债券的价格就会上升；反之，如果货币供给量减少，人们就要抛出债券以换取货币，债券的价格就会下降（因为债券收益与利息率呈反方向变动）。

这就是说，债券价格与债券收益的大小成正比，与利息率的高低成反比。因此，货币量增加，债券价格上升，利息率就会下降；反之，货币量减少，债券价格下降，利息率就会上升。

（2）利率如何影响总需求。因为利息率的变动首先要影响投资。利息率下降会降低投资者贷款所付的利息，从而降低投资成本，增加投资的收益。同时，利息率的下降也会使人们更多地购买股票，从而股票价格上升，而股票价格的上升有利于投资。此外，利息率的下降也会鼓励人们更多地消费。相反，利息率的上升就会减少投资和消费。

2. 货币政策的实施运用

（1）扩张性货币政策。在经济萧条时期，由于总需求小于总供给，在经济中存在着失业，经济增长速度减慢。对此采取以下具体措施：

1）降低法定准备金率。

2）降低再贴现率。

3）中央银行采取买入业务。

依此来增加货币供应量，从而达到降低利息率、刺激消费和投资、增加总需求、扩大就业的目的。

（2）紧缩性财政政策。在经济繁荣时期，由于总需求大于总供给，经济中存在通货膨胀，经济增长速度过快。对此采取以下具体措施：

1）提高法定准备金率。

2）提高再贴现率。

3）中央银行采取卖出业务。

依此来减少货币供应量，从而达到提高实现利息率、压制消费和投资、减少总需求、降低通货膨胀的目的。

3. 其他辅助措施

除了以上措施之外，货币政策还有几项次要的工具：

（1）道义上的劝告，即中央银行对商业银行的贷款、投资业务进行指导，要求商业银行采取与其一致的做法。这种劝告没有法律上的约束力，但也能起一定的作用。

（2）垫头规定，即规定购买有价证券必须付出的现金比例。

（3）利息率上限，又称 Q 号条例，即规定商业银行和其他储蓄机构对定期存款和储蓄存款的利息率上限。

（4）控制分期付款与抵押贷款条件。

13.3.6 货币主义的货币政策

货币主义的货币政策在传递机制上与凯恩斯主义的货币政策不同。其基本要点是：

（1）货币主义的基础理论是现代货币数量论，即认为影响国民收入与价格水平的不是利息率而是货币量。

（2）货币量直接影响国民收入与价格水平这一机制的前提是：人们的财富具有多种形式：货币、债券、股票、住宅、珠宝、耐用消费品等。这样人们在保存财富时就不仅是在货币与债券中作出选择，而是在各种财富的形式中作出选择。在这一假设之下，货币供给量的变动主要不是影响利息率，而是影响各种形式的资产的相对价格。在货币供给量增加后，各种资产的价格上升，从而直接刺激生产，在短期内使国民收入增加，以后又会使整个价格水平上升。

（3）货币主义者反对把利息率作为货币政策的目标。因为货币供给量的增加只会在短期内降低利息率，而其主要还是提高利息率。因为：

1）货币供给量的增加使总需求增加，总需求增加一方面增加了货币需求量，另一方面提高了价格水平，从而减少了货币的实际供给量，这两种作用的结果就会使利息率提高。

2）利息率还要受到人们对通货膨胀预期的影响。即名义利息率等于实际利息加预期的通货膨胀率。货币供给量增加提高了预期的通货膨胀，从而也就是提高了名义利息率。因此，货币政策无法限定利息率，利息率是一个会把人们引入歧途的指示器。

（4）货币政策不应该是一项刺激总需求的政策，而应该作为防止货币本身成为经济失调的根源的政策，为经济提供一个稳定的环境，并抵消其他因素所引起的波动。因此，货币政策不应该是多变的，应该以控制货币供给为中心，即根据经济增长的需要，按一固定比率增加货币供给量，这也被称为“简单规则的货币政策”。

13.4 供给管理政策

13.4.1 收入政策

收入政策是通过控制工资与物价来制止通货膨胀的政策，因为控制的重点是工资，故称收入政策。

根据成本推动的通货膨胀理论，通货膨胀是由于成本增加，特别是由于工资成本的增加而引起的。因此，要制止通货膨胀就必须控制工资增长率，而要有效地控制工资增长率，还要同时控制价格水平。收入政策一般有三种形式：

1. 工资-物价冻结

政府采用法律手段禁止在一定时期内提高工资与物价。这种措施主要是针对战争时期和严重的通货膨胀。这种措施在短期内虽然有效，但它破坏了市场机制的正常作用，在长期中不仅不能制止通货膨胀，反而还会引起资源配置失调，给经济带来更多的困难。所以，一般不宜采用这种措施。

2. 工资与物价指导线

政府为了抑制通货膨胀率，规定出工资与物价上涨的限度，其中主要是规定工资增长率，所以又称为“工资指导线”。工会和企业要根据这一指导线来确定工资增长率，企业也要根据这一规定确定物价上涨率。如果工会或企业违反规定，使工资增长率和物价上涨率超过了这一指导线，政府就要以税收或法律形式进行惩罚。

3. 税收刺激计划

以税收为手段来控制工资的增长，具体做法是：政府规定货币工资增长率，即工资指导线，以税收为手段来付诸实施。如果企业的工资增长率超过这一指导线，就课以重税；如果企业的工资增长率低于这一规定，就给予减税。但这种计划在实施中会遇到企业与工会的反对。

13.4.2 指数化政策

为消除通货膨胀对收入分配和经济产生的不利影响，通常政府采用指数化政策。指数化政策是指定期地根据通货膨胀率来调整各种收入的名义价值，以使其实际价值保持不变。主要的指数化措施有：

（1）工资指数化。按通货膨胀率指数来调整名义工资，以保持实际工资水平不变，从而维护社会的安定。有时工资指数化也引起工资成本推动的通货膨胀。

（2）税收指数化。根据通货膨胀率指数来调整起征点与税率等级，以消除通货膨胀的不利影响。

（3）利息率等也应该根据通货膨胀率来进行调整。

13.4.3 人力政策

人力政策又称就业政策，是一种旨在改善劳动力市场结构，减少失业的政策。其中主要有：

（1）增加人力资本投资——以提高劳动者的文化技术水平、劳动技能和身体素质，适应劳动力市场的需求，增强其就业能力。

（2）完善劳动力市场——政府不断完善和增加各类就业中介机构，为劳动力的供求双方提供迅速、准确而完全的就业信息，以减少失业。

（3）协助工人进行流动。

13.4.4 经济增长政策

从长期来看，影响总供给的最重要的因素还是经济潜力或生产能力。因此，提高经济潜力或生产能力的经济增长政策是多方面的，其中主要有：

（1）增加劳动力的数量和质量。通过增加人力资本投资，提高劳动力的数量和质量。

（2）资本积累。通过减少税收、提高利息率等途径来鼓励人们储蓄，以此增加投资，提高资本-劳动比率，即提高每个劳动力的资本装备率，发展资本密集型技术，利用更先进的设备，以提高劳动生产率。

（3）技术进步，其中的主要措施有：

1）国家对全国的科学技术发展进行规划与协调。

2）国家直接投资于重点科学技术研究工作。

3）政府采取鼓励科学技术发展的政策措施。

（4）计划化与平衡增长。通过制订本国经济增长的短期、中期和长期计划，并通过各种经济政策来实现。

13.5 相机抉择

13.5.1 相机抉择的理论依据

如前所述，菲利普斯曲线表明了失业率与通货膨胀率之间的交替关系。这就为决策者选择适当的政策目标提供了理论依据。

在运用菲利普斯曲线来确定政策时，首先要确定社会临界点。所谓临界点是指政府对于失业率和通货膨胀率的“社会可接受程度的理解”，即在一定的失业率与通货膨胀率之下，社会是可以接受的，这时政府不必采取任何措施进行调节。

如果失业率或通货膨胀率超过了临界点，政府就有必要进行调节，以求得社会安定。所谓的调节就是：当失业率为社会所不能接受时，就采取扩张性的财政政策与货币政策，以较高的通货膨胀率换取较低的失业率；当通货膨胀率为社会所不能接受时，就采取紧缩性的财政政策与货币政策，以较高的失业率来换取较低的通货膨胀率。

13.5.2 相机抉择的具体政策

相机抉择指政府在运用宏观经济政策来调节经济时，可以根据市场情况和各种调节措施的特点，机动地决定和选择当前究竟应采取哪一种或几种政策措施。

（1）双紧政策：紧缩性的财政政策和紧缩性的货币政策，主要是用于对付比较严重的通货膨胀。

（2）双松政策：扩张性的财政政策和扩张性的货币政策，主要是用于对付比较严重的经济萧条。

（3）紧财政政策、松货币政策：主要是用于消除财政政策的挤出效应对现实经济产生的不利影响。

（4）松财政政策、紧货币政策：主要是用于消除货币政策引起的通货膨胀，但又不至于产生财政赤字的情况。

此外，还可以配合需求管理政策与供给政策。例如，在运用扩张性需求管理政策的同时，运用收入政策，把通货膨胀率控制在一定程度之内。

13.5.3 宏观经济政策实施中的困难

1. 政策时延问题

任何一项政策，从决策到在经济中达到预期的目标都会有一定时间间隔，这种时间间隔就叫做政策时延。政策时延的长短，对政策能否达到预期的目标有重要的影响。一般来说，财政政策具有直接、见效快、作用力度相对较大、外在时延较短的特点；货币政策具有间接、见效慢、作用力度相对较小、内在时延较短的特点。

2. 预期对政策效应的影响

政策的效应如何，还受到公众对政策本身和经济形式预期的影响。如果公众认为政策是一种长期的政策，并与政府有大致相近的经济预期时，才会配合政策，使政策发挥作用，达到预期的效应。如果公众认为政策的变动只是短暂的，从而不对政策作出反应，政策就难以达到预期的目标。

3. 非经济因素对政策的影响

经济政策不是孤立的，它要受到许多因素，特别是国内外政治因素的影响。

【本章小结】

1. 政府通过宏观财政政策和宏观货币政策以影响经济并实现一定经济目标。政府通过财政收支、内在稳定器和赤字财政等财政政策调节社会总供求；中央银行可以运用法定准备率、贴现率和公开市场业务等货币政策工具来调整货币供给量，引起市场利率的变化，导致投资和消费的变化，进而导致国民收入的变化。

2. 通过宏观经济政策的综合运用，相互搭配，在不同的经济形势下，相机抉择，达到宏观经济调控的目的，使整个国民经济按照预期的目标可持续发展，实现经济增长、物价稳定、充分就业、国际收支均衡的整体目标。

【练习与思考】

一、选择题

1. 假定经济中现有劳动力 1 亿人，失业率为 10%。由于经济萧条，又有 50 万人被解雇。这时，经济中又有 100 万人因丧失了找工作的信心而正式脱离了劳动力行列，则对当前失业率最接近的估计为（　　）。

A. 10%　　B. 10.6%　　C. 9.6%　　D. 8.8%

2. 在凯恩斯区域内（　　）。

A. 货币政策有效　　B. 财政政策有效

C. 财政政策无效　　D. 货币政策与财政政策同样有效

3. 货币供给增加导致（　　）。

A. IS 曲线向左移动　　B. IS 曲线向右移动

C. LM 曲线向左移动　　D. LM 曲线向右移动

4. 政府转移支付包含（　　）。

A. 公务员工资　　B. 贫困救济和各种补贴等方面的支出

C. 军费开支　　D. 对商品和劳务的购买

5. 属于财政制度的自动稳定器的项目有（　　）。

A. 政府购买　　B. 税收
C. 政府转移支付　　D. 政府公共工程支出

6. 当经济中存在失业时，应该采取的财政政策措施为（　　）。
A. 增加政府支出　　B. 提高个人所得税
C. 提高公司所得税　　D. 增加货币发行量

7. 当法定准备率为20%，商业银行最初所吸收的存款为300美元时，银行所能创造的货币总量为（　　）。
A. 2 000美元　B. 8 000美元　C. 1 500美元　D. 6 000美元

8. 中央银行提高贴现率会导致（　　）。
A. 货币供给量的增加和利率的提高
B. 货币供给量的减少和利率的提高
C. 货币供给量的增加和利率的降低
D. 货币供给量的减少和利率的降低

9. 中央银行在公开市场上卖出政府债券是企图（　　）。
A. 筹集一笔资金帮助政府弥补财政赤字
B. 增加商业银行在中央银行的存款
C. 减少流通中的基础货币以紧缩货币供给、提高利率
D. 通过买卖债券以获取差价利益

二、分析论述题

1. 指出政府宏观经济政策的四大目标，并对这些目标给出解释。
2. 什么是充分就业？
3. 财政政策是解决宏观经济波动的灵丹妙药吗？你对制约财政政策发挥作用的因素是如何理解的？
4. 制约货币政策发挥作用的因素是什么？
5. 请列举财政政策与货币政策的搭配方式，并收集这方面成功的例子。

【实践与操作】

国家统计局公布的数据显示，2012年4月，全国居民消费价格总水平同比上涨3.4%。其中，城市上涨3.4%，农村上涨3.3%；食品价格上涨7.0%，非食品价格上涨1.7%；消费品价格上涨4.1%，服务项目价格上涨1.7%。1月至4月全国居民消费价格总水平比2011年同期上涨3.7%。

4月份，全国居民消费价格总水平环比下降0.1%。其中，城市持平（涨跌幅度为0），农村下降0.2%；食品价格下降0.9%，非食品价格上涨0.3%；消费品价格下降0.3%，服务项目价格上涨0.5%。具体见图13-3。

1. 各类商品价格同比变动情况

4月份，食品价格同比上涨7.0%（见图13-4），影响居民消费价格总水平同比上涨约2.20个百分点。其中，肉禽及其制品价格上涨8.2%，影响居民消费价格总水平上涨约0.57个百分点（其中猪肉价格上涨5.2%，影响居民消费价格总水平上涨约0.16个百分点）；蔬菜价格上涨27.8%，影响居民消费价格总水平上涨约0.77个百分点；水产品价格

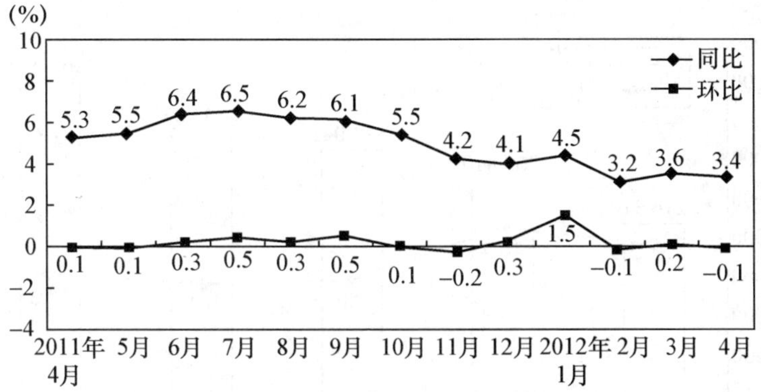

图 13-3　我国 2011 年 4 月—2012 年 4 月的居民消费品价格涨跌幅

上涨 11.5%，影响居民消费价格总水平上涨约 0.28 个百分点；粮食价格上涨 3.7%，影响居民消费价格总水平上涨约 0.11 个百分点；油脂价格上涨 5.5%，影响居民消费价格总水平上涨约 0.07 个百分点；鲜果价格下降 9.7%，影响居民消费价格总水平下降约 0.23 个百分点；蛋价格下降 5.9%，影响居民消费价格总水平下降约 0.05 个百分点。

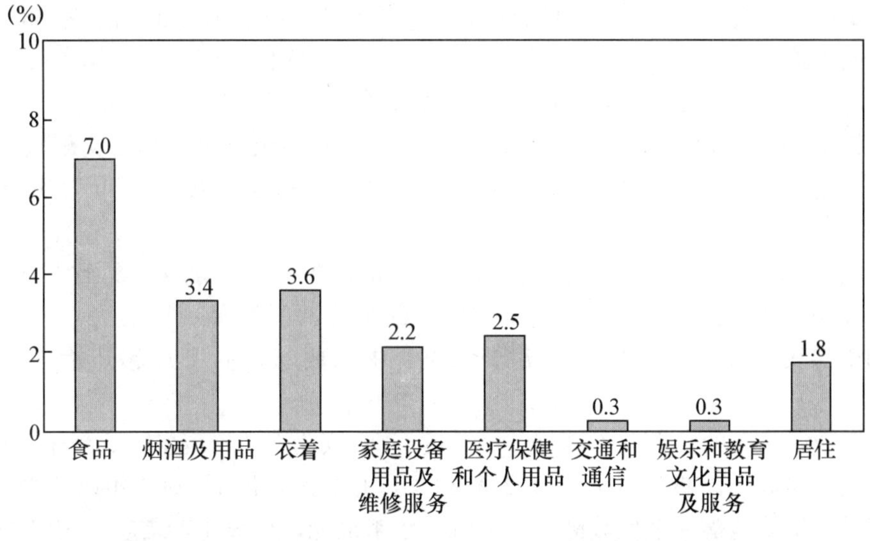

图 13-4　2012 年 4 月居民消费品价格分类别同比涨幅

居住价格同比上涨 1.8%。其中，住房租金价格上涨 2.0%，水、电、燃料价格上涨 2.0%，建房及装修材料价格上涨 1.5%。

据测算，在 4 月份 3.4%的居民消费价格总水平同比涨幅中，2011 年价格上涨的翘尾因素约为 1.8 个百分点，新涨价因素约为 1.6 个百分点。

2. 影响经济增长的"三驾马车"

初步核算，2010 年全年国内生产总值为 397 983 亿元，比上年增长 10.3%（见图 13-5）。其中，第一产业增加值为 40 497 亿元，增长 4.3%；第二产业增加值为 186 481 亿元，增长 12.2%；第三产业增加值为 171 005 亿元，增长 9.5%。第一产业增加值占国内生产总值的比重为 10.2%，第二产业增加值比重为 46.8%，第三产业增加值比重为 43.0%。

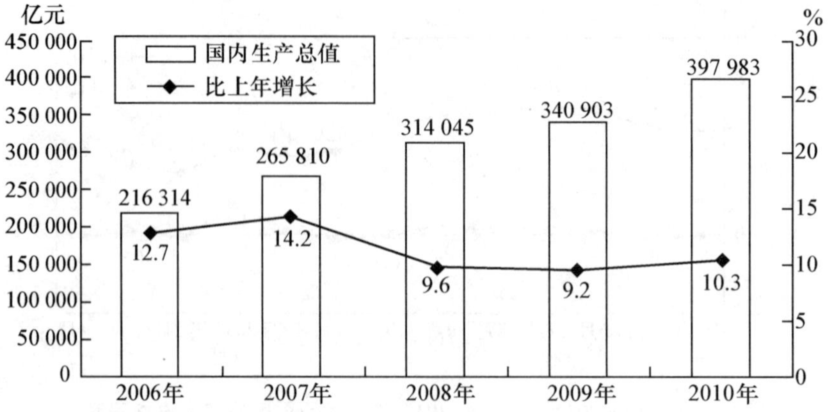

图 13-5　2006—2010 年国内生产总值及其增长速度

初步核算，2011 年全年国内生产总值[①]为 471 564 亿元，比上年增长 9.2%。其中，第一产业增加值为 47 712 亿元，增长 4.5%；第二产业增加值为 220 592 亿元，增长 10.6%；第三产业增加值为 203 260 亿元，增长 8.9%。第一产业增加值占国内生产总值的比重为 10.1%，第二产业增加值比重为 46.8%，第三产业增加值比重为 43.1%。全年农村居民人均纯收入 6 977 元，比上年增长 17.9%，扣除价格因素，实际增长 11.4%；农村居民人均纯收入中位数为 6 194 元，增长 19.1%。城镇居民人均可支配收入 21 810 元，比上年增长 14.1%，扣除价格因素，实际增长 8.4%；城镇居民人均可支配收入中位数为 19 118 元，增长 13.5%。农村居民食品消费支出占消费总支出的比重为 40.4%，城镇为 36.3%。

2012 年 5 月 11 日，统计局还首次公布了民间固投数据：前 4 个月比 2011 年同期增长 27.3%，占固定资产投资的比重为 62%。据统计部门解释，这是为贯彻《国务院关于鼓励和引导民间投资健康发展的若干意见》中的要求，从 4 月起开始按月发布此项数据。

总体来看，公布的数据并不算好：一季度 GDP 仅为 8.1%，连续 5 个季度回落；“三驾马车”数据均低于预期，前 4 个月投资 20.2%的增速，创下 2003 年以来最低；4 月工业增加值增速罕见地落入个位数区间，为近 3 年来最低；代表生产需求的 PPI 也连续两个月负增长，跌幅还有所扩大。

财政部财科所所长贾康表示，CPI 和 PPI 下降应属预料之中，宏观调控应当继续稳中求进，既要防止经济增速过快下滑，又不要让通胀高企。

讨论：

1. 请分析我国在 2011 年 4 月至 2012 年 4 月的 CPI 和 PPI 的走势情况。

2. 根据图 13-3，判断经济发展过程中的基本情况，是过热、过冷还是平稳。

3. 根据你的判断，你认为我国政府在 2012 年实施宏观经济调控采取了哪些经济政策？如何实施？

---

① 国内生产总值、各产业增加值绝对数按现价计算，增长速度按不变价格计算。

【拓展阅读】

十年展望：十八大后的中国经济

新一代领导人可以通过进一步改革，理顺政府和经济的关系，建立基本的社会福利制度，推进司法、公共财政、金融系统改革，并通过积极运作破除西方国家的夹击。一系列努力之下，中国经济可望在未来十年创出前低后高的发展格局。

未来三到五年，极其复杂严峻的考验

各种各样的信号表明，未来三到五年，中国经济将面临重大的风险。这可以从国际和国内两个方面来分析。

从国际形势来看，欧债危机的影响远没有消除，其彻底解决还有赖相当的时间和努力，中间也必然会出现一些波折。比较乐观的估计是，在未来两年之内，欧洲能找出一个基本解决框架，逐步化解危机。

比欧债危机更加严重且尚未完全爆发的危机，是美国经济、金融的进一步动荡。美国的财政问题远比欧洲严重，其基本财政赤字占 GDP 的 7%以上，包括医疗保险、退休养老等联邦政府债务占 GDP 的 100%，人均负债水平达到 10 万美元之多。这一系列困难不可能简单通过货币政策的量化宽松来应付过去，根本性地削减福利性开支、增加财政税收的改革措施是不可能避免的。虽然改革是让美国经济走出泥潭的必由之路，但问题是，美国的危机远远没有全面爆发，避免危机的改革迄今还没有完全启动。可以预见，在美国新总统上台之后，这种改革的压力会与日俱增。在美国国内的政局不断掩累改革进程，而欧洲逐步走出欧债危机阴影、步入改革道路之时，全球金融界的焦点将重聚美国。最让人担心的是，经不起推敲的美国公共财政数据会令资本市场产生新一轮的动荡，美债危机、美元危机将会冲击整个世界。

除了来自经济方面的冲击之外，影响中国未来三到五年发展的另一个重大国际因素，就是国际社会对中国越来越持怀疑态度。这种怀疑态度主要体现为对中国的发展不看好，出现了各种各样唱衰中国的声音。其另一个表现，就是美国的国际战略越来越倾向于通过各种渠道限制中国的发展。所谓美国的战略重心转向亚洲，说穿了就是压迫中国的国际运作空间。这种国际环境将使 2012 年比之于十年前领导人换届之时更为明显恶化。恶化的国际环境，会极大地干扰中国战略决策者的注意力，也会为中国的对外投资、国际贸易等发展制造出种种羁绊。对于新一代领导人来讲，这种恶化的国际环境毫无疑问是一个重大挑战。

国际之外，中国未来三到五年的困难更多体现在国内经济运行方面。当前，拉动经济增长的传统因素正在退出舞台，其中包括房地产。未来若干年，房地产投资的完成额不可能回到过去十年那样高的增长速度，中国的高地价和高房价必然会出现一个相对较长的调整过程。在这个调整过程中，房地产对经济的拉动力度不可能持续高位。与此同时，出口这个中国加入 WTO 之后的重要增长引擎，也会因为国际经济的增速放缓而日益减弱，贸易顺差在中国 GDP 中所占的比重会持续下降。

中国经济旧增长机制的退出，不可能迅速由增长的新亮点进行弥补。这些新的增长亮点首先是逐步上升的居民消费。经过我们的计算，中国居民消费占 GDP 的比重从 2007 年开始每年上升 1%左右，这一趋势将会持续，但需要 3～5 年才能达到 45%以上。城市化对中国经济的拉动作用也将继续体现，但在未来的三到五年中，由于公共财政改革不到位以及地方政府融资平台的压力尚待化解，其也不可能直接转化为增长的巨大新动力。至于生产能力的改造和从东部向西部的转移，也会在未来三到五年之内出现一定的困难，这种增长动力不可能完全到位。所以，从国内来看，新增长点不可能迅速上升，取代旧增长点。

长期增长潜力仍然巨大

尽管中国经济未来三到五年面临种种挑战，但增长的潜力还是巨大的。为什么这么讲？

首先，尽管中国经历了30多年的快速发展，但仍然是一个贫穷的国家，人均GDP水平仅仅达到美国的18%。就算中国经济未能突破中等收入陷阱，也仍有从18%到35%，即拉丁美洲国家相对于美国人均GDP水平的发展空间。如果中国能够推进一系列的改革，那么，中国经济完全有望达到日本、韩国等资源约束型国家的发展水平，那就是人均GDP水平相当于美国的75%。不管是35%还是75%，从18%起步的中国经济，发展潜力仍是非常大的。

其次，中国经济仍然是一个大国经济。中国有巨大的腹地，中西部仍有大量待发展的区域。这些区域的百姓仍然十分贫穷，当地经济发展的动力十足，人们努力工作的热情仍在。因此，中国经济增长的潜力是巨大的。大国经济，不同于日本、韩国等相对的小国经济，从长期来看，中国完全可以走上不依赖外需的发展道路。

最后，中国经济改革开放的原始动力仍然存在。今天的中国社会，从百姓到精英阶层，对于经济制度的现状仍然是不满意的，改革的呼声仍然是巨大的。这种原始的改革动力完全可以被新一代领导人所凝聚，形成一股新的推动改革的力量。这一点与1985年的日本完全不同。1985年的日本，在经济制度的变革方面已经出现了故步自封、停滞不前的迹象，经济发展遇到了巨大的阻力。根据清华大学中国与世界经济研究中心的研究，历史经验表明，在人均GDP仅仅达到美国18%的基础上，像中国这样的大国未来仍然有10～20年的经济较快增长前景，中国经济的潜力是不容怀疑的。

重启改革是必然的选择

新一代中国领导人有着独特的成长背景：在“文化大革命”中经历了冲击和磨砺，对中国的基层社会十分了解，又在改革开放初期接受了正式教育，对改革理念深切认同，也具有在重大问题面前的决断力。当前，中国社会、经济领域的矛盾非常突出，最需要的几项改革已经相当明显，基本的社会共识是存在的。

进一步理顺政府和经济的关系，大幅度改革行政审批和监管的方式。这并不是指完全取消行政审批，而是把行政审批的过程尽量科学化、专业化、透明化，不再垄断在政府部门。比如说，将大量不必要审批的决策交给企业家，而把核心决策，如环保评估问题，交由临时组成的匿名专家委员会执行。这种匿名的专家委员会相对于目前的纯粹行政审批而言，更加具有客观性，也不容易被利益相关者所左右。通过这种方式，可以极大地释放民间投资的积极性，同时减少暗箱操作和腐败的可能性。

夯实现代市场经济的社会福利基础。建立最基本的、面向百姓的福利制度，减少百姓对于实行市场经济的焦虑感，让市场经济的参与者有最基本的福利保障，这其中包括基本的住房、医疗和教育保障。只有这样，才能让百姓进一步认同市场经济的改革方向。

进一步完善司法改革，提升司法部门的权威性。要做到这一点，首先要建立跨省、跨地区的审判制度，降低地方政府对司法系统的干预；除此之外，还需要完善针对行业的专业审判体系。以针对股市的司法改革为例，有必要把所有与上市公司相关的诉讼司法程序集中于北京、上海或者深圳，专门在当地高级法院设立证券审判庭，主导证券案件的侦查、诉讼和判决。这将大幅提高证券司法相对于地方政府的独立性，促进行业的蓬勃发展。

公共财政改革需要新思维。其中，税制改革的关键是要理清中央和地方的关系，中央要按照地方民生支出需要配比进行转移支付，同时要进一步增加资产性和资源性的税收。未来房产税应作为地方财政改革的突破口，其收入可交由基层政府负责，用作当地公共设施建设维护、提供公共服务品，并要收支透明、公开，纳税人可实时监督。公共财政改革方面，更重要的是要进行政府资产负债的改革。中国的公共财政跟西方国家完全不同，各级政府拥有大量的资产，同时也有负债，资产负债表的管理涉及公共财政的长期稳定发展。对于地方政府而言，过去依赖土地融资的方式不可持续，未来完全依赖地方税负的方式也不可行，更合适的方式是通过持有部分公共资产获得长期、可持续的收入，比如，地方政府可以土地作投入，与房地产商共同开发并持有部分房产，将其按市价或优惠价格对外出租，这样既增加了公共住房的供给，也可以作为地方政府长期稳定的财政来源。

金融系统改革的实质性推进。中国金融体系最大的风险在于银行，化解风险的关键在于资产证券化。当前，中国银行业的资产过于庞大，占 GDP 的比重超过了 200%，远超过 A 股市值所占 GDP 的比重。为降低风险，可以通过银行资产的证券化，把一部分成熟的资产卖到债券市场，且要求银行之外的投资者购买这部分资产，这会使得银行再融资压力减小，更重要的是，银行的部分资产会转移到债券市场，这就降低了资本市场配置不均衡所带来的风险。除此之外，银行也可以轻装上阵，把精力放在寻找更好的投资项目上，使其主业能更有效地运营。银行系统的改革还需要强调利率的市场化改革，商业银行的利润非常高，银行业垄断的情况非常严重，因此要鼓励利率市场化，提高银行系统的运行效率。

金融系统的另一个重要组成部分是资本市场，股市改革必须标本兼治。治标方法有三：一是使 IPO 适当放缓；二是动员一部分长期资金投入股市；三是适当地把股市债券化，即要求企业分红，让股民不依赖内部信息，而是可以直接从分红中获得长期持有股票的收益。在治本方面，主要还是在制度上解决问题，通过证券司法改革，完善行业内的审判制度，降低地方政府的干预度，促进股市的健康发展。

国有经济的改革方向是进一步市场化。国有企业应完全推向市场，与其他市场参与者一视同仁，人员任免、薪酬待遇、经营管理完全市场化运作，脱离行政干预。国有资本应适当撤出，同时，出售部分国有资产的收入可以为未来增加的财政支出提供一部分资金来源。

全方位立体运作，打造中国和平崛起的新形象。在以美国为代表的西方国家的夹击下，中国目前的国际空间受到了一定限制，但是也必须看到，这些限制在一定程度上可以通过新一代领导人的积极运作来破除。

具体说来，对欧洲必须加强运作。欧洲当前的危机，恰恰是美国与欧洲分裂的重要因素，法国、德国等国对美国产生了严重的不满。而今，美国的注意力集中在亚洲，中国的注意力则应该放在欧洲，应当通过进一步加强和德国、法国等国的合作，来制衡美国在国际社会的老大地位。

对周边国家，中国也应该集中力量解决最主要的矛盾，而对马来西亚、印度尼西亚等国，完全可以通过友好运作，开展全方位的外交，巩固旧关系，发展新朋友，以化解美国在亚洲的外交攻势。

即便对于美国，也必须看到，美国并不是铁板一块，其内部也有着不同的利益集团和声音，需要通过全方位民间外交的形式，对美国讲清楚中国和平发展的图景和意愿，化解“中国威胁论”，争取更多的朋友。

经过若干年的积极国际运作，中国完全能够打破西方国家的外交压制，为未来的发展营造一个崭新的国际环境。

前低后高将是未来十年的发展趋势

综合以上的分析，在新一代领导人上任后的前三到五年，中国经济将是非常困难的，但是，这种困难完全能够转化为改革的动力。通过国内经济制度的进一步改革以及国际社会的积极运作，能够为中国未来的发展奠定良好的基础。经过这一系列努力，中国经济在未来十年的后半段有望出现一个比较快而且可持续的发展格局。这种前低后高的发展趋势，不仅是良好的愿望，也完全能够成为未来十年发展的现实。

资料来源：李稻葵．十年展望：十八大后的中国经济．中国改革论坛网，2013-09-06.

附　录
“练习与思考”参考答案

第1章

一、1. C　2. B　3. D　4. B　5. B　6. C　7. C

二、略。

三、略。

第2章

一、1. D　2. C　3. B　4. B　5. C　6. A　7. A　8. B　9. C　10. C
　11. C　12. A　13. D

二、略。

三、1.（1）均衡价格13，均衡产量21。
　（2）新的均衡价格15，均衡产量25。
　（3）新的均衡价格14，均衡产量38。

2. $E_m=1/2$。

3.（1）需求减少3.6%；（2）需求增加6%。

4. $-5/3$。

5. 4/3。

第3章

一、1. A　2. B　3. D　4. A　5. D　6. C　7. A　8. A　9. B　10. C

二、略。

三、1. 120。

2. 略。

3.（1）$X=Y=9$；（2）45。

4. $X_1=9$，$X_2=12$，$TU=3\,888$。

第4章

一、1. C　2. D　3. A　4. D　5. D　6. B　7. B　8. B　9. A　10. D

二、略。

三、1. 劳动的平均产量函数为：$10-0.5L-32/L$。
　劳动的边际产量函数为：$10-L$。

2. d点。

第5章

一、1. D 2. B 3. D 4. B 5. A 6. B 7. C 8. A

二、略。

三、1. 当总产量达到极大值时，厂商雇用的劳动为10；

当平均产量达到极大值时，厂商雇用的劳动为8；

当边际产量达到极大值时，厂商雇用的劳动为0。

2. (1) 200；(2) 30；(3) 0.4。

第6章

一、1. C 2. B 3. C 4. B 5. C 6. D 7. D 8. D

二、略。

三、1. $Q=20$，利润＝790。

2. $Q=30$，$P=890$，利润＝18 000。

3. (1) $Q=3\,900$，$P=6$；(2) $N=78$。

第7章

一、1. C 2. A 3. B 4. C 5. C 6. D 7. B 8. D 9. B 10. A

二、略。

三、1. $W=5$。

2. $L=7$。

3. (1) $L=60$；(2) 纯利润＝22美元。

第8章

一、1. B 2. B 3. C 4. B 5. D 6. A 7. AB 8. D

二、略。

三、略。

四、案例1的答案要点：

1. 垄断条件下，较低的产量、较高的价格带来了低效率。

2. 我国的电信重组必将带来更高的效率，尤其是在服务方面。

案例2的答案要点：

1. 根据外部影响的“好与坏”，外部影响可以分为正的和负的两种。当外部影响引起他人效用的降低或成本的增加时，称为“负的外部经济影响”，也就是外部不经济；当外部影响引起他人效用的增加或成本的降低时，称为“正的外部经济影响”，也就是外部经济。

2. 外部影响的存在将会导致资源配置失当，使资源配置偏离帕累托最优状态。一般来说，当存在外部经济时，社会成本低于私人成本，而社会收益大于私人收益，往往会导致私人活动的水平低于社会所要求的最低水平。当存在外部不经济的条件下，私人成本低于社会成本，私人收益大于社会收益，这往往会使私人活动的水平高于社会所要求的最优水平。

3. 对于由于外部影响所造成的资源配置失当，可以采取如下政策予以纠正：

（1）使用税收和津贴政策。对造成外部不经济的企业，国家应该征税。对造成外部经济的企业，国家应予以补贴，以调整私人成本和收益，使之与社会成本和收益相等。

（2）使用企业合并的方法。将存在外部影响的企业与其所影响的企业进行合并，使外部影响内部化。

（3）使用规定财产产权的方法。外部影响之所以导致资源配置失当，是由于产权不明确，如果确立明确的产权，外部影响的情况就不会发生。

本案例中的政策就是根据明确产权并允许交易的方式改进资源配置效率的。

第9章

一、1. D 2. D 3. A 4. B 5. D 6. A 7. B 8. AD

二、1. （1）40万元；（2）10＋30＝40（万元）；（3）7.5＋2.5＋5＋25＝40（万元）。

2.（1）国内生产净值＝4 800－(800－300)＝4 300（亿美元）；

（2）净出口＝4 800－800－3 000－960＝40（亿美元）；

（3）政府税收减去转移支付后的收入＝960＋30＝990（亿美元）；

（4）个人可支配收入＝4 800－(800－300)－960－30＝2 710（亿美元）；

（5）个人储蓄＝3 310－3 000＝310（亿美元）。

三、答案要点：

1. 经济系统的活动成果通常由国内生产总值来表示。国内生产总值是一个国家在特定时期内生产的所有最终商品及其劳务的市场价值总和，简写成GDP。GDP是衡量经济的重要指标。

（1）GDP衡量了一国生产的商品和服务的总价值。它既衡量了经济中的总收入，又衡量经济中用于物品和劳务的总支出，很明显它很好地反映了一国总体的经济实力。

（2）人均GDP告诉我们经济中平均每个人的收入与支出。如果不考虑收入的分配状况，一般来说，人均收入和支出水平能够比较准确地反映一国人民的生活水平。

（3）GDP是其他经济指标赖以存在的前提。没有GDP就无法计算物价水平等经济指标。只有根据GDP才能正确地判断经济增长水平、商业周期，以及经济行为和失业之间的关系。

2. 国内生产总值主要由支出法和收入法两种方法核算。

（1）核算GDP的支出法，是将一国在一定时期内所有经济单位用于最终产品和劳务的支出加总起来用以测算GDP的方法。从支出主体的角度来看，支出法测算的GDP主要包括家庭、厂商和政府的支出。以C表示私人消费，I表示私人投资，G表示政府购买，则以支出法测算的国内生产总值可以表示为GDP＝C＋I＋G。

（2）测算GDP的另一种方法是收入法。由于厂商出售产品获得的收入是生产中所使用的各种生产要素的收益，因而收入方法测算的GDP是所有生产要素的货币收入的总和。厂商出售产品的收入被用于以下几个方面：支付劳动者的工资、支付租金和利息、购买中间产品、支付产品税等间接税、补偿折旧。以C表示消费，S表示储蓄，T表示税收，则收入方法测算的国内生产总值可以表示为 GDP＝S＋T。

3. GDP 虽然作为衡量一国经济总量的指标而被广泛应用，但是，它在衡量社会福利方面却存在着一定的问题，并不能完全反映出一个国家的真实福利水平，其缺点主要有以下几个方面：

（1）GDP 衡量的许多内容并不能增加人们的福利，譬如政府用于购买炸弹、导弹等武器的开支所导致的销售额的增加值，所有这些全都计入了 GDP，但它们却并不能增加社会的福利水平。

（2）产出并不等于消费。GDP 所衡量的实质上是一个国家的产出，由于投资增加而导致的 GDP 的增长却未必反映人们当前生活水平的提高，它只是刺激了将来的消费。

（3）闲暇和良好的工作条件是人们生活水平的一个重要组成部分，GDP 却不能反映这方面的情况。

（4）GDP 忽略了外部影响。现代工业社会的快速增长带来了许多环境污染问题，社会环境遭到严重破坏，给人类的生存和发展带来了极大的危害，而这些都没有在 GDP 中反映出来。

（5）GDP 无法说明收入如何分配。两个生产了同样多的 GDP 的国家，一国贫富严重不均，另一国收入分配比较均等，显然两国的福利水平是不同的。

第 10 章

一、略。

二、略。

三、1. C　2. B　3. A　4. A　5. B　6. AB　7. ABC　8. B

四、1. $Y=(a+I)/(1-b)$

$=(100+50)/(1-0.8)$

$=750$

$C=100+0.8\times750=700$

$S=Y-C=750-700=50$

2. (1) $Y=C+I+G=100+0.8Yd+50+200$

$=100+0.8(Y-0.25Y+62.5)+250$

$Y=1\,000$

(2) $K_I=K_G=1/1-b(1-T)=2.5$

$K_T=-b(1-T)/1-b(1-T)=-1.5$

$K_{tr}=b(1-T)/1-b(1-T)=1.5$

$K_B=1$

(3) $Y=K_G\cdot G=1\,200-1\,000=200$

$G=200/2.5=80$

同理 $T=200/1.5=133$

$Y=K_B\cdot G$（或 T）$=200$

G（或 T）$=200$

第 11 章

略。

第 12 章

略。

第 13 章

一、1. C 2. B 3. D 4. B 5. BC 6. A 7. C 8. B 9. C

二、1. 充分就业、价格稳定、经济增长和国际收支平衡。

2. 消除了周期性失业的状态，但这时并不意味着失业率为 0。

3. 不是，它会受到一系列因素的制约。

4. (1) 流动偏好陷阱；(2) 时滞的影响；(3) 货币政策手段本身的局限性。

5. 扩张的财政政策和扩张的货币政策相搭配；紧缩的财政政策和紧缩的货币政策相搭配；紧缩的财政政策和扩张的货币政策相搭配；扩张的财政政策和紧缩的货币政策相搭配。

参考文献

1. 高鸿业. 西方经济学（第七版）. 北京：中国人民大学出版社，2018.
2. 李翀. 现代西方经济学原理（第六版）. 广州：中山大学出版社，2015.
3. 陶铁胜. 经济学概论. 上海：上海三联书店，2000.
4. 梁小民. 西方经济学教程（修订版）. 北京：中国统计出版社，2015.
5. 汪祥春. 微观经济学. 大连：东北财经大学出版社，2002.
6. 梁小民. 西方经济学入门. 北京：中国统计出版社，1989.
7. 荣朝和. 简明市场经济学. 北京：高等教育出版社，1998.
8. 缪代文. 微观经济学与宏观经济学（第六版）. 北京：高等教育出版社，2017.
9. ［美］保罗·萨缪尔森. 经济学. 北京：华夏出版社，1998.
10. 李汉君，芮柏苓. 西方经济学. 北京：经济管理出版社，2008.
11. 梁小民. 西方经济学导论（第四版）. 北京：北京大学出版社，2014.
12. 顾钰民. 西方经济学. 上海：同济大学出版社，2001.
13. 章昌裕. 西方经济学原理. 北京：清华大学出版社，2007.
14. 杨君昌. 西方经济学（第二版）. 北京：高等教育出版社，2008.
15. 宋承先，许强. 现代西方经济学——宏观经济学（第三版）. 上海：复旦大学出版社，2004.
16. 陈良政. 经济学基础. 北京：科学出版社，2004.
17. 杨继波，杨旭彪. 西方经济学教程. 上海：华东理工大学出版社，2008.

图书在版编目（CIP）数据

经济学基础/陈玉清主编．—4版．—北京：中国人民大学出版社，2019.2
21世纪高职高专精品教材．经贸类通用系列
ISBN 978-7-300-26566-7

Ⅰ．①经… Ⅱ．①陈… Ⅲ．①经济学-高等职业教育-教材 Ⅳ．①F0

中国版本图书馆CIP数据核字（2018）第296544号

“十二五”职业教育国家规划教材
经全国职业教育教材审定委员会审定
21世纪高职高专精品教材·经贸类通用系列
经济学基础（第四版）
主　编　陈玉清
副主编　胡晓平　陈爱萍　徐　雯　金　辰
Jingjixue Jichu

出版发行	中国人民大学出版社		
社　　址	北京中关村大街31号	**邮政编码**	100080
电　　话	010－62511242（总编室）		010－62511770（质管部）
	010－82501766（邮购部）		010－62514148（门市部）
	010－62515195（发行公司）		010－62515275（盗版举报）
网　　址	http://www.crup.com.cn		
	http://www.ttrnet.com(人大教研网)		
经　　销	新华书店		
印　　刷	北京七色印务有限公司	**版　　次**	2009年2月第1版
规　　格	185 mm×260 mm　16开本		2019年2月第4版
印　　张	16	**印　　次**	2025年2月第6次印刷
字　　数	380 000	**定　　价**	33.00元